# AS CRIANÇAS NA IDADE MÉDIA

**Dados Internacionais de Catalogação na Publicação (CIP)**
**(Câmara Brasileira do Livro, SP, Brasil)**

Bartoli, Marco
As crianças na Idade Média /Marco Bartoli; tradução de Silvana Cobucci Leite. – Petrópolis, RJ : Vozes, 2025.

Título original: Santa innocenza: i bambini nel Medioevo.

ISBN 978-85-326-7320-6

1. Crianças – Aspectos sociais 2. Crianças – História 3. Idade Média 4. Infância I. Título.

25-290946 CDD–909.07

Índices para catálogo sistemático:

1. Idade Média: História 909.07

Eliane de Freitas Leite – Bibliotecária – CRB-8/8415

Marco Bartoli

# AS CRIANÇAS NA IDADE MÉDIA

Tradução de Silvana Cobucci Leite

EDITORA VOZES

Petrópolis

Piazza Soncino 5 – 20092 Cinisello Balsamo (Milano) – ITALIA
www.edizionisanpaolo.it

Tradução do original em italiano intitulado
*Santa innocenza: i bambini nel Medioevo*

Direitos de publicação em língua portuguesa – Brasil:
2025, Editora Vozes Ltda.
Rua Frei Luís, 100
25689-900 – Petrópolis, RJ
www.vozes.com.br
Brasil



---

*Diagramação*: Guilherme Ayres
*Revisão gráfica*: Fernando Sergio Olivetti da Rocha
*Capa*: Ygor Moretti
*Ilustração de capa*: O Massacre dos Inocentes em um breviário (sem autor). Getty Museum, Ms. Ludwig IX 2, fol. 142

ISBN 978-85-326-7320-6 (Brasil)
ISBN 978-88-922-2552-7 (Itália)

Este livro foi composto e impresso pela Editora Vozes Ltda.

A todas as crianças e à
sua extraordinária resiliência

# Sumário

# Prefácio

*Franco Cardini*

"*Sinite parvulos...*" [Deixai vir a mim as criancinhas...]. O que dizia às crianças aquele que foi e continua a ser, por excelência, o Mestre? Será que as via como realmente eram, ou as enxergava como símbolos de uma inocência que não era decorrente da escolha de não causar dano, mas sim da incapacidade de fazê-lo: não como bondade, mas literalmente como *impotentia nocendi*, além de seu instinto? Afinal, os mitos da Antiguidade nos dizem – e o Doutor Sigmund Freud confirmou – que, se pudesse, a criança mataria o pai para se unir carnalmente à mãe.

A criança é presa de Satanás, repetiam os Padres da Igreja: como todos os pequenos mamíferos, ela é voraz, autoritária e cruel. No entanto – e aqui está a diferença em relação aos outros filhotes de animal –, estes aprendem a se virar imediatamente, ou quase imediatamente. Os ovíparos demoram um pouco mais, ao passo que os mamíferos se adaptam facilmente. Todos o fazem, exceto o filhote humano, que, como tristemente observava Erasmo de Rotterdam, por sua natureza só sabe chorar.

O pequeno que ainda não é capaz de falar – o *infans*, no sentido etimológico do termo – é assim porque não pode se comunicar e ainda não tem consciência de si. Contudo, ele tem um "sentido" de si, manifestado por impulsos geralmente terríveis: fome, sede, raiva, medo... Para se expressar, dispõe apenas de um conjunto de expressões faciais e de uma série desordenada de atitudes corporais. E, quando lentamente aprende a modular a voz para expressar suas necessidades e desejos, logo percebe que não sabe nada e não se lembra de nada. A amnésia do período pré-natal e dos primeiros meses de existência o acompanhará por toda a vida, exceto por algumas reminiscências que podem surgir em seus sonhos, mas que ele raramente será capaz de reconhecer.

Os adultos têm medo das crianças. Certamente, podem dissimular ou disfarçar esse medo de diversas maneiras: afeto, cuidado, preocupação, severidade. Além disso, sabem como dominá-las: aterrorizando-as, seduzindo-as, corrompendo-as (basta pouco: uma cereja, um doce...), violentando-as, enganando-as, coagindo-as, negligenciando-as.

O mais difícil, porém, é vê-las como realmente são. Porque, na verdade, não sabemos o que elas de fato são. Em muitas culturas a criança é sagrada, assim como o animal, a mulher, a pessoa idosa, o louco, o deus. Nós, ocidentais, aprendemos por séculos a enxergar em cada criança apenas a sombra imperfeita do que viria a se tornar, tratando-a, assim, como um homem ou uma mulher em miniatura, ora nos divertindo, ora perdendo a paciência com sua inadequação em se comportar como adultos. Depois, nas últimas décadas e gerações – à medida que as pessoas se tornavam mais longevas e as mortes superavam os nascimentos –, enveredamos com segurança pelo caminho da pedolatria e da pedomania, ambas temperadas por recorrentes crises de ferocidade. "Todo o ouro e todo o petróleo do mundo não valem as lágrimas de uma única criança", sentenciou há dias, na TV, uma senhora culta e elegante, enquanto ao seu redor, em segundo plano, corriam na tela imagens que, infelizmente, se tornaram comuns, demonstrando como, em nossa sociedade, todas as lágrimas das crianças do mundo não valem nem uma gota de petróleo, nem um grama de ouro. Por outro lado, a sociedade de consumo muitas vezes usa as crianças para fazer negócios: ainda nos emocionamos com o destino do pobre David Copperfield e com as crianças africanas forçadas a se tornar soldados, mas alguma vez houve no mundo um recém-nascido mais explorado periodicamente, uma vez por ano, do que o Menino Jesus?

Seja como for, é difícil contar a história do Diverso, do Diferente-de-Nós. Depois de milênios de monólogos e autocentrismo, aprendemos a olhar além de nós mesmos e percebemos que existem outras formas de raciocinar e avaliar, além das nossas: "consciências outras", "razoes ocultas".

As ciências da infância estiveram entre as últimas a se desenvolver. Se o encontro consigo mesmo, tanto na onirocrítica como na psicanálise, pode ser assustador, o encontro com um "nós mesmos" que não compreendemos, do qual não recordamos nada, que não nos conhece nem se lembra de nós, que na verdade pode até nos temer e nos odiar, e que por isso aprende rapidamente a fingir amor na expectativa de uma vantagem imediata, é ainda mais difícil.

É precisamente esse o ponto de partida desta investigação envolvente e complexa de Marco Bartoli, medievalista especializado sobretudo na história franciscana, para não dizer numa ciência nova e imensa, esse verdadeiro continente historiográfico que é a "franciscanística" como história da Ordem Menor, mas especialmente a "franciscologia", a história do "irmão" Francisco e de "São" Francisco em todos os seus aspectos e em todos os seus matizes.

Marco Bartoli tentou escrever uma história das crianças e imediatamente se deparou com um obstáculo difícil de contornar. É possível, claro, escrever a história da educação e da pedagogia, assim como a história da pediatria: isso é feito há muito tempo, e até com bons resultados. Mas escrever sobre métodos e sistemas educativos, estudar seus processos teóricos, é como estudar as doenças e os tratamentos. Falta – e pode parecer estranho que falte – uma verdadeira pedologia: um estudo das crianças por aquilo que elas são e pelo que se tornam dia após dia, hora após hora; estudá-las não como objeto – de crescimento, de aprendizagem, de doenças e de curas –, mas como sujeito.

Por muito tempo acreditou-se estar estudando as crianças e até escrevendo sua história: mas na realidade estudava-se o que os adultos sabiam ou julgavam saber sobre as crianças, suas teorias e suas experiências.

Por isso, Marco Bartoli rende um justo tributo a um livro que por anos foi admirado, saqueado, mas também subestimado e às vezes até vilipendiado, especialmente pelos historiadores "profissionais": *L'enfant et la vie familiale sous l'ancien régime* [no Brasil, *História social da criança e da família*], publicado em Paris em 1960 e traduzido em muitas línguas. Foi um grande sucesso, agradando até grandes estudiosos como Jacques Le Goff, mas ao mesmo tempo foi alvo de desconfiança, também porque seu autor, Philippe Ariès, não hesitava em se definir como um "reacionário" e em se qualificar como um "historiador diletante". O fato é que ele tentou realizar – não necessariamente com sucesso – uma espécie de "revolução copernicana" na história dedicada à infância, procurando tratar o objeto de seus estudos sem escrever sobre ele de forma sistemática, como o faz quem está "no poder". Portanto, no caso da história das crianças – que estão sujeitas aos adultos –, ele procurou escrever colocando a própria criança no centro de seu relato.

A questão é que, nesse aspecto, as fontes são desesperadamente escassas. De repente, Ariès revelou uma realidade que por séculos, talvez milênios, permaneceu à vista de todos: as crianças nunca tiveram uma história "delas", e sempre foi escrita por aqueles que as governavam, pois nunca se atentou verdadeiramente para suas expressões. Elas foram consideradas apenas seres em processo de se tornar adultos, e o interesse que despertavam só amadurecia quando já eram ou estavam prestes a se tornar adultos. No entanto, a história é escrita com base em fontes, quase sempre escritas. Ariès tentou olhar para outra direção, utilizando, por exemplo, as fontes icônicas, as imagens, que há cerca de sessenta anos eram muito pouco usadas e, sobretudo, pouco consideradas pelos historiadores, que quando muito as relegavam a seus colegas então considerados "secundários", "marginais" ou "complementares", por serem especialistas em "disciplinas auxiliares da história", como os historiadores da arte e os arqueólogos. Por fim, Ariès nos ofereceu uma chave interpretativa realmente eficaz ao estudar não apenas a criança em si e por si só, mas também as relações entre pais e filhos. Algo em relação ao qual fomos, durante muito tempo, não apenas distraídos, mas verdadeiramente cegos e surdos.

O velho Bertolt Brecht se perguntava se Júlio César já tivera um cozinheiro; Lucio Dalla perguntava ao capitão Ulisses, que tinha nos olhos seu nobre destino, se ele alguma vez pensava no marinheiro a quem faltava pão e vinho[1]. Mas nós, ocidentais modernos e democráticos, não nos abalamos nem um pouco quando um dos ilustres construtores de nossas consciências, Jean-Jacques Rousseau, cândida e displicentemente confessou que tinha colocado todos os seus cinco filhos num orfanato (e nos envergonhamos de mandar nosso avô para um asilo).

Deixemos de lado Brecht e Dalla, os cozinheiros e os marinheiros, e nos perguntemos – após termos, por longos séculos, julgado com austera severidade ou com piedosa compreensão as intermináveis filas de mulheres desventuradas que, durante a noite, levavam seus filhos à roda dos orfanatos (o que, afinal, era sempre melhor do que abortar ou afogá-los ao nascer) – se, por acaso, esses meninos não tinham também um pai. E, por séculos, absolvemos automaticamente essas intermináveis filas de pais, não menos insensíveis do que Rousseau. Daí surgiram os Innocenti, os Proietti, os Esposito, os Diotallevi e até mesmo os Gettatelli[2], cujos descendentes preencheram por longas décadas os catálogos telefônicos italianos.

---

1. Referência à música *Itaca*, do cantor italiano Lucio Dalla, que usa a figura mitológica de Ulisses para refletir sobre o destino e as escolhas de vida. A referência ao marinheiro a quem falta pão e vinho simboliza aqueles que, em contraste com o herói épico, enfrentam dificuldades e carecem do essencial para a sobrevivência [N.T.].

2. Os sobrenomes italianos Innocenti, Proietti, Esposito, Diotallevi e Gettatelli têm origem na prática da *ruota degli esposti* (roda dos expostos ou roda dos enjeitados), um sistema usado em orfanatos para o abandono anônimo de crianças. Cada nome reflete a condição dessas crianças: *Innocenti* ("inocentes") indicava a pureza das crianças; *Proietti* ("projetado") e *Gettatelli* ("lançados") sugeriam seu abandono; *Esposito* ("exposto") destacava sua condição de crianças deixadas para serem encontradas; e *Diotallevi* ("Deus o alimente") remetia à ideia de que agora seriam sustentadas pela providência divina [N.T.].

O fato é que as crianças são geradas pelos seres humanos do sexo feminino, as mulheres, que geralmente as criam; mas, por séculos, a história foi escrita principalmente pelos seres humanos do sexo masculino, os homens. Daí a aparente ausência, no mundo medieval, de um "sentimento da infância". Mas a história dos sentimentos se tornou, assim como a "das mentalidades" ou, num campo aparentemente oposto a ambos, a história "material" e a "do cotidiano", a nova fronteira de um movimento novo e complexo, baseado na relação entre as ciências históricas e as ciências sociais e humanas, a *Nouvelle Histoire*. Nesse contexto, começou-se a prestar mais atenção às questões relacionais, por exemplo, à história das relações entre crianças, jovens e adultos, e descobriu-se que certos fenômenos, como a prática difusa do infanticídio na Idade Média cristã, foram por muito tempo ignorados simplesmente porque ninguém se preocupou em estudá-los.

Da mesma forma, descobriu-se que, ao levar em conta os escritos autobiográficos, as crianças se tornavam menos negligenciadas e também menos enigmáticas, já que, se poucos eram os escritos "objetivos" dedicados a elas, muitos eram os relatos em que homens adultos, maduros ou até mesmo idosos se dedicavam à recordação de suas infâncias: e essa espécie de "diário-autobiografia póstuma", discretamente difundida, era suscetível de ser tratada metodologicamente como uma fonte histórica primordial, também porque muitas vezes não se limitava a descrever eventos e situações, mas acrescentava a isso as lembranças de sensações e emoções.

Após a *Nouvelle Histoire* e sua interlocutora norte-americana, a psico-história, nossa forma de pensar nas crianças mudou radicalmente. Com este seu novo e belo livro, Bartoli realmente nos ajuda a revisitar a nossa Idade Média começando *ab imis*, pelos primeiros autores cristãos, e avançando por autores ilustres e menos ilustres, conhecidos e menos conhecidos: de Clemente de Alexandria ao sempre vasto Agostinho (esses dois já eram esperados), passando por Jerônimo, Bento e Gregório Magno (até aqui, tudo bem), até nos apresentar, ou melhor, nos revelar os menos frequentados Rábano Mauro, Gotescalco e Hermano Contracto (e a tragédia que se esconde por trás desse adjetivo, que estamos habituados a ler tantas vezes com desatenção nas densas colunas antigas da *Patrologia Latina*, literalmente nos deixa sem fôlego e nos obriga a pensar em Stephen Hawking), chegando a Francisco de Assis, que remete imediatamente à miraculosa e lúdica profundidade do presépio de Greccio (neste ponto, porém, Marco Bartoli "joga em casa"); e ainda Tomás de Aquino, Boaventura de Bagnoregio, Clara de Montefalco e Tiago de Voragine – a descrição do encontro entre o gigante Cristóvão e o Menino é uma página digna de antologia. Por fim, as crianças de Otranto massacradas pelos turcos em 1480, que revivem nos testemunhos tardios com tons que – apesar das inevitáveis impurezas: as amnésias, os equívocos, as reelaborações, os erros, as autoapologias, os remorsos, as mentiras... – lembram certas imagens evocadas por aqueles que, três quartos de século depois, foram recentemente convidados a costurar o *flash* de suas memórias de crianças de 4 a 5 anos sobre o massacre de Sant'Anna di Stazzema, nas encostas dos Alpes Apuanos, no verão de 1944.

Se me permitem acrescentar uma sugestão referente à "minha" Florença do século XV, gostaria que Bartoli analisasse o belíssimo e terrível sonho do diarista Giovanni di Pagolo Morelli, atormentado pelos remorsos em relação ao filho jovem por ele negligenciado e que, portanto, morreu prematuramente, transformado num onírico, belíssimo e choroso pássaro paradisíaco. Um sonho catártico que nos remete a uma máxima muito profunda de Maria Montessori: "a criança é o pai do homem".

E é justamente Agostinho quem comprova a validade da intuição montessoriana. É desnecessário lembrar até que ponto, desde o *Secretum* de Petrarca, o bispo de Hipona é verdadeiramente – junto com Erasmo de Rotterdam, acrescento por minha conta – um dos Pais Fundadores da nossa sensibilidade moderna. Com delicadeza, mas também com uma capacidade de introspecção que por vezes beira uma espécie de piedosa crueldade, Agostinho entrevista (e julga a si mesmo), revisitando e racionalizando suas lembranças, emoções e remorsos de infância. Ele também, como tantos outros, foi uma "pobre criança" e seu afetuoso peregrinar por sua infância – talvez com algum "restauro" fantasioso ou autoapologético: Não foi o Grande Africano quem redigiu o implacável *De mendacio*? – é outro episódio de algo do qual ele é um conhecido mestre: o encontro consigo mesmo, horacianamente *alius* e ainda assim sempre *idem*.

Um agradecimento sincero, até um pouco emocionado, a Marco Bartoli por um livro que, na realidade, vai muito além do seu "ofício de medievalista". Ainda que seja um "obrigado" com um toque de amargura. Livros como este inevitavelmente são introjetados. Nós os lemos, e eles se tornam parte de nossa autobiografia, obrigando-nos a alongar a lista de nossas contas a acertar. Eu já sabia que não fui um bom pai. Ao fechar estas páginas, sou forçado a admitir o que já suspeitava, embora fugisse da introspecção: que, por minha vez, também não fui uma boa criança. Pai, montessorianamente, do pai que me tornei.

# Nota do autor

Este livro pretende oferecer uma contribuição à história das ideias sobre as crianças nos séculos medievais. O ponto de vista escolhido é o dos autores dos textos que falam sobre crianças naquela época.

O texto não foi pensado para especialistas, mas para quem simplesmente tem curiosidade em conhecer mais de perto as ideias sobre a infância elaboradas nos séculos passados. A escolha foi deixar as fontes falarem diretamente, para que o leitor possa formar sua própria ideia. Assim, limitamos ao máximo as referências ao debate historiográfico e às pesquisas especializadas.

Algumas orientações gerais, para quem desejar se aprofundar nos diferentes temas, foram incluídas na bibliografia. Para o resto, procurou-se levar o leitor a se encontrar com as testemunhas dos tempos que nos precederam. As fontes, sempre verificadas nas melhores edições na língua original, quando não especificado de outra forma, foram traduzidas diretamente pelo autor.

Gostaria de agradecer, antes de tudo, aos alunos e às alunas da Libera Università Maria Ss. Assunta (Lumsa), de Roma, que compartilharam comigo pesquisas, surpresas e descobertas sobre a condição das crianças na história; com eles, às doutoras Paola Ducceschi e Giusi D'Alessandro, responsáveis pela biblioteca da universidade, pelo precioso apoio.

Um agradecimento especial à Professora Cristina Marazzi, sem a qual este livro nunca teria nascido, e ao Professor Andrea Riccardi, que me ensinou a amar a história. Agradeço também à minha esposa Paola, que compartilhou todas as dificuldades do trabalho, e a Franco Cardini, Chiara Frugoni, Jacques Dalarun, Cecilia Palombelli, Chiara Mercuri e Monica Ferrari, que me apoiaram com seus valiosos conselhos. Por fim, gostaria de agradecer a Editora Vozes por ter acolhido meu trabalho e por publicá-lo na ótima tradução de Silvana Cobucci Leite: muito obrigado!

# Introdução

"A história da educação é hoje um recipiente de muitas histórias, dialeticamente interconectadas e interativas, unidas pelo objeto complexo 'educação', ainda que colocado sob diferentes lentes e diferenciado em sua fenomenologia. Além disso, os métodos (as lentes, por assim dizer) apresentam características preliminarmente diferenciadas, de modo a dar a cada campo de investigação sua autonomia/especificidade, reconhecendo-o como um 'território' da investigação histórica"[3]. Com essas palavras, Franco Cambi, em seu *Manuale di storia della pedagogia* [Manual de história da pedagogia], justifica o caráter poliédrico dessa disciplina. O próprio Cambi descreve assim as faces desse poliedro:

> Se tivéssemos que, de forma um tanto aproximada, caracterizar as diferentes histórias (seus objetos e seus métodos), poderíamos indicar, como âmbitos dotados de autonomia, setorialidade e tradição de pesquisa, o das teorias, o das instituições, o das políticas, e, em seguida, o (mais amplo e difuso) da história social (entendida como história dos costumes e de algumas figuras sociais, como história das culturas e das mentalidades) e, finalmente, o âmbito do imaginário (na educação e

3. F. Cambi, *Manuale di storia della pedagogia*. Roma/Bari: Laterza, 2003.

> para a educação), que é, talvez, ainda frágil em seu desenvolvimento, mas em processo de afirmação[4].

Como se chegou a essa riqueza de abordagens e metodologias? Um ponto de virada é certamente o ano de 1960, quando em Paris se publicou um ensaio de Philippe Ariès, *L'enfant et la vie familiale sous l'ancien régime*[5].

Havia muito tempo, a criança já estava no centro do interesse de literatos, filósofos e artistas[6]. Em 1900, a pedagoga sueca Ellen Key tinha publicado *Barnets århundrade* [O século da criança], profetizando que, no século XX, o papel das crianças passaria a ter importância primordial[7]. O livro de Key era apenas uma das muitas expressões do novo interesse pela infância[8]. Para dar apenas um exemplo, não podemos deixar de citar Maria Montessori, como observou Monica Ferrari:

> Antes de Ariès, a obra de Maria Montessori (que Ariès nunca menciona em seu volume de 1960), na busca do "segredo da infância", introduzira o mundo da pedagogia à descoberta da criança e à "questão social" da infância[9].

---

4. Ibid.

5. Ph. Ariès, *Padri e figli nell'Europa medievale e moderna*. Roma/Bari: Laterza, 1968 [em português: *A criança e a vida familiar no Antigo Regime*, publicado pela Relógio d'Água].

6. Só para dar um exemplo, pensamos em Maria Montessori, cuja *Antropologia pedagógica* normalmente é datada de 1910.

7. E. Key, *Barnets århundrade*, Estocolmo, 1900, trad. em inglês *The Century of the Child*. Nova York: 1909; trad. it. *Il secolo del bambino*, org. T. Pironi e L. Ceccarelli. Bergamo: Edizioni Junior, 2019.

8. Para ter uma ideia do interesse pela infância no século XX podemos citar *Il Novecento: il secolo del bambino?*, org. M. Gecchele, S. Polenghi, P. Dal Toso. Bergamo: Edizioni Junior, 2017.

9. Monica Ferrari, "Costrutti euristici e prospettive di ricerca sull'infanzia nella storia", in *Crescere bambini. Immagini d'infanzia in educazione e formazione degli adulti*. Bergamo: Edizioni Junior, 2017, p. 29.

Apesar desse crescente interesse geral pela infância, aqueles que Franco Cardini chama de historiadores "de profissão" antes de Philippe Ariès não tinham dedicado um interesse específico às crianças dos séculos passados. Por que houve tanta demora em identificar a criança como um "sujeito histórico"? A primeira resposta que se pode dar é que a História das crianças é difícil, devido à condição peculiar das fontes que a ela se referem. *Infans*, a palavra latina da qual deriva o termo *infância*, significa "sem voz". Não tendo voz e não tendo acesso à cultura escrita, as crianças não puderam deixar rastros de si mesmas. Por esse motivo não é fácil encontrar fontes sobre as crianças[10]. Mas as fontes são as ferramentas básicas para o trabalho dos historiadores, que consiste na reconstrução da vida dos homens e das mulheres dos tempos passados. Nesse sentido, as crianças compartilham a condição de todos os grupos subalternos (mulheres, escravizados, pessoas com deficiência, povos colonizados). A história é escrita pelos que detêm o poder. As fontes transmitem o ponto de vista de quem as escreveu. Assim como, para escrever a história das mulheres, durante muitos séculos só contamos com textos escritos por homens; assim como, para escrever a história dos povos colonizados, é preciso buscar os documentos nos arquivos das capitais europeias; e assim como, para escrever a história das pessoas escravizadas, pelo menos até *A cabana do Pai Tomás*, é preciso fazer uso de testemunhos escritos deixados pelos escravistas, para a história das crianças, será necessário recorrer a fontes escritas por adultos. No caso das crianças, porém, há uma dificuldade a mais. Não apenas as

10. Em relação a esses temas são sempre importantes as reflexões de E. Becchi, "Una storiografia dell'infanzia, una storiografia nell'infanzia", in *Il Novecento: il secolo del bambino?* Bergamo: Edizioni Junior, 2017, pp. 17-30.

crianças não puderam deixar textos escritos, mas também os adultos, por muitos séculos, se interessaram muito pouco por elas. As crianças também estão ausentes da história porque, durante muitos séculos, os que a escreveram não consideraram interessante falar sobre elas. A razão desse desinteresse está sempre ligada às fontes que, no caso das crianças, foram escritas por adultos, em sua maioria homens. O homem adulto foi por séculos o único verdadeiro detentor do poder e, no caso das crianças, esse poder era condicionado pelo fato de que não era o homem, fisicamente, quem colocava as crianças no mundo e as criava nos primeiros anos de vida.

A relação entre pais e filhos sempre foi bastante complexa. Nesse sentido, o título escolhido para a tradução italiana do livro de Ariès é particularmente adequado: *Pais e filhos na Europa medieval e moderna*. De fato, a História das crianças não pode deixar de ser também uma História dos pais: por séculos, foram eles que, mesmo com muita escassez e relutância, deixaram fontes escritas sobre seus filhos.

## A história da infância

Antes de nos aprofundar na análise, é útil percorrer, pelo menos por alto, a evolução da História da infância, começando justamente por Philippe Ariès que, como se sabe, não era um acadêmico[11]. Ele teve a ideia de aproveitar fontes pouco utilizadas pelos historiadores: as imagens, ou seja, as fontes iconográficas, chegando a conclusões surpreendentes. No segundo capítulo, intitulado "A descoberta da infância", lemos:

---

11. Ele mesmo se apresenta como um *historiador diletante*. Cf. Ariès, *Uno storico della domenica*, 1992 [trad. bras. *Um historiador diletante*. Rio de Janeiro: Bertrand Brasil, 1994].

> Mais ou menos até o século XII, a arte medieval não conhecia a infância ou não tentava representá-la, e não se pode acreditar que essa ausência fosse decorrente de falta de habilidade ou incapacidade. Somos levados a pensar que naquele mundo não havia lugar para as crianças[12].

Essa observação de que na Idade Média – ou seja, no coração da Europa cristã – não havia espaço para as crianças parecia inédita em 1960. Ariès a explicava da seguinte forma:

> Na Idade Média, no início dos tempos modernos, e ainda por um bom tempo nas classes populares, as crianças acabavam se misturando com os adultos assim que eram consideradas capazes de ficar sem as mães ou as amas de leite, alguns anos após um desmame tardio, por volta dos 7 anos de idade. A partir desse momento, elas entravam de repente na grande comunidade dos homens, compartilhando com seus amigos, jovens ou velhos, os trabalhos e as alegrias do dia a dia. O movimento da vida coletiva arrastava, num mesmo fluxo, idades e condições, sem deixar tempo para a solidão ou a intimidade. Nessas existências muito densas, muito coletivas, não havia espaço para um setor privado. A família assegurava a transmissão da vida, dos bens, dos nomes; não se aprofundava na sensibilidade... A civilização medieval esquecera a *paideia* dos antigos e ainda não conhecia a educação dos modernos[13].

Essa intuição foi condensada numa expressão tão feliz quanto contestada: a Idade Média não conhecia o "sentimento da infância".

---

12. Ph. Ariès, *Padri e figli*, p. 33.

13. Ibid., ed. 1981, 483.

O livro de Ariès agradou muito, entre outros, a Jacques Le Goff[14] e logo foi associado àquela *nouvelle histoire* que, naqueles anos, na esteira das reflexões produzidas pela revista *Annales*, teve grande repercussão em todo o mundo. Na época estavam em voga a "história da mentalidade" e a "história do folclore e da cultura popular". Embora de difícil utilização no âmbito histórico, todas essas categorias tinham o fascínio e o interesse de abrir novos campos de pesquisa, para além da tradicional história do poder e das instituições.

Em 1960, os tempos para o estudo da História das crianças estavam maduros. Na mesma época, do outro lado do Oceano Atlântico, nos Estados Unidos, outro estudioso, com uma abordagem científica totalmente diferente da de Ariès, se dedicava ao tema da relação entre pais e filhos ao longo da história. Trata-se de Lloyd deMause, que associará sua fama ao surgimento da "psico-história". Ora, foi justamente o significado "plural" (e, se quisermos, ambivalente) do termo *sentiment* que provocou a reação de Lloyd deMause e o fez escrever:

> As teses mais importantes de Ariès são o oposto das minhas: Ariès afirma que, enquanto a criança inicialmente era feliz por ser livre para ficar com pessoas de diferentes classes sociais e idades, a condição particular conhecida como infância foi "inventada" no início da era moderna[15].

De acordo com deMause, a Idade Média já possuía seu próprio sentimento de infância. Só que, a seu ver, esse sen-

14. J. Le Goff, *La civilisation de l'Occident médiéval*, Paris, 1964, trad. it. *La civiltà dell'Occidente medievale* [trad. bras.: *A civilização do Ocidente medieval*. Petrópolis: Vozes, 2016], Florença,1969, p. 346: "Afirmou-se que não há crianças na Idade Média, há apenas pequenos adultos".

15. Lloyd deMause, "L'evoluzione dell'infanzia", in *Storia dell'Infanzia*, trad. it. Lucia Bonardi. Milão: Emme Edizioni, 1983, p. 6.

timento era fortemente negativo. Sua ideia central é que as relações entre adultos e crianças são a chave para entender toda a história. O núcleo de sua intuição historiográfica é que as relações complexas entre adultos e crianças caracterizaram toda a história da humanidade. Ele estuda os "momentos que mais afetam a psique da geração futura", identificando principalmente três reações possíveis do adulto diante da criança: "a) projeção; b) reversão; c) empatia"[16].

DeMause amplia a investigação para os séculos anteriores à Idade Média, até as chamadas sociedades "primitivas", identificando, desde os tempos mais remotos, uma "pulsão de morte em relação às crianças". Um exemplo muito importante é identificado nos chamados "sacrifícios humanos" que, na grande maioria dos casos, não passavam de sacrifícios de crianças. Encontram-se vestígios claros do sacrifício ritual de crianças em quase todas as sociedades antigas: era praticado pelos celtas da Irlanda, por gauleses, escandinavos, egípcios, fenícios, moabitas, amonitas e, em certos períodos, por israelitas[17]. DeMause afirma que o infanticídio devia ser praticado mesmo na Idade Média cristã:

> Não obstante os inúmeros testemunhos literários, a continuidade do fenômeno do infanticídio ao longo da Idade Média costuma ser negada pelos próprios historiadores, com base no fato de que os documentos eclesiásticos e outras fontes estatísticas não registram nada a respeito. Mas se a proporção entre os dois sexos (156 para 100 no ano de 801; 172 para 100 em 1391) oferece uma indicação sobre a supressão das filhas legítimas, e se os filhos ilegítimos eram eliminados sem distinção de sexo, a porcentagem efetiva de infanticídios na Idade

16. Cf. ibid., p. 7.

17. Ibid., p. 22.

> Média deve ter sido considerável. Certamente, quando abriu o Hospital do Santo Spirito em Roma, Inocêncio III estava ciente do grande número de mulheres que jogavam seus filhos no Rio Tibre[18].

Neste último caso, já não se fala de sacrifício ritual, mas de infanticídio. Para deMause, ambos os fenômenos são expressão daquela pulsão de morte em relação às crianças que caracterizou a história da humanidade por muitos séculos. De fato, ele identifica seis fases na história da relação pais-filhos: 1) O infanticídio (da Antiguidade até o século IV d.C.); 2) o abandono (do século IV ao século XIII); 3) a ambivalência (do século XIV ao XVII); 4) a intrusão (século XVIII); 5) a socialização (do início do século XIX à metade do século XX); 6) a ajuda (a partir da segunda metade do século XX).

DeMause considerou tão importante a identificação dessa evolução que a transformou num novo paradigma historiográfico: "Creio que a teoria psicogenética pode fornecer um paradigma verdadeiramente novo para o estudo da história"[19]. Embora confesse que "ainda precisamos compreender como a mudança histórica está relacionada com a mudança nos cuidados com as crianças", ele julga que isso pode constituir o fundamento do que chama de psico-história.

Trata-se de uma ideia muito interessante: a relação entre pais e filhos é um ponto fundamental para a construção de qualquer sociedade humana, e os historiadores não podem ignorar isso.

No entanto, há alguns pontos fracos na reconstrução de deMause. O primeiro está ligado à leitura progressiva das

---

18. Ibid., p. 26.

19. Ibid., p. 47.

relações pais-filhos. As seis fases por ele descritas conduziriam a uma clara melhoria da percepção da infância na época contemporânea em relação ao passado. Isso pode ser constatado no plano cultural, se pensarmos, por exemplo, na importantíssima conquista da Carta dos Direitos da Criança em 1989. Mas não pode ser facilmente comprovado do ponto de vista social. As crianças continuam a provocar medo ainda hoje. O número de infanticídios certamente diminuiu, mas também é verdade que a prática do aborto seletivo tornou desnecessária a supressão de recém-nascidos: as técnicas de acompanhamento pré-natal permitem identificar crianças com deficiências pouco depois da concepção. Não há dúvida de que até poucas gerações atrás o infanticídio representava, em muitos casos, uma forma de eugenia, ou seja, de seleção de crianças ao nascer. Contudo, isso não nos autoriza a dizer que a condição de milhões de crianças do nosso tempo é melhor. Crianças-soldado, crianças escravizadas, crianças migrantes, crianças abusadas sexualmente estão aí para nos mostrar que a história não conhece apenas uma progressão positiva que leva à ajuda: ainda hoje milhões de adultos se comportam em relação às crianças com atitudes ditadas por uma "pulsão violenta".

O segundo ponto fraco do paradigma proposto por deMause reside na pretensão de identificar um único e principal motor da história. Os historiadores profissionais foram vacinados contra esse tipo de leitura unívoca, típica da historiografia marxista, que procurava identificar o motor da história na economia. Na realidade, a história é sempre uma grande improvisadora, uma vez que a evolução dos acontecimentos humanos é determinada por múltiplos fatores, às vezes concorrentes entre si: do clima à economia, aos fenômenos sociais, às guerras, às religiões... Certamente, as relações entre pais e filhos também tiveram um peso na determinação da história da humanidade, mas não podem ser tomadas como o único paradigma interpretativo.

Dito isso, é importante reiterar que o surgimento da História da infância representa um grande progresso nos estudos históricos, pois aborda um problema inegavelmente crucial na trajetória dos homens e das mulheres de todos os tempos.

## O debate historiográfico

As pesquisas de deMause e de Ariès suscitaram inúmeras reações[20]. Muitos estudiosos, em todo o mundo, sentiram a necessidade de se distanciar sobretudo das ideias de Philippe Ariès. Na França desencadeou-se uma polêmica que envolveu estudiosos como Pierre Riché, Jean-Louis Flandrin e Emmanuel Le Roy Ladurie. As razões dessas diversas críticas foram expostas com perspicácia por Danièle Alexandre-Bidon[21], que num trabalho de 1997 chegou a dizer que:

> Philippe Ariès, levando em consideração o conjunto dessas críticas, já em 1973 amenizou suas posições em um longo prefácio para a nova edição de seu trabalho. Sete anos depois, ele confessou: "Lamento não ter me informado melhor sobre a Idade Média, da qual meu

20. Para um panorama desse desenvolvimento cf. M. Ferrari, "Costrutti euristici e prospettive di ricerca sull'infanzia nella storia", in *Crescere bambini. Immagini d'infanzia in educazione e formazione degli adulti*. Bergamo: Edizioni Junior, 2017, pp. 21-40.

21. D. Alexandre-Bidon, "Grandeur et renaissance du sentiment de l'enfance au Moyen Âge", in *Educations médiévales, l'enfance, l'école, l'Église en Occident (Vi^e^-XV^e^ siècles)*, número monográfico de *Histoire de l'Education*, INPR, 1991, pp. 39-63.

livro fala tão pouco". Infelizmente, enquanto o fundador atenuava suas afirmações, seus seguidores foram ainda mais longe do que seu inspirador na negação do sentimento da infância... Elisabeth Badinter, que não é historiadora, mas cujo livro *L'amour en plus* [*Um amor conquistado: o mito do amor materno*. Nova Fronteira, 1985] também teve um sucesso notável, não hesita em afirmar que, antes do início do século XIX, o Ocidente era "uma sociedade sem amor", que o afeto materno não existia e que a criança, desprezada "como um brinquedo ou uma máquina [...], causava medo". A necessidade arraigada em nós de acreditar que o amor pelas crianças é uma conquista recente, uma maneira de enobrecer a nossa história contemporânea, que por muitos aspectos é tão trágica, talvez esteja na origem do desprezo que permitiu acreditar na ausência de amor e de ternura pelas crianças nos tempos antigos. Trinta e sete anos se passaram desde a publicação do livro de Philippe Ariès. A maior parte de suas ideias hoje está reduzida a cinzas[22].

No Reino Unido, as objeções a Ariès não são menos explícitas. Nicholas Orme, por exemplo, expressa de forma contundente suas dúvidas em relação às teses do historiador francês:

> Ariès admite que os pais e mães na Idade Média cuidavam de seus filhos e os amavam, mas afirma que a relação com eles costumava ser mais distante e menos empática. Os adultos não estavam tão interessados na infância a ponto de reconhecer um *status* separado para ela: "na sociedade medieval, a ideia de infância não existia"... Um leitor casual do livro poderia pensar que seu autor chegou a essas conclusões após um estudo aprofundado. Na verdade, o livro faz pouco uso de

22. Danièle Alexandre-Bidon-Didier Lett, *Les enfants au Moyen Âge. Ve-XVe siècle*, Paris, 1997, p. 10.

> fontes medievais, além de imagens, esculturas e algumas poucas memórias literárias do século XV. As opiniões de Ariès influenciaram principalmente pessoas que não eram historiadores da Idade Média [...]. Nenhum estudioso encontrou material para confirmar as teses de Ariès; todos, de diferentes maneiras, as refutaram[23].

A afirmação de Orme não é inteiramente verdadeira, uma vez que alguns estudiosos encontraram confirmação para as ideias de Ariès. Podemos citar o exemplo de Christiane Klapisch-Zuber, que em 1987 escrevia: "na iconografia, assim como na linguagem cotidiana, a criança com mais de 7 anos de idade não passava de um indivíduo de segunda classe, não raro ignorado no silêncio ou empurrado brutalmente para o mundo dos adultos"[24].

Na Itália, as reações às teses de Ariès foram mais sutis, em parte graças à interpretação dada a elas por Egle Becchi, a mais importante historiadora da infância. Ela compreendeu corretamente o valor do termo-chave "*sentiment*" utilizado pelo historiador francês:

> O termo sentimento, *sentiment* em francês, [é] um dos vários construtos que a história das mentalidades e, posteriormente, a *nouvelle histoire* escolheram e usaram para transmitir ideias novas, não totalmente claras, que precisavam ser propostas e aceitas, sobre as quais foram construídas inteiras estruturas interpretativas [...]. De fato, sentimento significa [para Ariès], antes mesmo que *feeling*, ou seja, emoção – acepção que ele não rejeita –,

23. N. Orme, *Medieval Children*, Londres: New Haven, Yale University Press, 2001, p. 5.

24. C. Klapisch-Zuber, *La famiglia e le donne nel Rinascimento a Firenze*, Roma-Bari: Laterza, 1988 (ed. orig. 1987, p. 116).

> ideia, representação, no sentido duplo de figuração e noção, bem como atribuição de valor[25].

A posição de Becchi permite distinguir os planos. Não se pode imaginar que, por séculos, as mães e os pais não tenham tido amor por seus filhos, mas é possível entender como a compreensão da infância, o *sentiment* como consciência cultural de seu valor, foi por muito tempo, como intuiu Ariès, diferente da contemporânea.

Na Itália, juntamente com os trabalhos de Becchi, também tiveram uma profunda influência os trabalhos de Ottavia Niccoli e, em especial, um volume coletivo por ela organizado, intitulado *Infanzie. Funzioni di un gruppo liminale dal mondo classico all'Età moderna* [Infâncias: funções de um grupo liminar do mundo clássico à era moderna], publicado em 1993[26]. Nesses trabalhos encontrava-se uma explicação da atitude múltipla e às vezes contraditória em relação à infância. As crianças são percebidas como um grupo *liminar*, ou seja, situado em uma *terra de fronteira*, na divisa entre natureza e graça, entre racionalidade e loucura e, justamente por essa condição, suscitam desprezo e medo, mas também expectativa e admiração. Usando as palavras de Niccoli para ilustrar o pensamento cristão dos primeiros séculos:

> A infância é uma idade de negligência e indolência; na verdade, de certo modo, ela se torna até um símbolo do pecado [...]. A criança é uma criatura inacabada e im-

25. E. Becchi, "Il bambino di ieri: breve storia di una storiografia", in *Studi sulla formazione*, 1-2010, p. 10.

26. O. Niccoli, "Compagnie di bambini nell'Italia del Rinascimento", *Rivista storica italiana*, 101 (1989), pp. 346-374. O. Niccoli (org.), *Infanzie. Funzioni di un gruppo liminale dal mondo classico all'Età moderna*, Florença: Ponte alle grazie, 1993.

> perfeita, distante da plenitude positiva do ser constituída pelo homem adulto. Por isso [...] torna-se digna de atenção apenas quando a graça lhe permite superar a natureza e manifestar, com sua excepcionalidade – com o dom divino da sabedoria ou ao menos com o dom, certamente humano, da palavra –, a onipotência divina[27].

No mesmo volume, Cristiano Grottanelli sintetizou essa condição liminar das crianças:

> Em suma, as crianças revelam sinais do Outro porque estão nos limites do Nós. Por esse mesmo motivo, elas são mediadoras com o acaso, que é o Outro na medida em que é gratuito. Pelo mesmo motivo, enfim, são sagradas[28].

De qualquer forma, ao examinar as fontes a partir desses diferentes pontos de vista, percebeu-se que essa falta de "atribuição de valor" durou muito tempo, se pensarmos que até mesmo Jean-Jacques Rousseau, reconhecido como pai do pensamento pedagógico moderno, em suas *Confissões*, escreveu:

> Meu terceiro filho foi, portanto, colocado no orfanato, assim como os primeiros, e o mesmo aconteceu com os dois que se seguiram; tive cinco ao todo. Aquele arranjo me pareceu tão bom, sensato e legítimo, que, se não me vangloriei dele abertamente, foi apenas por consideração à mãe [...]. Em uma palavra, não fiz nenhum segredo de minha conduta [...] porque, na realidade, não via mal algum nisso. Depois de ponderar os prós e os contras, escolhi para os meus filhos o melhor, ou o que me pareceu melhor[29].

---

27. O. Niccoli, "Infanzia, terra di frontiera", in *Infanzie*, p. 13.

28. C. Grottanelli, "Bambini e divinazione", in *Infanzie*, p. 69.

29. J.-J. Rousseau, *Confessioni*, Turim: Einaudi, 1955, pp. 390-391. Posteriormente, Rousseau se arrependeu dessa escolha.

## Os desenvolvimentos da pesquisa

Nos últimos anos, a história da infância fez inúmeros progressos na metodologia, na ampliação dos campos de pesquisa e na capacidade de ler as fontes. Houve um aumento do interesse em torno da vida das crianças e das ideias sobre a infância no passado, tanto no que diz respeito à pesquisa científica e acadêmica quanto à produção cultural dirigida a um público mais amplo[30]. Atualmente, algumas conclusões são em grande parte compartilhadas por todos os pesquisadores e podem ser destacadas.

A primeira é que havia muitas crianças na Idade Média. Mais precisamente sabemos que, durante todo o milênio medieval, a maioria da população era constituída por crianças e jovens em idade de se casar. Essa conclusão nos vem dos estudos de demografia histórica, embora estejamos cientes de que tais estudos enfrentam a escassez de documentos. No entanto, é certo que, tanto no Políptico da Abadia de São Vítor de Marselha, redigido nos anos de 813-814[31], quanto no cadastro florentino de 1427[32], a faixa etária de 0 a 21 anos supera claramente 50% das pessoas recenseadas. Portanto, é muito interessante tentar devolver a voz a essa maioria silenciosa que por muitos séculos permaneceu oculta em diversos aspectos. Por outro lado, conhecer a forma como uma socie-

30. Cf. J.-F. Chauvard; A. Groppi, "La place des enfants", in *Enfance et monde adulte (Moyen Âge - Époque contemporaine)*, *MEFRIM*, 123/2 (2011), pp. 311-314.

31. Cf. M. Zerner, "Enfants et jeunes au IXe siècle, la démographie du polyptyque de Marseille, 813-814", *Provence Historique*, XXXI, 1981, pp. 355-380.

32. Cf. D. Herlihy; C. Klapisch Zuber, *I toscani e le loro famiglie. Uno studio sul catasto fiorentino del 1427*, Bolonha: Il Mulino, 1988.

dade trata suas crianças e, em geral, seus membros mais vulneráveis pode contribuir decisivamente para a compreensão dos valores fundamentais de uma cultura e de uma civilização: o sentido da vida, a atitude em relação ao sofrimento, a dimensão da coesão social[33]. Mais uma vez, as observações de Egle Becchi sobre esses temas são relevantes:

> A compreensão histórica da infância [...] deve se confrontar com uma figura do passado tão ambígua quanto outras – a mulher, a pessoa idosa, o pobre, os que não têm direitos, o insano – que quase não deixaram rastros de si, mas que é ainda mais enigmática, porque está forte e fatalmente inscrita no tempo de crescimento de seu objeto – que é justamente a criança –, que se transforma rapidamente em outra figura, a do adulto, tornando-se, portanto, objeto de outro discurso[34].

Uma segunda conclusão é que as crianças na história foram menos silenciosas do que se acreditava. Sessenta anos atrás, considerava-se que elas não tinham deixado vestígios e que, portanto, não havia fontes diretas para usar na reconstrução de sua história. Hoje a situação é diferente. Há fontes escritas por crianças, embora, naturalmente, sejam poucas e de difícil leitura. Como em qualquer outra coisa, quando se começa a buscar, encontra-se o que se procura. Foi assim que Egle Becchi, já em 1994, observou que alguns grafites de Pompeia eram certamente obra de crianças[35].

---

33. Cf. R. Aasgaard; C. Horn; O. M. Cojocaru, "Introduction", in *Childhood in History. Perceptions of Children in the Ancient and Medieval World*, Londres/Nova York: Routledge, 2018, p. 5.

34. E. Becchi, *I bambini nella storia*, Roma/Bari: Laterza, 1994, p. VI.

35. Ibid., p. 6. Cf. também E. Becchi; Q. Antonelli, *Scritture bambine*, Roma/Bari, 1995.

Essas intuições foram desenvolvidas por Monica Ferrari e por um numeroso grupo de especialistas que se interessaram pelos testemunhos escritos por crianças. Em particular, são de grande interesse os estudos sobre os últimos séculos da Idade Média na Itália, quando os filhos, tanto meninos quanto meninas, das casas principescas eram ensinados a ler e a escrever, pois as competências gráficas faziam parte da bagagem cultural exigida das famílias que detinham o poder. As cartas escritas por jovens príncipes assumem um grande interesse como testemunhos da consciência política e familiar para a qual eram educados[36].

Descobertas surpreendentes também vêm do Egito. Como escreveu a papirologista italiana Raffaella Cribiore:

> As areias do Egito conservaram os exercícios escolares escritos por estudantes e professores, bem como alguns textos que foram utilizados nas escolas. Esse material didático está presente em papiro, *ostraca* [fragmentos de cerâmica ou terracota], tábuas de madeira e de cera e, mais raramente, em pergaminho[37].

Uma observação se impõe. Se essas são, como parece, as primeiras fontes infantis da história, então é preciso notar que são fontes derivadas de um esforço intelectual. As mais

---

36. M. Ferrari; I. Lazzarini; F. Piseri, *Autografie dell'età minore. Lettere di tre dinastie italiane tra Quattrocento e Cinquecento*, Roma: Viella, 2016. Para uma introdução historiográfica sobre esses estudos cf. também M. Ferrari; F. Piseri, "Scolarizzazione e alfabetizzazione nel Medioevo italiano", *Reti Medievali Rivista*, 14, 1 (2013), pp. 1-36; M. Ferrari, *"Per non manchare in tutto del debito mio". L'educazione dei bambini Sforza nel Quattrocento*, Milão: FrancoAngeli, 2000.

37. R. Cribiore, "Education in the Papyri", in Roger S. Bagnall (org.), *The Oxford Handbook of Papyrology*, Oxford University Press, 2009, pp. 320-337 [citação p. 320].

antigas evidências que as crianças deixaram de si na história são testemunhos de sua inteligência. Os grafites e os textos em papiros não são apenas exercícios escolares que mostram competências e habilidades (obviamente iniciais) por parte das crianças, mas são testemunhos explícitos de seu esforço e de seu desejo de aprender. E não é só isso: a inteligência das crianças é plástica, capaz de inovar. Isso é comprovado por algumas cartas em papiro encontradas por Cribiore: enquanto o estilo epistolar dos adultos era bastante formal e convencional, as cartas das crianças revelam uma espontaneidade e uma inventividade que talvez naquela época fossem corrigidas, mas que hoje despertam nossa admiração.

Uma terceira conclusão é que houve em relação às crianças um persistente preconceito negativo. No fundo, essa era a novidade que suscitou tanta resistência há sessenta anos: Ariès falou da carência do *sentimento da infância*, deMause acrescentou que a criança, ao longo da história, não foi apenas esquecida, mas também violentada, desprezada e excluída. Relendo, sob essa perspectiva, os autores clássicos mais citados durante a Idade Média, percebe-se um preconceito anti-infantil que atravessou os séculos e as culturas. Como não lembrar a passagem da *Ética a Nicômaco* na qual Aristóteles declara que as crianças, assim como os animais, não podem ser realmente felizes?[38]

38. "Logicamente, não chamamos feliz nem ao boi, nem ao cavalo, nem a qualquer outro animal, pois nenhum deles de fato pode participar de tal atividade. Pelo mesmo motivo, tampouco um menino pode ser feliz, uma vez que, devido à sua idade, ainda não é capaz de tais atos: só consideramos felizes os meninos tendo em vista as esperanças que neles depositamos. Porque, como dissemos, a felicidade requer não apenas uma virtude completa, mas também uma vida completa" (Aristóteles, *Ética a Nicômaco*, I, 9).

Nas *Etimologias* de Isidoro de Sevilha, a primeira grande enciclopédia medieval, as crianças são comparadas aos tolos: "Os físicos, de fato, dizem que os tolos têm sangue mais frio, enquanto os prudentes têm sangue quente: por isso os idosos, em quem o sangue já está esfriando, assim como as crianças, em quem ainda não está quente, são menos sensatos"[39]. Certamente, os mesmos autores não expressam apenas o preconceito. Para permanecer com Isidoro, juntamente com a ideia da insensatez das crianças, ele transmite a importância do amor materno. Ele faz isso, por exemplo, falando das cegonhas, que "manifestam um imenso sentimento de amor e ternura em relação aos próprios filhos: aquecem o ninho com tanto cuidado que o constante ato de chocar as leva a perder as penas"[40].

Por esses motivos, a ideia de escrever uma *História das crianças na Idade Média* é ao mesmo tempo fascinante e desafiadora. Na Itália, um fruto dos progressos na *História das crianças* foi proposto recentemente por Chiara Frugoni, que em seu livro procurou reconstruir a vida das crianças desde o berço (com as respectivas faixas e amuletos que acompanhavam o recém-nascido) até as dificuldades da primeira infância e infância inicial (com os perigos de morte, os infanticídios, mas também uma certa ternura), passando pela alfabetização inicial, pelas brincadeiras e terminando com a adolescência protegida das jovens mulheres. Para isso, ela fez amplo uso das fontes iconográficas, retomando assim uma das intuições originárias de Ariès, bem como a melhor historiografia sobre o tema[41].

39. Isidoro de Sevilha, *Etymologiae*, liv. IX, 2, 26.

40. Ibid., liv. XII, 7, 17.

41. C. Frugoni, *Vivere nel medioevo. Donne, uomini e soprattutto bambini*, Bolonha: Il Mulino, 2017.

Este trabalho, no entanto, ao se posicionar na perspectiva da *História da infância*, pretende ser uma contribuição ao estudo das ideias, ou seja, das representações que os adultos tiveram da infância ao longo do milênio medieval. De fato, entre todos os importantes avanços no conhecimento da condição infantil na Idade Média, o campo de estudo que talvez precise de maior aprofundamento é justamente o relacionado ao imaginário. Como observou Franco Cambi:

> Trata-se de um campo que, em outros âmbitos da pesquisa histórica, já está desenvolvido, após as investigações pioneiras de Huizinga, de Ariès ou de Tenenti, nas quais os medievalistas estão trabalhando intensamente, mas que também tem um papel importante nas investigações sobre a Modernidade e a Contemporaneidade (pense-se em Baczko e em Mosse). No entanto, foi muito escassa a repercussão desse campo no âmbito educacional. E, não obstante, grande parte da educação – dos processos de inculturação à formação das mentalidades – passa pelo imaginário[42].

Quem escreve não é um historiador da educação e, portanto, pede desculpas aos colegas por eventuais ultrapassagens dos limites disciplinares. No máximo, como historiador, reivindica o título de leitor atento das fontes. Mas é nessa função que percebeu que, ao longo de toda a Idade Média, é preciso ressaltar um persistente preconceito anti-infantil por parte dos homens de cultura. Pode-se alcançar uma melhor compreensão das fontes, que na grande maioria dos casos foram produzidas – como já mencionado – por homens adultos que tinham optado pela castidade e, em geral, não tinham filhos. Eram pais no sentido espiritual, mas não no sentido ma-

42. F. Cambi, *Manuale di storia della pedagogia*, Roma/Bari: Laterza, 2003.

terial. Esses homens certamente tinham alguma experiência com crianças, pois os mosteiros foram praticamente a única agência educativa por muitos séculos, e crianças (meninos e meninas) eram doadas a Deus nas comunidades monásticas, onde eram criadas. Praticamente os únicos testemunhos escritos por muitos séculos provêm de pais que não eram pais.

Todos esses homens são *homens da Igreja*, pessoas que fizeram do cristianismo o centro de sua escolha de vida. Por isso, não é possível evitar o problema do impacto que o cristianismo teve sobre esses temas. Embora outras tradições culturais também tenham contribuído para formar o pensamento medieval, não há dúvida de que a tradição cristã teve uma influência preponderante. Os especialistas fazem avaliações diferentes do impacto da mensagem evangélica sobre as ideias e práticas relativas à infância: alguns dizem que a mensagem evangélica produziu uma mudança significativa, ao passo que outros negam decididamente essa interpretação. Entre os primeiros, Henny Fiskå Hägg, por exemplo, ressaltou que o cristianismo introduziu uma nova atitude em relação às crianças como seres humanos, com uma maior atenção à sua vulnerabilidade[43]. Nicholas Orme compartilha em grande parte dessa opinião em suas importantes pesquisas sobre a condição das crianças na Inglaterra durante os séculos centrais da Idade Média[44]. Entre os críticos, na área italiana, pode-se citar Luigi Canetti, que destaca a continuidade entre o mundo antigo e medieval, por exemplo, no que

---

43. Henny Fiskå Hägg, "Aspects of childhood in second-and third-century Christianity. The case of Clement of Alexandria", in *Childhood in History*, pp. 127-141.

44. N. Orme, *Medieval Children*, New Haven/Londres: Yale University Press, 2001.

diz respeito à adivinhação e à profecia infantil[45], ou Silvia Nagel e Silvana Vecchio, que notaram o agravamento da avaliação moral da criança por obra de Agostinho e de muitos teólogos medievais[46]. Outros, como Reidar Aasgaard, mostraram como ideias diferentes e às vezes contraditórias sobre a criança como ser humano podem ter coexistido na mesma área cultural e no mesmo contexto histórico[47]. Evidentemente, num tema tão sensível, as opiniões dos estudiosos são influenciadas por suas respectivas convicções pessoais.

Este trabalho se propõe analisar alguns textos medievais de diferentes tipologias. Perceberemos um persistente comportamento negativo em relação à infância, em alguns casos agravado por práticas (como a oblação monástica, ou seja, a oferta de crianças aos mosteiros, sobre a qual se falará amplamente nas páginas que se seguem) que não existiam na Antiguidade. Assim, é necessário perguntar: "A *christianitas* medieval representou um retrocesso ou um avanço na percepção comum das crianças e da infância?"

Alguns elementos parecem apontar na direção do avanço. Brian Patrick McGuire, por exemplo, notou uma coincidência entre o fim da prática da oblação de crianças e o crescente interesse pela figura do Menino Jesus, como se vê nos textos de Elredo de Rievaulx[48]. David Herlihy, por sua vez, obser-

---

45. L. Canetti, "Bambini, divinazione e profezia nel Tardoantico Cristiano", in L. Canetti (org.), *Il bambino nelle fonti cristiane*, Roma: Augustinianum, 2019, pp. 23-39.

46. S. Nagel; S. Vecchio, "Il bambino, la parola, il silenzio nella cultura medievale", *Quaderni Storici*, 57, ano XIX/3, 1984, pp. 719-763.

47. R. Aasgaard, "Children in Antiquity and Early Christianity: Research History and Central Issues", *Familia*, 33 (2006), pp. 23-46.

48. B. P. McGuire, "Children and youth in monastic life Western Europe

vou que "o culto do Menino Jesus foi o espaço mais adequado para a expressão de sentimentos relativos à infância, sagrada e profana"[49]. Pode-se considerar que a mensagem evangélica teve um impacto positivo na percepção da infância, mas que seus efeitos só foram percebidos após um período longo, ou talvez muito longo. Para fazer uma comparação, observou-se algo semelhante na história das mulheres. A condição feminina na Idade Média também experimentou evoluções positivas apenas num período muito longo, e, no entanto, a mensagem evangélica teve, no decorrer dos séculos, uma função de fermento, questionando ideias que pareciam imutáveis[50]. Uma reflexão semelhante talvez se aplique a outros temas, como a escravidão, a deficiência ou as execuções capitais. Em todos esses casos, a história da evolução das ideias assume particular interesse, pois elas tiveram consequências concretas na vida de seres humanos.

Algumas últimas observações sobre o período cronológico examinado: foram privilegiadas as fontes entre os séculos VI e XIII, que representam o período mais intenso de elaboração das ideias medievais sobre a infância. Antes disso, porém, incluíram-se algumas páginas dedicadas a Clemente, Ambrósio, Agostinho e Jerônimo, que, embora não sejam autores medievais, influenciaram profundamente o pensamento dos autores aqui apresentados. Por fim, acrescentou-se um apêndice sobre os testemunhos prestados no processo dos mártires de Otranto, apesar de não pertencerem ao período

400-1250 CE", in *Childhood in History*, pp. 224-239.

49. D. Herlihy, *La famiglia nel medioevo*, Roma/Bari: Laterza, 1989, p. 162.

50. Na vasta bibliografia sobre o tema, cf. a coleção *Storia delle donne e di genere*, organizada pela Società Italiana delle Storiche, Roma, Edizioni Viella.

cronológico escolhido, pois trata-se de uma fonte excepcional, na qual as crianças tomam a palavra. A voz das crianças de Otranto pode representar o ponto culminante de uma linha de evolução histórica que tem suas origens nos séculos examinados neste livro.

# 1
# Entre Aristóteles e Jesus: Clemente de Alexandria

Clemente era um típico intelectual helenístico, um homem do Império Romano do século II[51]. Sua biografia, reconstruída em grande parte graças às informações que ele deixou em suas obras, é a de um homem de cultura grega. Nascido provavelmente em Atenas por volta de 150 d.C., compartilhava com seus concidadãos o amor pela filosofia. Por isso, como ele mesmo contará, partiu em viagem por todo o Mediterrâneo em busca da verdadeira sabedoria. Chegou assim à Magna Grécia, depois à Síria, e finalmente ao Egito. Entre seus mestres havia gregos, mas também assírios e judeus. Quando chegou a Alexandria do Egito, que era então a segunda maior cidade do Império depois de Roma, ouviu os ensinamentos de Panteno, um grego da Magna Grécia que de filósofo estoico se tornara cristão, criando uma escola na

51. O primeiro autor analisado não pertence à Idade Média, mas seu testemunho é particularmente importante porque sua abordagem do problema se tornará referência fundamental para grande parte dos pensadores cristãos, mesmo sem um conhecimento direto de suas obras.

grande cidade egípcia. Clemente também se converteu ao cristianismo na idade adulta, continuando a praticar filosofia, ou seja, a buscar a verdade, mas seguindo as orientações do Evangelho. Quando, segundo a tradição, Panteno deixou Alexandria rumo ao Oriente (talvez à Pérsia, talvez à Índia) para ajudar os cristãos mais distantes, Clemente o sucedeu na liderança da Escola de Alexandria. Provavelmente não se tratava de uma escola catequética estruturada, mas sim de um local de ensino surgido por iniciativa do mestre, no modelo das escolas filosóficas. Ali, Clemente passou a explicar o cristianismo para os gregos residentes na grande cidade da foz do Nilo. Ele o fazia à maneira de um filósofo. Não por acaso, intitulou seu primeiro livro de *Protréptico*, ou seja, *exortação*. Aristóteles escrevera um livro com o mesmo título. Nesse livro, o filósofo exortava a abraçar a filosofia, não como uma atividade especulativa, mas como uma verdadeira "prática de vida"[52]. Clemente o cita explicitamente. Retomando uma distinção clássica, já presente em Aristóteles (cf. *Poética* 47a) e depois adotada pela filosofia estoica (cf. Sêneca, *Epistolae*, 95; 65), ele explica que o *Logos* primeiro convida o homem e o exorta à conversão (é o *Logos* exortativo, em grego *Logos protreptikos*), depois o guia pela mão, como um pedagogo, e o instrui na vida prática (*Logos* conselheiro, em grego *hypothetikos*, que é o *Pedagogo*, seu segundo livro), e finalmente o instrui nas verdades de fé (*Logos* instrutor, *didaskalikos*). A essas três fases correspondem as três partes da trilogia que Clemente pretendia escrever, das quais escreveu apenas as duas primeiras: o *Protréptico* e o *Pedagogo*.

---

52. Cf. Clemente de Alexandria, *Gli Stromati. Note di vera filosofia*, introdução de Marco Rizzi, Milão: Paoline, 2006, p. XI.

Clemente era um educador, apaixonado por sua profissão e, portanto, também sensível aos jovens que lhe eram confiados (não devemos esquecer, porém, que a escola antiga não conhecia turmas divididas por idade). Essa sensibilidade educacional é evidente nas primeiras páginas do *Pedagogo*, a segunda de suas grandes obras.

> Além disso, duas das coisas mais belas e mais perfeitas que existem nesta vida, a educação (ou seja, a *paideia*) e a pedagogia (*paidagogia*), também nós, honrando-as, as designamos com termos que remetem à infância (*pais* = criança)[53].

E então ele acrescenta uma das mais belas definições de pedagogia:

> Podemos dizer que a pedagogia é conduzir os jovens, da melhor maneira, da infância à virtude[54].

Como testemunho de seu amor pela pedagogia, Clemente cita um trecho da *Medeia* de Bioto: "Entre os mortais, criar os filhos costuma proporcionar mais magia de afeto do que apenas gerá-los"[55].

Para entender a intenção de Clemente ao escrever esse texto, porém, é importante lembrar que o *pedagogo*, em grego, era o escravizado que acompanhava as crianças à escola, enquanto o professor se chamava *didascalos*. Assim como o escravizado levava as crianças até o professor, Clemente pretendia levar seus leitores/ouvintes ao encontro com Jesus, o Mestre. Nesse sentido, ele não se envergonha de dizer que todos somos crianças e todos devemos ser conduzidos até o Mestre.

---

53. Clemente de Alexandria, *Il pedagogo*, livro I, 16,1.

54. Ibid.

55. Ibid., 49, 4, p. 81.

Contudo, apesar de todas essas premissas, certamente favoráveis a uma atitude positiva em relação à infância, Clemente deixa transparecer várias vezes um julgamento negativo em relação às crianças. Isso se evidencia quando ele se vê obrigado a comentar algumas passagens dos evangelhos em que se narram comportamentos do próprio Jesus de Nazaré, vistos como problemáticos por Clemente.

> O próprio Senhor nos manifesta com muita clareza o que indica o termo "criança". Os apóstolos passaram a discutir quem era o maior entre eles. Então Jesus colocou uma criança no centro e disse: "quem se fizer pequeno como esta criança, esse é o maior no Reino dos Céus". De fato, Ele não emprega o termo criança para indicar a idade em que ainda se é privado de razão, como pensaram alguns[56].

O pensamento de Clemente deriva da opinião comum sobre as crianças, consideradas desprovidas de intelecto, por ainda não terem alcançado a idade da razão. Para falar de forma simples: antes de certa idade, as crianças eram consideradas tolas, incapazes de compreender e de querer. Daí a dificuldade de interpretar o convite de Jesus: Como poderia Ele convidar os discípulos a se tornarem tolos como crianças? Clemente se apressa em esclarecer:

> [...] e quando [Jesus] diz: "se não vos tornardes como essas crianças, não entrareis no Reino dos Céus", não devemos entender essa frase superficialmente. Nós não somos mais crianças que rolam pelo chão e rastejam como serpentes no solo, como fazíamos antes, e que se entregam com todo o corpo a desejos irracionais[57].

56. Ibid., livro I, 16, 1, p. 49.

57. Ibid.

A dificuldade não deve ser subestimada. De fato, o preconceito anti-infantil não era apenas popular, mas também estava presente entre as pessoas cultas. A ideia de crianças que rolam pelo chão e rastejam como serpentes remete diretamente à célebre afirmação de Aristóteles, para quem as crianças, ao nascer, são as mais incompletas entre os animais completos. Vale a pena reler o trecho de *A reprodução dos animais* de Aristóteles:

> No início, as crianças [...] passam mais tempo dormindo do que os outros animais, porque vêm ao mundo mais incompletas do que todos os outros animais completos, e seu crescimento ocorre principalmente na região superior do corpo[58].

Não há dúvida de que o grande filósofo observou atentamente os recém-nascidos: ele nota que passam muitas horas dormindo e faz observações muito interessantes sobre a cor de seus olhos. Os filhotes do ser humano, ao contrário dos de outros mamíferos, não são rapidamente autossuficientes, não buscam sozinhos o seio materno, não são capazes de se mover e muito menos de assumir a posição ereta. Por isso, Aristóteles corretamente diz que "vêm ao mundo mais incompletos do que todos os outros animais completos".

Contudo, Aristóteles vai além, notando uma semelhança entre as crianças e as mulheres. Ele o faz ao falar da calvície:

> Os homens são claramente os animais que se tornam mais calvos [...], uma singularidade entre os animais é que o homem tem um cérebro de proporções muito maiores e bastante úmido. As mulheres também não ficam calvas, porque sua natureza é semelhante à das crianças: ambas são desprovidas de excreção seminal[59].

---

58. Aristóteles, *Riproduzione degli animali*, livro V, 1, p. 1012.

59. Ibid., livro V, 3.

A semelhança entre mulheres e crianças está na falta de excreção seminal. Aristóteles atribui essa falta ao tamanho do cérebro, o órgão que, a seu ver, transforma o sangue em sêmen viril: tanto as mulheres quanto as crianças têm um cérebro menor do que o do homem adulto. Chega-se assim à explicação "científica" para a falta de razão nas crianças. Em resumo, mulheres e crianças têm o cérebro menor e... mais quente.

> Entre os animais, o ser humano tem o cérebro maior em proporção ao seu tamanho, e entre os humanos, os machos têm o cérebro maior do que as fêmeas: em ambos os casos, a região do coração e do pulmão é a mais quente e rica em sangue. E é por isso que apenas o ser humano, entre os animais, tem a postura ereta: a natureza do calor, com sua própria força, faz com que o crescimento ocorra, a partir do centro, na direção apropriada. Ao calor abundante deve-se contrapor uma maior quantidade de elemento fluido e frio; e essa quantidade também é responsável pela solidificação tardia do osso ao redor da cabeça, que alguns chamam de "bregma", pois o calor demora muito a evaporar. Esse fato não ocorre em nenhum outro animal sanguíneo[60].

Aristóteles observou que o osso ao redor da cabeça se solidifica apenas algum tempo após o nascimento e atribui isso ao calor do cérebro do recém-nascido, que ainda não é frio como o do adulto. Por essa mesma razão, a criança não tem capacidade de assumir a postura ereta. A falta de inteligência e a incapacidade motora são, portanto, dois aspectos da mesma deficiência natural.

Assim, compreende-se a dificuldade enfrentada por Clemente de Alexandria: Como poderia Jesus de Nazaré ter con-

60. Ibid., livro II, 7.

vidado seus discípulos a "se fazerem pequenos como crianças"? Era possível convidar homens adultos a renunciar às suas características físicas e naturais?

No entanto, o raciocínio de Aristóteles sobre as crianças não se limita apenas à observação "naturalística", uma vez que do tamanho do cérebro ele deduz uma incapacidade que também é de ordem moral. Na *Ética a Nicômaco* ele afirma que as crianças, assim como os animais, são incapazes de ter propósitos, ou seja, de realizar atos guiados pela razão e pela reflexão[61]. As crianças, como os animais, buscam o prazer, mas não o bem[62]... "Alguns prazeres são bons em sentido absoluto, mas nem todos são bons; são justamente estes últimos que são buscados pelos animais e pelas crianças, e é a dor provocada por esses prazeres que o sábio evita"[63]. Aqui, o paralelo não é mais entre crianças e mulheres, mas entre crianças e animais. Ambos, devido à falta de avaliação racional, não são capazes de distinguir e buscar o bem. As consequências são, em certo sentido, paradoxais:

> Logicamente, não dizemos que um boi, um cavalo ou outro animal é feliz; de fato, nenhum deles é capaz de participar de uma atividade desse tipo. Por essa razão, tampouco uma criança pode ser feliz; por causa da idade, ela ainda não é capaz de agir dessa maneira: as crianças são consideradas felizes apenas em função das esperanças futuras. A felicidade, como dissemos, requer uma virtude perfeita e uma vida completa[64].

61. Aristóteles, *Ética a Nicômaco*, III, 2.

62. Ibid., VII, 11.

63. Ibid., VII, 12.

64. Ibid., I, 9.

Assim, para Aristóteles, a criança não pode ser feliz. Surge, então, a pergunta que deve ter sido feita por Clemente, que, como mencionado, conhecia e apreciava Aristóteles: Como é possível que Jesus de Nazaré tenha convidado as pessoas a "se tornarem pequenas como crianças"? A resposta de Clemente é, de certa forma, genial:

> Isso, certamente, parecerá uma loucura para aqueles que são hábeis em astúcias e maldades. Mas aqueles que reconheceram apenas Deus como Pai certamente são crianças; são simples, puros, íntegros, amantes dos chifres dos unicórnios. Aos que progrediram no *logos*, Ele anuncia essas palavras, convidando-os a não se preocuparem com as coisas terrenas e a voltarem sua atenção somente para o Pai, imitando as crianças. Por isso, logo depois acrescenta: "Não vos preocupeis com o amanhã; a cada dia basta o seu mal". Dessa forma, Ele nos ordena a deixarmos de lado as preocupações desta vida e a nos entregarmos apenas ao Pai. Quem põe em prática esse preceito é realmente uma criança, um infante, aos olhos de Deus, e também aos olhos do mundo: mas para este último, o é como alguém iludido, ao passo que para Deus o é como alguém amado. E se, como diz a Escritura, há apenas um Mestre nos céus, então devemos reconhecer que todos os que estão na terra serão chamados discípulos. De fato, a verdade é esta: o Senhor, sendo perfeito, ensina sempre; nós, que somos crianças, sempre aprendemos[65].

Para Clemente, criança é aquele que está disposto a aprender, que se confia ao Pai; em última análise, é criança todo cristão que não se preocupa com o amanhã. Certamente é uma bela interpretação da passagem evangélica. No entanto, de certo modo, nas palavras de Clemente, as crianças concre-

---

65. Clemente de Alexandria, *Il pedagogo*, livro I, 17, 3, p. 50.

tas desaparecem. Isso fica claro na passagem imediatamente seguinte.

> Neste ponto, é correto que concentremos nossa atenção no termo "criança" (*nepios*). De fato, ele não designa aquele que é desprovido de inteligência; este é chamado pueril (*nepytios*). "Criança", ao contrário, é aquele que se torna novamente doce (*neepios*): doce (*epios*) é a pessoa de pensamentos ternos, que se tornou doce de uma maneira nova e gentil nos modos. É isso que o bem-aventurado Paulo deixa claro, quando diz: "Nós, como apóstolos de Cristo, poderíamos ter exercido autoridade, mas nos tornamos doces (*epioi*) entre vocês, como uma mãe que segura seus filhos nos braços". A criança, portanto, é doce e, por isso, é também mais inocente, delicada, simples, sem enganos e sem artifícios, justa e correta de mente: e essa, de fato, é a essência da simplicidade e da verdade[66].

Assim, a criança passou a ser uma categoria moral: para Clemente, é o símbolo da simplicidade, à qual se associam outras virtudes, como a inocência, a delicadeza e a sinceridade. Para apreender todo o valor dessa operação cultural, é necessário situar a reflexão de Clemente no contexto de seu tempo.

Na Alexandria do século II, as doutrinas que hoje chamamos de *gnósticas* eram bastante difundidas. Os cristãos gnósticos dividiam o povo cristão em duas categorias: de um lado, os homens e mulheres simples, aqueles que não tinham instrução e que se contentavam com uma fé baseada na devoção; do outro, os verdadeiros cristãos, aqueles que tinham acesso à *gnose*, ou seja, ao conhecimento, e que, portanto, tinham plena compreensão dos mistérios da fé. Neste e em outros trechos, Clemente preocupa-se em contestar

66. Ibid., XIX, 1-3, p. 51.

essa divisão elitista e intelectualista. Para ele, os verdadeiros cristãos não são os sábios, os refinados argumentadores, os iniciados em uma gnose esotérica, mas sim os simples, os pequenos, aqueles que se assemelham às crianças de que Jesus fala nos evangelhos.

Depois de ler os escritos de Clemente, permanece a seguinte dúvida: Onde estão as crianças reais? De fato, as crianças nem sempre são inocentes, sinceras e puras, e nem sempre correspondem à imagem de pureza descrita por Clemente.

E, ligada a essa pergunta, há outra: Estamos realmente seguros de que Jesus de Nazaré se referia às crianças como uma categoria moral e não às crianças concretas? Para responder, é necessário examinar a atitude concreta do profeta galileu em relação às crianças, como transparece nos textos que narram suas histórias: os evangelhos.

O ponto de partida para essa reflexão só pode ser o ambiente judaico em que Jesus nasceu e cresceu. Nesse ambiente, a atitude em relação às crianças era ambígua: por um lado, toda a religião dos filhos de Abraão baseava-se na promessa de uma descendência, de modo que os filhos eram a primeira bênção que os fiéis pediam a Deus; ao mesmo tempo, porém, o julgamento geral sobre as crianças era predominantemente negativo: más inclinações, falta de inteligência e de coragem. Embora não seja possível analisar profundamente a Sabedoria de Israel, alguns provérbios dos livros sapienciais revelam uma atitude repressiva:

> Aquele que poupa a vara odeia seu filho, mas o que o ama está pronto para corrigi-lo (Pr 13,24).
>
> Não poupes ao jovem a correção, ainda que o batas com a vara, ele não morrerá; ao contrário, se o bateres com a vara, tu o salvarás do inferno (Pr 23,13).

> A vara e a correção dão sabedoria, mas o jovem deixado por conta própria envergonha sua mãe. [...] Corrige teu filho, e ele te fará feliz, e te trará consolo (Pr 29,15-17).
>
> Aquele que ama seu filho usa com frequência a vara, para poder mais tarde alegrar-se com ele. Quem educa bem o seu filho fica satisfeito e dele se orgulhará entre os conhecidos (Eclo 30,1-2).

A educação é vista como o adestramento de animais domésticos.

> Um cavalo não domado torna-se indisciplinado, um filho deixado à própria sorte torna-se imprudente. Mima teu filho, e ele te causará medo, brinca com ele, e ele te trará aborrecimentos... Não lhe concedas liberdade na juventude, não tomes seus defeitos levianamente. Dobra-lhe o pescoço enquanto é jovem e bata-lhe nas costas enquanto é criança, para que, obstinado, não te desobedeça (Eclo 30,8-12).

Outro exemplo interessante é a atitude da Comunidade de Qumran em relação às crianças. Esse grupo religioso dissidente, que tinha seu centro principal próximo ao Mar Morto, é bem conhecido graças à descoberta de alguns papiros muito interessantes. Na legislação de Qumran estava previsto:

> Nenhum rapaz jovem e nenhuma mulher entrarão em seus acampamentos quando saírem de Jerusalém para ir à batalha, até que tenham retornado (1 OM 7,3-6).
>
> As pessoas estúpidas, os tolos, os ingênuos, os dementes, aqueles que, sendo fracos de vista, não podem ver, os mancos, os surdos, os menores, nenhum deles entrará para a comunidade, pois os anjos santos (estão no meio dela) (4QDb).

Nesse contexto, o comportamento de Jesus parece, sob muitos aspectos, surpreendente. Podemos retomar, na versão do Evangelho de Mateus, o trecho citado por Clemente:

> Naquele momento, os discípulos se aproximaram de Jesus, dizendo: "Quem é o maior no Reino dos Céus?" Então Jesus chamou uma criança, colocou-a no meio deles e disse: "Em verdade vos digo: se não vos converterdes e não vos tornardes como crianças, não entrareis no Reino dos Céus. Portanto, quem se tornar pequeno como esta criança, esse será o maior no Reino dos Céus. E quem acolher uma só dessas crianças em meu nome, acolhe a mim" (Mt 18,1-5).

Não há a menor alusão à pureza, simplicidade ou outras virtudes das crianças. As pessoas às quais Jesus se dirigia não estavam nem um pouco preocupadas com as qualidades intrínsecas da infância. Se Jesus tivesse a intenção de chamar a atenção para esse ponto, Ele deveria ter explicitado um pensamento que certamente os teria surpreendido. Jesus não contesta o julgamento desfavorável segundo o qual as crianças são consideradas essencialmente seres imperfeitos, insignificantes, desprovidos de inteligência e razão. No entanto, essas deficiências, que provocam o desprezo dos adultos, atraem sobre elas a benevolência especial de Deus. Aquilo que impede os homens de lhes atribuírem alguma importância é justamente o que faz delas as privilegiadas do Reino de Deus[67].

A esse respeito, pode-se relacionar a primeira das Bem-aventuranças, "Bem-aventurados os pobres de espírito, porque deles é o Reino dos Céus" (Mt 5,3), com uma frase do Evangelho de Marcos: "A quem é como eles [as crianças] pertence o Reino de Deus" (Mc 10,15). O paralelismo é claro: as crianças e os pobres são os primeiros destinatários do Reino de Deus que Jesus veio anunciar. O motivo da escolha das crianças não é algum mérito ou predisposição delas, mas o consentimento do

---

67. Cf. Jacques Dupont, *Le beatitudini*, p. 842.

Pai. Como fica claro em outro texto: "Assim, não é da vontade do vosso Pai que está nos céus que um só destes pequenos se perca" (Mt 18,14). Jesus inverte a visão tradicional. São os simples, os ignorantes, aqueles a quem Deus agora concede a revelação de seus segredos; às crianças e àqueles que se assemelham a elas, Ele pretende reservar os benefícios de seu Reino. No século passado, o grande exegeta Jacques Dupont advertia:

> É preciso deixar a este ensinamento todo o seu caráter paradoxal, sem interpretá-lo a partir de uma concepção idealizada da infância ou de uma observação mais atenta da psicologia infantil, e sem transformar a ingenuidade dos *nepioi* em uma nobre simplicidade de coração. Os privilegiados aos olhos de Deus são aqueles que não têm importância aos olhos dos homens[68].

Como se pode ver, a exegese moderna questiona a leitura de Clemente, que foi um dos primeiros a propor uma concepção idealizada da infância. Dessa maneira, ele permitiu que um público erudito de cultura grega tivesse acesso ao cristianismo, mas talvez sem perceber plenamente a força subversiva do evangelho que anunciava.

68. Jacques Dupont, *Le beatitudini*, p. 841.

# 2
# Ambrósio: o ânimo das crianças

Ambrósio nasceu quando seu pai era o chefe da prefeitura das Gálias. Um dia, enquanto o bebê, com o berço colocado no pátio do pretório, dormia de boca aberta, repentinamente surgiu um enxame de abelhas que cobriu todo o seu rosto, a tal ponto que as abelhas entravam e saíam de sua boca. O pai, que estava passeando por perto com a mãe e a filha, impediu que a escrava encarregada do cuidado do bebê espantasse as abelhas, temendo que elas o machucassem. Não obstante seu afeto de pai, ele quis esperar e ver como aquele evento milagroso se desdobraria. Depois de um tempo, as abelhas voaram e subiram a uma altura tão grande que desapareceram da vista dos homens. Aterrorizado pelo ocorrido, o pai disse: "Se este menino sobreviver, ele se tornará alguém grandioso". Na verdade, já naquela época o Senhor operava na infância de seu servo, para que se realizasse o que está escrito: "As boas palavras são favos de mel" (Pr 16,24). Aquele enxame de abelhas geraria os favos de seus escritos, que anunciariam dons celestes e elevariam as mentes dos homens das coisas terrenas ao céu[69].

69. Paulino de Milão, *Vida de Ambrósio*, 3 (PL 14,30).

Esse episódio da infância de Ambrósio de Milão merece uma reflexão. O relato das abelhas que entravam e saíam da boca do bebê, como sabiam todas as pessoas instruídas no final do século V, é um *topos*, ou seja, um lugar-comum típico das vidas de homens ilustres. Como narra, por exemplo, Valério Máximo, escritor do século I, em seu *Facta et dicta memorabilia*:

> Enquanto Midas, que foi rei da Frígia, dormia no berço quando criança, várias formigas lhe trouxeram grãos de trigo para a boca. Os pais, observando apaixonadamente e investigando o significado daquele prodígio extraordinário, consultaram os adivinhos da cidade com grande preocupação. Então os adivinhos responderam: "Este menino será de longe o mais rico entre todos os mortais". Essa previsão não foi em vão. De fato, Midas superou todos os reis de seu tempo pela imensa quantidade de riquezas.
>
> Também sobre Platão se narra um prodígio incrível, que considero muito mais admirável. Enquanto o menino dormia no berço, abelhas depositaram em sua boca um mel muito doce. Os intérpretes dos prodígios previram a amável retórica de Platão a partir desse sinal. Disseram que essas abelhas não se alimentavam das flores de tomilho da colina do Himeto, mas sim da doutrina das musas do Monte Hélicon. Assim, eu anteponho as abelhas de Platão às formigas de Midas, pois o vaticínio das abelhas foi mais profundo: as formigas trouxeram uma felicidade efêmera e frágil, enquanto as abelhas proporcionaram uma felicidade eterna e sólida[70].

Por que o diácono Paulino, da diocese de Milão, atribuiu a Ambrósio, ainda bebê, o mesmo episódio que todos conheciam em relação a Platão? É evidente que ele fez isso para

70. Valério Máximo, *Facta et Dicta Memorabilia* 1.6(ext)1.1.

sugerir uma comparação entre essas duas grandes figuras. No momento em que Paulino escrevia, o Império Romano do Ocidente ainda não tinha caído e os elementos de continuidade com o mundo clássico certamente eram predominantes entre as pessoas cultas. Para Ambrósio, assim como para Platão, era possível prever o futuro a partir dos prodígios, aqueles eventos simbólicos que, como diria Isidoro nas *Etymologiae*, predizem o futuro. De fato, "*prodigio*, porque *porro dicit*, ou seja, prediz o futuro"[71].

Essa é uma das características da atitude em relação à criança em todos os povos e épocas: a criança, sobretudo o recém-nascido, é cercada de mistério. As grandes perguntas que um recém-nascido suscita são sempre: De onde ele vem? Para onde irá? Sua vida será uma bênção ou uma maldição dos céus? Por isso, os pais procuram os prodígios, os sinais que permitam conhecer antecipadamente o futuro. Nesse sentido, pouco importa que Platão seja grego e devoto dos deuses, enquanto Ambrósio é filho de pais cristãos. Para ambos, são as abelhas que indicam o futuro.

Essa ligação entre a infância e o divino é confirmada pouco depois, na mesma *Vida* escrita por Paulino, em outro episódio protagonizado por uma criança.

> Naquela época, morreu Auxêncio, bispo da seita herética dos arianos, que oprimira aquela igreja desde que Dionísio, confessor de bem-aventurada memória, fora enviado ao exílio. Como o povo estava causando tumultos ao exigir um novo bispo, Ambrósio, que procurava apaziguar o conflito para evitar que o povo provocasse uma situação perigosa para a cidade, foi à igreja. En-

71. Isidoro de Sevilha, *Etymologiae*, lib. XI De homine et portentis, III. De portentis.

> quanto falava ao povo, diz-se que, de repente, a voz de uma criança aclamou, em meio à multidão, "Ambrósio, bispo". Todo o povo se voltou para essa voz e aclamou Ambrósio como bispo. Assim, aqueles que antes discordavam entre si na maior desordem, pois tanto os arianos quanto os católicos desejavam que fosse ordenado um bispo de sua própria facção, tentando superar-se mutuamente, de repente concordaram com esse nome, em maravilhosa e incrível harmonia[72].

Todo o relato é construído em torno de um oxímoro, uma figura retórica que une opostos: neste caso, um *infans*, que significa "não falante", que fala. Justamente porque é *infans*, as palavras que saem de sua boca não são suas, mas palavras divinas, assim como é divino o efeito de gerar a concórdia entre *arianos* e *católicos* na eleição do novo bispo. Do ponto de vista da consideração sobre a criança, relatos como esse não alteram o julgamento básico: o *infans* continua sendo incapaz de falar, porque é incapaz de raciocinar, mas, ao mesmo tempo, a ideia de que Deus possa falar pela boca de uma criança leva a uma atenção especial às vozes das crianças. O modelo, ao lado dos textos clássicos, será o bíblico, de João Batista, que, ainda no ventre materno (portanto, antes mesmo de nascer), reconheceu Jesus no bebê concebido no ventre de Maria.

> Naqueles dias, Maria levantou-se e foi apressadamente para a região montanhosa, a uma cidade de Judá. Ao entrar na casa de Zacarias, saudou Isabel. Assim que Isabel ouviu a saudação de Maria, a criança saltou em seu ventre. Isabel ficou cheia do Espírito Santo e exclamou em alta voz: "Bendita és tu entre as mulheres, e bendito é o fruto do teu ventre! E de onde me vem esta honra de que a mãe do meu Senhor venha a mim? Pois assim que a

72. Paulino de Milão, *Vida de Ambrósio*, 6 (PL 14,30).

tua saudação chegou aos meus ouvidos, a criança saltou de alegria no meu ventre" (Lc 1,39-44).

Essa ideia das potencialidades divinatórias dos *infantes* certamente estava presente antes do cristianismo e permaneceu forte na consciência popular por muitos séculos. Podemos pensar em um exemplo que ficou famoso, ocorrido algumas décadas após os eventos de Milão. Os fatos se desenrolam em Constantinopla, na época de Proclo, que foi patriarca daquela cidade entre 434 e 446, como lembra João Damasceno:

> Na verdade, os escritores da história eclesiástica dizem que, durante o arcebispado de Proclo, enquanto o povo em Constantinopla rezava por causa de um flagelo enviado por Deus, aconteceu que um menino do povo foi arrebatado em êxtase, e então, por algum ensinamento angelical, lhe foi ensinado misteriosamente o *Triságio*: "Santo Deus, santo forte, santo imortal, tende piedade de nós"; e depois, quando o menino voltou a si e relatou o que lhe fora ensinado, toda a multidão cantou o hino, e assim o flagelo cessou[73].

Todos esses episódios de crianças inspiradas estão idealmente conectados à passagem evangélica da entrada de Jesus em Jerusalém: "E lhe disseram: 'Não ouves o que estes estão dizendo?' Jesus lhes respondeu: 'Sim! Nunca lestes: *Da boca dos pequeninos e das crianças de peito tiraste o perfeito louvor?*'" (Mt 21,16).

Em todo caso, até agora, essas são as reflexões do diácono Paulino, biógrafo de Ambrósio. É interessante, porém, examinar a atitude do próprio bispo de Milão em relação à infância, porque ele foi uma figura pública de grande importância, que teria uma influência profunda em toda a Idade

73. João Damasceno, *De fide orthodoxa*, III,15.

Média do Ocidente. Em 374, Ambrósio tornou-se bispo de Milão, que, naquela época, era a capital da parte ocidental do Império. Em 380 d.C., o Imperador Teodósio, com o Edito de Tessalônica, declarou o cristianismo (na forma proclamada pelo Concílio de Niceia de 325 d.C.) como a religião oficial do Império. Ambrósio, portanto, era um dos eclesiásticos de maior prestígio em todo o Império.

As ideias de Ambrósio sobre a infância e as crianças não podiam ser diferentes das tradicionais em sua época. Várias vezes, ele caracteriza a infância como uma fase de instabilidade e imaturidade. Ele faz isso, por exemplo, ao comparar o povo de Israel a crianças:

> [Deus] sabia que o povo judeu era de dura cerviz, fácil de ceder, mesquinho, um tanto inclinado à infidelidade, de modo que ouvia sem realmente escutar e via sem realmente enxergar, por assim dizer; por causa da incipiência da infância, era leviano e esquecia-se dos preceitos. Por isso, Deus usou a Lei como um pedagogo: devido ao caráter inconstante do povo e à fraqueza de seu espírito[74].

Essa imagem negativa da infância está associada não apenas aos judeus, mas também aos cristãos que estão nos primeiros passos.

> A lei, portanto, não é supérflua, pois, como um pedagogo, acompanha aqueles que ainda são muito fracos. Refiro-me à fraqueza moral, não física; são de fato crianças incapazes de falar aqueles que não sabem articular a Palavra de Deus, que não reconhecem suas obras. De fato, se a verdadeira longevidade é uma vida imaculada, certamente uma vida contaminada equivale à infância. A lei, portanto, foi nosso pedagogo: ou seja, a norma, enquanto

---

74. Ambrósio, *Lettere*, lib. IX, lett. 64, 3, in *Opera omnia*, vol. 20, p. 117.

aguardávamos que a fé viesse. E, como éramos fracos, diz ele, fomos guardados pela lei, aprisionados enquanto esperávamos a fé que haveria de ser revelada. Mas depois que a fé chegou [...] veio a "adoção como filhos", cessou a fraqueza, terminou a infância, e crescemos como um homem perfeito, "nos revestimos de Cristo"[75].

Trata-se de um comentário ao que foi exposto pelo Apóstolo Paulo, que várias vezes usou a ideia da infância como metáfora da fraqueza, por exemplo, ao convidar os efésios a alcançarem o pleno conhecimento do Filho de Deus "para que não sejamos mais como crianças, agitadas pelas ondas e levadas de um lado para outro por qualquer vento de doutrina" (Ef 4,14), ou escrevendo aos gálatas: "Também nós, quando éramos crianças, estávamos escravizados pelos princípios elementares do mundo" (Gl 4,3). Por isso, Ambrósio reitera:

> Mas quem é o homem perfeito senão aquele que, libertado da infância de uma natureza pueril e da incerta irresolução da adolescência e do ardor desmedido da juventude, alcançou a firmeza do homem perfeito, progredindo até uma tal maturidade de conduta que dificilmente é dobrado pelos discursos de quem defende o erro?[76]

O ponto alto dessa releitura da categoria "infância" encontra-se na exegese de Ambrósio do versículo evangélico de Lucas 18,15: "Deixai vir a mim as crianças e não as impeçais, porque a quem é como elas pertence o Reino de Deus". Ambrósio não esconde suas dificuldades:

> No entanto, essa é uma idade de fraqueza de forças, frágil em inteligência, imatura no julgamento. Por isso, uma

---

75. Ambrósio, *Lettere*, lib. V, lett. 20, 9, in *Opera omnia*, vol, 19, p. 208.

76. Ambrósio, *Lettere*, lib. IV, lett. 16, 12, in *Opera omnia*, vol, 19, p. 167.

idade não é colocada acima da outra; caso contrário, o envelhecimento seria uma desvantagem. Que motivo haveria para desejar a maturidade, se ela estivesse destinada a me tirar o mérito do Reino dos Céus? Então, Deus nos permitiu avançar nos anos para pecarmos, não para crescermos na virtude? Por que, então, Ele escolheu como seus apóstolos homens que não tinham idade de crianças, mas eram avançados em anos? Por que, então, Ele afirma que as crianças são adequadas para o Reino dos Céus? Talvez porque não conhecem a maldade, não sabem enganar, não ousam revidar o golpe, desconhecem a busca ansiosa por riquezas, não desejam honra ou ambição? Mas a virtude não consiste em ignorar todas essas coisas, mas em desprezá-las, e o autocontrole não é um mérito onde a honestidade é apenas fraqueza. Assim, aqui não se trata da idade pueril, mas daquela retidão que compete com a simplicidade das crianças. Na verdade, a virtude não consiste em não poder pecar, mas em não querer pecar, e em manter tal perseverança de vontade que a intenção imite a infância, seguindo a natureza. E, além disso, o próprio Salvador indicou que é assim, dizendo: "Se não vos converterdes e vos tornardes como esta criança, não entrareis no Reino dos Céus"[77].

Como podemos ver, Ambrósio é provocado pelo texto evangélico, que questiona ideias sobre a infância compartilhadas por todos. Por isso, ele é obrigado a encontrar uma interpretação original do trecho evangélico.

Quem é, então, a criança que os apóstolos de Cristo devem imitar? Talvez um menino? Seria essa a virtude dos apóstolos? Quem é, então, essa criança? Não seria aquele de quem Isaías diz: "Um menino nasceu para nós, um filho nos foi dado"? Justamente essa criança te disse:

77. Ambrósio, *Esposizione del Vangelo secondo Luca*, VIII, 57, in *Opera Omnia*, vol. 11, Milão/Roma, 1978, p. 329.

> "Toma a tua cruz e segue-me". E para que reconheças que é uma criança: "Injuriado, não respondia com injúrias; ferido, não revidava o golpe": eis a virtude perfeita. Por isso, tanto na infância há como que uma venerável maturidade de caráter quanto na velhice há uma inocente infância; de fato, "velhice venerável não é a longevidade, nem se calcula pelo número dos anos; os cabelos brancos para os homens estão na sabedoria, e a idade avançada é uma vida sem mácula". E por esse motivo também está escrito: "Louvai, crianças, ao Senhor, louvai o nome do Senhor", porque ninguém louva o Senhor se não for perfeito; de fato, ninguém pode dizer que Jesus é Senhor senão pela virtude do Espírito Santo[78].

O comentário de Ambrósio é surpreendente: a criança a quem Jesus pediu que nos assemelhássemos se quisermos entrar no Reino de Deus é o próprio Jesus, como profetizou Isaías: "Um menino nasceu para nós, um filho nos foi dado" (Is 9,6). Jesus comportava-se como uma criança, pois, "injuriado, não respondia com injúrias; ferido, não revidava o golpe" (1Pd 2,23). Ambrósio vê em Jesus um homem com alma de criança, ou seja, uma criança por escolha e não por condição física. E aqui ele acrescenta uma citação do Livro da Sabedoria (Sb 3,17), para explicar que a venerabilidade da velhice não consiste na duração dos anos, mas na sabedoria. Até os velhos podem ter o espírito de crianças! E é nesse sentido que deve ser interpretado o convite de Jesus a se converter e se tornar como crianças. Uma interpretação edificante, mas que não coincide com o contexto do episódio evangélico, no qual se fala de crianças de carne e osso, que são afastadas pelos discípulos, temerosos de que perturbassem o Mestre (Lc 18,15-17). E é ao se referir a essas crianças concretas – e certamente não a si

78. Ibid., 58, in *Opera omnia*, vol. 11, Milão/Roma, 1978, p. 331.

mesmo – que Jesus diz: "porque a quem é como elas pertence o Reino de Deus".

Em certo sentido, a interpretação de Ambrósio é genial, pois é verdade que, no Evangelho de Lucas, Jesus é apresentado como a criança profetizada por Isaías, e também é verdade que os discípulos são chamados a imitar o Mestre. No entanto, Ambrósio negligencia a comparação com as crianças de carne e osso, que o Evangelho de Lucas explicita de maneira inequívoca. No fundo, trata-se do mesmo procedimento utilizado por Clemente. Poderíamos quase pensar que, nesse ponto, os primeiros autores cristãos compartilharam o constrangimento daqueles discípulos de Jesus que repreendiam aqueles que traziam crianças para que Ele as tocasse.

Contudo, Ambrósio também elabora uma reflexão sobre a fé das crianças. Ele faz isso ao questionar se uma criança, com todas as limitações (que ele considera óbvias) decorrentes de sua idade, pode igualmente alcançar a plenitude da fé. Para isso, Ambrósio usa uma nova categoria, que terá um impacto importante no pensamento ocidental: a do *ânimo*. Em latim, assim como em italiano, a palavra *animo*[79] pode ser tanto masculina quanto feminina, *anima* (alma). Ora, a alma é um conceito filosófico que estava muito bem-definido na época de Ambrósio. Aristóteles, por exemplo, diz que a alma é "a forma de um corpo natural que tem vida em potência"[80]. No entanto, o *ânimo* é algo diferente, como ainda hoje se vê em algumas expressões italianas: *avere in animo* (que significa *ter a intenção*); *non perdersi d'animo* (*não desanimar*). Mesmo em latim,

79. Em português, geralmente traduzido por *espírito* [N.T.].

80. Aristóteles, *De anima* 412a; Aristóteles, *L'Anima*, Nápoles: Loffredo, 1979, p. 137.

*animus*, embora às vezes seja totalmente sinônimo de *anima*, mais frequentemente é usado para indicar o princípio de sentir, desejar, pensar. Na época de Ambrósio, todos os homens instruídos compartilhavam a ideia de que as crianças certamente têm uma alma racional, como todos os seres humanos, mas em certo sentido uma alma ainda imperfeita, pois nelas, assim como nas mulheres, ainda predomina a parte sensitiva. Isso não acontece com os homens adultos, nos quais a parte dominante da alma é a contemplativa, ou seja, a racional.

Desse modo, a questão sobre a fé da criança pode ser apresentada assim: podem seres dotados de uma *anima* ainda imperfeita, como são as crianças, ter, ao contrário, um grande *ânimo*, capaz de tomar resoluções decisivas?

Ambrósio observa que as Escrituras mencionam algumas crianças que são consideradas grandes. No Evangelho de Lucas, por exemplo, é dito sobre João Batista antes mesmo de seu nascimento: "Ele será grande diante do Senhor" (Lc 1,15). O comentário de Ambrósio é:

> Não se refere aqui à estatura do corpo, mas à grandeza da alma. Aos olhos de Deus, o que importa é a grandeza da alma e a grandeza da virtude. Existe também uma pequenez da alma e uma infância em relação à virtude que nela habita. Nós não calculamos a idade de uma pessoa (seja da alma ou do corpo) cronologicamente, mas com base no grau de virtude alcançado por ela. O homem perfeito é aquele que abandonou os defeitos da infância, deixou de lado os caminhos incertos da adolescência e alcançou a maturidade da alma. Enquanto o homem de ânimo fraco e mesquinho ainda não fez nenhum progresso na virtude[81].

81. Ambrósio, *Esposizione del Vangelo secondo Luca* I,31, in *Opera omnia*, vol. 11, Milão/Roma 1978, p. 128.

Para Ambrósio, portanto, a estatura do homem interior não é a mesma do homem exterior, e a idade espiritual não depende do tempo, mas do grau de virtude. Ele procura nas Escrituras outros referenciais para a infância, diferentes dos usados por Paulo. Encontra, por exemplo, a passagem da Primeira Carta de João, no capítulo 2: "Escrevo a vocês, filhinhos, porque conhecem o Pai" (1Jo 2,14). Depois, faz referência ao Evangelho de Mateus: "Se não se tornarem como crianças, não entrarão no Reino dos Céus" (Mt 18,2). A conclusão a que chega o bispo de Milão é que *Vigor animi infirmitatem excludit aetatis* ("a força de ânimo supera a fraqueza da idade")[82].

82. Ambrósio, *Enarrationes in XII Psalmos Davidicos* 36,52.

# 3
# Agostinho de Hipona: a criança e o pecado

O terceiro autor de que falaremos é o único de toda a série que foi pai também do ponto de vista biológico. Agostinho de Hipona, antes de se tornar um Padre da Igreja, foi pai de Adeodato, um filho nascido em sua juventude e amado por toda a vida. A história é bem conhecida. Estamos na véspera do fim do Império Romano do Ocidente, mas na rica província da África não se falava em decadência; pelo contrário, a vida continuava confortável e promissora. Conhecemos os eventos biográficos de Agostinho porque ele mesmo compôs sua autobiografia, *Confissões*, um livro que se tornou um clássico da cultura ocidental. Na verdade, não se trata de uma autobiografia no sentido moderno do termo, mas de uma releitura teológica de sua vida. O protagonista, de certo modo, não é Agostinho, mas Deus. O objetivo do livro é reconstruir o papel divino em sua história. Mas, para tanto, Agostinho evidentemente não pode fazer outra coisa senão narrar os acontecimentos que o envolvem. É assim que o livro nos oferece memórias e episódios que nenhum outro autor jamais pensou em transmitir para a posteridade.

"Adeodato, nascido da minha carne e fruto do meu pecado"[83], veio ao mundo quando Agostinho tinha 18 anos, fruto de uma relação com uma mulher que ele conhecera dois anos antes, em Tagaste. As *Confissões* não mencionam nem sequer o nome dessa mulher, mas relatam que ela conviveu com o jovem Agostinho por mais de dez anos. Sua condição social era modesta demais para se tornar sua esposa, mas, quando se separaram, ela decidiu não se unir a mais nenhum outro homem, como lemos nas *Confissões*: "Ela partiu para a África, fazendo-me voto de não conhecer mais nenhum outro homem e deixando comigo o filho natural que teve comigo"[84]. O filho não tinha sido desejado, pelo menos não por Agostinho, que, ao recordar aqueles anos, escreveu:

> Ainda naquela época eu vivia com uma mulher, não unida a mim em um matrimônio, como se diz, legítimo, mas encontrada no vagar da minha paixão insensata; uma só, de qualquer forma, à qual eu prestava, além disso, a fidelidade de um marido. No entanto, nessa união experimentei pessoalmente a enorme diferença que existe entre um pacto conjugal estabelecido com o propósito de procriação e o acordo de um amor lascivo, no qual, embora a prole nasça, o faz contra o desejo dos pais, ainda que nos force a amá-la depois que nasceu[85].

O nome escolhido, Adeodato, é claro: para Agostinho, que naquela fase de sua vida estava próximo das doutrinas maniqueístas, aquele filho era um dom de Deus.

Quando, nas *Confissões*, ele relembra os primeiros momentos de sua vida, evidentemente recorre à sua experiência

83. Agostinho, *Confissões*, 9,6,14.

84. Ibid., 6,15,25.

85. Ibid., 4,2,2.

como pai, atribuindo a si próprio o que deve ter observado em seu filho:

> Assim, fui acolhido pelos *confortos* do leite humano, mas não eram minha mãe ou minhas amas que enchiam seus seios, e sim Tu [Deus], que, por meio delas, alimentavas minha infância, de acordo com o critério com o qual distribuíste tuas riquezas até o fundo do universo. Tu também me fazias não desejar mais do que me davas, e àquelas que me amamentavam davas o que lhes concedias. Por um sentimento bem-ordenado, essas mulheres desejavam me dar aquilo de que transbordavam, por tua graça, e o bem que eu recebia delas era um bem para elas, que não vinha delas, mas por meio delas[86].

Poucos autores clássicos forneceram descrições tão precisas do desenvolvimento do recém-nascido:

> Depois comecei também a sorrir, primeiro no sono, depois desperto. Pelo menos foi isso que me contaram a meu respeito, e acreditei, pois vemos outras crianças se comportarem assim; de fato, não me lembro de nada desses tempos meus. E então, aos poucos, comecei a tomar consciência do lugar onde estava; queria manifestar meus desejos às pessoas que podiam satisfazê-los, mas sem sucesso, pois os primeiros estavam no meu interior, e as segundas estavam no exterior e nenhum de seus sentidos podia penetrar em minha alma. Por isso me agitava e chorava, expressando assim, da maneira que podia e como podia, os meus desejos, mas de forma incompreensível[87].

Mais tarde, Agostinho faria observações muito pertinentes também sobre o modo como as crianças aprendem a falar.

---

86. Ibid., 1,6,7.

87. Ibid., 1,6,8.

> Da infância, passando para a idade em que me encontro agora, transitei então para a meninice, ou foi antes a meninice que me alcançou, sucedendo à infância. Esta última certamente não recuou: Para onde desapareceu? No entanto, já não existia mais. Eu já não era mais um bebê sem fala, mas agora uma criança falante, disso me lembro bem. Só mais tarde me dei conta de como aprendi a falar. Não foram os mais velhos que me ensinaram as palavras com um ensino metódico, como aconteceu logo depois com a leitura e a escrita; mas fui eu mesmo o meu professor, com a inteligência recebida de ti, meu Deus, quando, com gemidos e muitos gritos e gestos dos membros, eu tentava manifestar os impulsos do meu coração, para que a minha vontade fosse obedecida; mas eu era incapaz de manifestar toda a minha vontade e para todos aqueles a quem queria[88].

A criança aprende a falar sem mestres, diferentemente do que ocorre ao aprender a ler e a escrever. Nesse aprendizado, a inteligência, a vontade e a memória são importantes:

> Eu assimilava pela memória: quando os que estavam ao redor chamavam determinado objeto por um nome e se aproximavam do objeto designado, eu os observava e gravava na mente o fato de que, ao querer designar aquele objeto, eles o chamavam por aquele som. Que essa fosse sua intenção, eu deduzia pelos movimentos do corpo, uma linguagem, por assim dizer, comum a todos os povos e falada com o rosto, com os gestos dos olhos, com os movimentos dos membros e com aquelas emissões de voz, que revelam o estado de ânimo: cobiça, satisfação, hostilidade ou aversão. Assim, as palavras que apareciam sempre em determinado lugar nas diversas frases, e que eu ouvia com frequência, eu gradualmente compreendia quais objetos designavam, até que também comecei a usá-las, após treinar a boca para emitir

88. Ibid., 1,8,13.

> seus sons, para expressar meus desejos. Assim, comecei a trocar, com as pessoas entre as quais vivia, os sinais que expressavam desejos, e fui avançando ainda mais na tempestuosa convivência da vida humana, dependendo da autoridade dos pais e dos sinais dos adultos[89].

Agostinho aplica essas observações a si mesmo, mas é claro que ele pôde fazê-las observando o desenvolvimento de seu filho, que, como todas as crianças, cresceu muito rapidamente. Tornou-se adolescente e revelou dotes intelectuais realmente notáveis. "Tinha apenas 15 anos e superava em inteligência muitos personagens importantes e eruditos"[90]. O pai reconhece que essa inteligência não é mérito seu, mas um dom de Deus:

> Reconheço os teus dons, Senhor meu Deus, criador de tudo, suficientemente poderoso para dar forma às nossas deformidades; pois o que eu tinha naquele menino de meu próprio era apenas o pecado, e se ele foi educado por nós na tua disciplina, foi por tua inspiração, não de outro. Reconheço os teus dons. Em um dos meus livros, intitulado *O mestre*, justamente o meu filho conversa comigo. Tu sabes que todos os pensamentos introduzidos naquele livro pela pessoa do meu interlocutor são dele, de quando tinha 16 anos[91].

Talvez seja útil reler as primeiras linhas do *De magistro* para apreender, por assim dizer diretamente, a profundidade dos diálogos entre Agostinho e seu filho.

> Agostinho – O que se pretende obter, segundo você, ao se falar?

---

89. Ibid.

90. Ibid., 9,6,14.

91. Ibid.

Adeodato – Pelo que agora tenho em mente, ou ensinar ou aprender.

Agostinho – Está claro para mim o primeiro dos dois casos, e concordo. Está claro que, ao falar, pretende-se ensinar. Mas aprender, como?

Adeodato – E como, segundo você, senão dialogando?[92]

O diálogo é o coração de qualquer verdadeiro projeto educativo, mas também era o coração da relação intensa que unia Agostinho e seu filho. Em Cassiciaco, na vila onde Agostinho se retirou com alguns amigos para filosofar juntos, também estava o filho. No *De beata vita* há uma lembrança precisa disso: "Adeodato também estava conosco, meu filho, o mais jovem de todos nós, e suas qualidades, se o amor não me cega, prometiam algo grandioso"[93]. Não por acaso, portanto, Adeodato foi batizado junto com o pai, em Milão, no dia de Páscoa, 24 de abril de 387. Quando Agostinho retornou à África, o filho o acompanhou, vivendo com ele no mosteiro que fundou em Tagaste. Pouco tempo depois, Adeodato morreu, de causas desconhecidas. Talvez ainda não tivesse 18 anos, ou seja, a idade em que o pai o concebeu. A lembrança que Agostinho faz dele nas *Confissões* é um dos mais belos testemunhos de amor paterno que foram preservados:

> Sua inteligência me inspirava um sagrado temor; mas quem, além de ti [Deus], poderia ser o artífice de tais maravilhas? Tu logo tiraste sua vida da terra, e minha lembrança dele é tanto mais clara, pois já não tenho nada a temer por sua infância, sua adolescência e toda a sua vida. Nós o associamos a nós, então, como nosso coetâneo em tua graça, para educá-lo em tua disciplina. E fomos bati-

---

92. Agostinho, *De magistro*, 1,1.

93. Agostinho, *De beata vita*, 1,6.

> zados, e a inquietação da vida passada se dissipou de nós. Naqueles dias, não me cansava de contemplar com admirável doçura os teus profundos desígnios sobre a salvação da humanidade[94].

Partindo dessas palavras, nas quais transparece um verdadeiro afeto paterno, é difícil entender como, por outro lado, ao recordar sua própria infância, Agostinho tem uma percepção totalmente infeliz dessa fase. Há um célebre trecho do *De civitate Dei* que sempre é citado a esse respeito:

> A vida dos mortais, por si só, é todo um castigo, porque é toda uma tentação, como sentencia a Sagrada Escritura, na qual está escrito: "Não é a vida humana sobre a terra uma tentação?" De fato, não é um pequeno castigo a falta de educação nas letras e no trabalho, e é justo que se pense que isso deve ser superado, a ponto de, por meio de castigos bastante penosos, as crianças serem forçadas a aprender algum ofício e as letras; e o próprio aprendizado, ao qual são obrigadas mediante castigos, é tão penoso para elas que às vezes, em vez de aprender, preferem suportar os castigos que as incitam a aprender. Quem não ficaria apavorado e não escolheria morrer se lhe fosse proposta a alternativa de se resignar à morte ou retornar à infância? Ela, por começar a vida não com um sorriso, mas com um choro, prediz inconscientemente a série de dores que começou a percorrer[95].

Três observações sobressaem. A primeira é que a vida começa com um choro, prevendo os sofrimentos que virão a seguir. A segunda é que a escola é marcada por castigos severos. A terceira é que, para Agostinho, seria melhor morrer do que

---

94. Agostinho, *Confissões*, 9,6,14.

95. Agostinho, *A cidade de Deus*, XXI, 14.

voltar à infância. É justamente famoso o trecho autobiográfico das *Confissões*:

> Fui enviado à escola para aprender a ler e a escrever, sem a menor ideia, infeliz, de para que serviriam tais conhecimentos. No entanto, se eu era lento para aprender, me batiam. Pois era um método aprovado pelos adultos, e muitos que vieram ao mundo antes de nós tinham aberto os dolorosos caminhos pelos quais nos forçavam a passar, apenas para aumentar um pouco a dose de fadiga e sofrimento reservada aos filhos de Adão. Lá, porém, encontramos também, Senhor meu, pessoas que rezavam a ti, e delas soubemos, tanto quanto nos era possível, que Tu existias... E desde criança comecei a rezar a ti, meu socorro e refúgio, e clamava com toda a minha voz quando te invocava: e te suplicava, por mais pequeno que fosse, com grande paixão, que não me batessem. E [...] até meus pais, que não queriam que me acontecesse nenhum mal, riam dos castigos que eu recebia, como se não fossem, para mim, um grande mal e um sofrimento angustiante[96].

Nos tempos de Agostinho, a ideia de que a infância era uma fase de sofrimento era uma herança do mundo clássico, amplamente difundida[97]. Para ter uma ideia disso, basta lembrar o que Cícero deixou escrito:

> O curso da vida é estabelecido, e um só é o caminho da natureza. Simplesmente, a cada fase da vida foi atribuído um tempo apropriado, de modo que tanto a fraqueza das crianças [= *infirmitas Puerorum*] quanto a ousadia dos jovens, assim como a seriedade da idade já consoli-

96. Agostinho, *Confissões*, I,9,14.

97. Notas análogas às de Agostinho a propósito dos sofrimentos escolares encontram-se em João Crisóstomo, cf. Rudolph Braendle, *Giovanni Crisostomo. Vescovo, riformatore, martire*, Roma: Borla, 2007, p. 27.

> dada, e a maturidade da velhice, têm algo de natural que deve ser aproveitado em seu devido tempo[98].

De acordo com Cícero, a característica natural das crianças é a *infirmitas*, ou seja, a fraqueza, a fragilidade, assim como a *ferocitas*, ou seja, a ousadia ou agressividade, é própria dos jovens; a *gravitas*, isto é, a seriedade, pertence aos adultos, e a *maturitas*, aos idosos.

Agostinho retoma essa ideia, enriquecendo-a com observações importantes:

> Certamente Deus poderia ter dado ao homem o que também deu a muitos animais. Seus filhotes, por menores que sejam e mesmo não progredindo no conhecimento no mesmo ritmo do desenvolvimento corporal, por não terem uma alma racional, ainda assim, mesmo quando pequenos, correm, reconhecem sua mãe e não precisam ser levados com cuidado até as mamas para amamentar; eles as encontram por conta própria com uma facilidade surpreendente, mesmo estando em partes recônditas do corpo materno. Ao contrário, as crianças, ao nascer, não têm nem pés adequados para caminhar, nem mãos hábeis nem sequer para se coçar, e, se a ama não aproximar os mamilos de seus lábios imóveis e não os introduzir neles, eles não sabem onde estão e poderiam chorar mais facilmente de fome do que procurar os seios que estão ao lado deles. Essa debilidade corporal corresponde de maneira absoluta à debilidade da mente[99].

---

98. Cícero, *De senectute*, X, 33: "Cursus est certus aetatis et una via naturae, eaque simplex, suaque cuique parti aetatis tempestivitas est data, ut et infirmitas puerorum, et ferocitas iuvenum et gravitas iam constantis aetatis et senectutis maturitas naturale quiddam habeat, quod suo tempore percipi debeat".

99. Agostinho, *O castigo e o perdão dos pecados e o batismo das crianças*, III, 38.

Essas palavras refletem as ideias correntes na época, a começar por Aristóteles, que, como vimos, dizia que os filhotes do homem são "mais incompletos do que todos os outros animais completos"[100]. O desenvolvimento agostiniano da ideia de *infirmitas puerorum* está no fato de vincular a fraqueza do corpo da criança à fraqueza de sua mente. Daí deriva uma reflexão adicional: tanto a fraqueza do corpo quanto a da mente são frutos de outra fraqueza, a moral, pois a *infirmitas* entrou no mundo por causa do pecado. Agostinho desenvolve essa reflexão principalmente em uma obra destinada a promover o batismo das crianças.

> Assim, portanto, cumpriu-se o que Deus dissera: "Quando dela comerdes, certamente morrereis". Portanto, toda criança que é gerada carnalmente a partir dessa desobediência da carne, dessa lei do pecado e da morte, precisa ser regenerada espiritualmente, não apenas para ser levada ao Reino de Deus, mas também para ser libertada da condenação do pecado. Assim, as crianças nascem na carne inseparavelmente sujeitas ao pecado e à morte do primeiro homem, e renascem no batismo associadas inseparavelmente à justiça e à vida eterna do segundo homem[101].

Em seguida, Agostinho aprofunda o vínculo entre *infirmitas* e pecado, propondo uma reflexão sobre Adão no Paraíso terrestre:

> Alguém pode perguntar: "Se essa natureza [das crianças] não é pura, mas apresenta as primeiras manifestações de uma natureza viciosa, por que Adão não foi criado em tais condições [...]?" A essa questão, respon-

100. Cf. capítulo 1, nota 25.

101. Agostinho, *O castigo e o perdão dos pecados e o batismo das crianças*, 16.

demos: Quanto a Adão, a razão pela qual ele não foi criado nas condições atuais é que, não tendo sido precedido pelo pecado de nenhum antepassado, ele não foi criado na carne do pecado. Quanto a nós, estamos nas condições atuais porque, tendo sido precedidos pelo pecado de Adão, nascemos na carne do pecado... De fato, aqui não se trata de Adão em relação ao tamanho de seu corpo, pois ele não foi feito pequeno, mas com os membros perfeitamente formados [...]; trata-se aqui, sim, de certa força da mente de Adão e de seu uso da razão, que lhe permitia aceitar docilmente a autoridade de Deus e a prescrição de seu comando, observando-a facilmente caso assim desejasse. Agora, pelo contrário, o homem nasce de tal forma que não é absolutamente capaz disso, por causa de uma horrível ignorância e fraqueza, não da carne, mas da mente, embora todos concordemos em reconhecer que na criança vive uma alma, não de outra substância, mas da mesma substância que tinha no primeiro homem, ou seja, uma alma racional. Por outro lado, essa mesma fraqueza tão profunda da carne indica, a meu ver, algo punitivo[102].

Agostinho, portanto, reconhece que as crianças têm uma alma totalmente semelhante à dos adultos, ou seja, uma alma racional, mas essa alma é marcada por uma horrível *infirmitas*, que é a herança do pecado. Uma prova disso é o fato de que no Paraíso, ou seja, no lugar da perfeita bem-aventurança, não havia crianças. A razão é que Eva gerou o primeiro filho depois do pecado, mas Agostinho chega a se fazer uma pergunta interessante: Como teriam sido os filhos de Adão e Eva se tivessem nascido no Paraíso terrestre?

Temos curiosidade, por exemplo, de saber se os primeiros humanos, caso não tivessem pecado, teriam gerado

102. Ibid., 37, 68.

> filhos em tais condições que não teriam o uso nem da língua, nem das mãos, nem dos pés. Devido à capacidade do útero, talvez fosse inevitável que nascessem pequenos. No entanto, embora uma costela seja uma parte pequena do corpo, nem por isso Deus criou para Adão uma esposa pequena, moldando a mulher a partir da costela. Portanto, a onipotência do Criador poderia fazer que os filhos da mulher, recém-nascidos, se tornassem grandes imediatamente[103].

Como a pequenez e a *infirmitas* das crianças não eram adequadas ao paraíso, Agostinho sugere que Eva poderia ter gerado filhos já adultos. No entanto, sua capacidade de observação das coisas humanas o leva a abandonar essa ideia: devido ao tamanho do útero da mulher, parece inevitável que Eva só pudesse gerar filhos pequenos. Mas aqui a solução é genial: ainda que nascessem pequenos, Deus poderia instantaneamente torná-los adultos. Havia um precedente para isso: a criação da própria Eva, que, sendo feita a partir de uma costela de Adão, também foi criada imediatamente adulta. Além da engenhosidade dessa solução, permanece o fato de que, para Agostinho, as crianças não eram adequadas para o paraíso terrestre.

Ao retornar às lembranças de sua própria infância, como narrado nas *Confissões*, vemos que Agostinho atribuía a si mesmo a ideia de ter sido uma *criança má*.

> Quem me recorda dos pecados da minha infância, se *ninguém* diante de ti está "limpo de pecado", nem mesmo o bebê, que tem "apenas um dia de vida sobre a terra"? Quem me recorda deles, senão uma criança agora apenas um pouco maior, em quem vejo o que não lem-

103. Ibid.

bro de mim mesmo? Qual foi, então, o meu pecado naquela época? Talvez a avidez com a qual eu chorava buscando os seios? Se hoje eu fizesse o mesmo, buscando avidamente, não mais os seios, é claro, mas o alimento adequado à minha idade, seria justamente ridicularizado e repreendido. Em outras palavras, naquela idade eu cometia atos repreensíveis, mas, como não poderia compreender as repreensões, evitava-se, como todos sensatamente fazem, me repreender. Tanto é assim que extirpamos e eliminamos esses defeitos durante o crescimento, e nunca vi ninguém jogar fora deliberadamente o que é bom enquanto tenta extirpar o que é mau. Ou talvez aquelas ações também fossem boas, em relação à idade: ou seja, as súplicas com as quais eu chorava pedindo até mesmo presentes prejudiciais, os ataques de raiva contra pessoas livres e mais velhas do que eu, que não se sujeitavam à minha vontade; os esforços para golpear com todas as minhas forças aqueles que me deram a vida e muitas outras pessoas mais prudentes do que eu, que não obedeciam às minhas ordens, agredindo-as porque não executavam certos comandos que, se fossem realizados, me causariam dano? Portanto, a inocência das crianças reside na fragilidade dos membros, e não da alma[104].

Aqui parece que Agostinho se afasta de Clemente. Para este último, a criança era o símbolo da própria inocência, ao passo que para o bispo de Hipona a inocência é apenas uma condição de fragilidade dos membros, enquanto na alma persiste um sentimento maligno.

Eu vi e observei longamente uma criança dominada pelo ciúme: ela ainda não falava e já olhava com inveja, de maneira sombria, para o seu companheiro de leite. Isso é algo conhecido, e as mães e amas pretendem sa-

104. Agostinho, *Confissões*, 1, 7, 11.

> ber como eliminar essas falhas com não sei que tipo de remédios; mas não se pode considerar inocente quem, diante do abundante e generoso fluxo de leite da fonte materna, não suporta compartilhá-lo com outro que também precisa de ajuda e que só com aquele alimento se mantém vivo. No entanto, toleram-se com indulgência esses atos não por serem insignificantes ou sem importância, mas por estarem destinados a desaparecer com o passar dos anos. Isso é provado pelo fato de que os mesmos atos, se observados em uma pessoa mais velha, já não podem ser tolerados com indiferença[105].

Todas essas reflexões são próprias de Agostinho e terão uma influência considerável nos pensadores cristãos da Idade Média ocidental. Mas o próprio Agostinho, tendo se tornado cristão e depois bispo, confrontou-se com as numerosas expressões bíblicas que contradizem qualquer julgamento negativo sobre a infância. Um exemplo muito interessante é o seu comentário ao Salmo 112, que, na tradução latina da Vulgata, que seguia a Septuaginta grega, intitula-se *Laudate, pueri, Dominum*, "Louvai, crianças, ao Senhor". Trata-se de um salmo muito importante, pois introduz a oração do *Hallel*, a oração que os judeus recitam na noite da Páscoa. Como é possível que os primeiros chamados a louvar o Senhor sejam precisamente as crianças? Agostinho explica isso da seguinte maneira:

> Vós, irmãos, que escutais com grande assiduidade [a Palavra de Deus], certamente vos lembrais do que o Senhor diz no Evangelho: "*Deixai que as crianças venham a mim, porque delas é o Reino dos Céus*"; e ainda: "*Quem não receber o Reino dos Céus como uma criança, não entrará nele*". Em muitas passagens o Senhor acusa o orgulho do nosso homem velho recorrendo ao exemplo ca-

105. Ibid.

racterístico das crianças, querendo com tal comparação instaurar em nós uma nova vida baseada na humildade. Portanto, caríssimos, quando ouvis as palavras do salmo: *Louvai, ó crianças, ao Senhor*, não deveis pensar que o convite não se dirige a vós, que já saístes da infância e vos encontrais no belo florescer da juventude ou na venerável velhice[106].

A infância é contrastada por Agostinho com a soberba.

> Pela soberba o homem torna-se presunçoso e, inchado inutilmente por sua própria excelência, não consegue caminhar pela estrada estreita nem entrar pela porta pequena. A criança, por outro lado, se esgueira com muita facilidade até mesmo pelos lugares apertados, e é por isso que ninguém poderá entrar no Reino dos Céus se não se tornar como uma criança[107].

O salmo, interpretado por Agostinho à luz do Evangelho, busca "instaurar em nós uma nova vida baseada na humildade". Temos assim uma nova idealização: se para Clemente a criança era o símbolo da inocência e da pureza, para Agostinho ela se torna o símbolo da humildade. De qualquer forma, tanto para um quanto para o outro, as palavras evangélicas não deixam de desafiar identidades adquiridas, convidando os homens adultos a se tornarem crianças.

Para explicar esse aspecto da mensagem evangélica, Agostinho usa um verbo já empregado por Tertuliano: *repuescere*, que significa "voltar a ser criança" (*puer*). O ideal torna-se, assim, o de uma velhice infantil e de uma infância adulta. Como ele ainda afirma no comentário ao Salmo 112:

106. Agostinho, *Exposição sobre o Salmo 112*, Discurso ao povo, 1.

107. Ibid.

> Que a vossa velhice seja, portanto, uma velhice infantil, e a vossa infância, uma infância adulta. Ou seja, que a vossa sabedoria não seja misturada com a soberba, nem a vossa humildade careça de sabedoria, de modo que louvareis o Senhor agora e pelos séculos.

É uma retomada do antigo tema do *puer senex*, mas que aqui adquire matizes diferentes, pois também se prefigura a imagem do *senex puer*, ou seja, do idoso que volta a ser criança, que já encontramos em Ambrósio. Todos esses temas terão um amplo desenvolvimento ao longo da Idade Média ocidental.

# 4
# Jerônimo: uma menina oferecida a Deus

No ano de 400 d.C., de Belém partiu uma carta, endereçada a Leta, uma nobre romana. O autor da carta era Jerônimo, um dos homens mais famosos da Igreja e alvo de várias polêmicas daquela época. Leta, filha de Albino, que tinha sido um pontífice pagão, era esposa de Toxócio, filho de Paula, a matrona que acompanhara Jerônimo à Terra Santa, junto com sua filha Eustóquia, irmã de Toxócio. Leta, que era pagã quando se casou, tivera vários partos malsucedidos e, depois de se converter e fazer um voto, finalmente deu à luz uma menina, a quem chamou Paula, em homenagem à sogra. Essas circunstâncias são explicitamente mencionadas na carta.

> E quem teria acreditado que a neta do Pontífice Albino viria ao mundo graças a um voto da mãe? Que sua língua balbuciaria um aleluia na presença do avô, repleto de alegria? E que ele, apesar de sua velhice, criaria em seus joelhos uma virgem de Cristo?[108]

108. Jerônimo, *Le lettere*, vol. III, p. 259.

O contexto é o da vitória do cristianismo sobre a religião tradicional dos romanos. Jerônimo não esconde seu contentamento.

> O Capitólio, outrora rico em ouro, é uma desolação; todos os templos de Roma estão cobertos de fuligem e teias de aranha; os alicerces da cidade rangem, enquanto o povo passa como uma correnteza diante dos santuários em ruínas em busca dos túmulos dos mártires[109].

Jerônimo voltou a viver na urbe entre 382 e 385, logo após o Imperador Teodósio proclamar o cristianismo como religião oficial do Império (380 d.C.). Ele vinha de uma longa experiência como monge no Oriente. Depois de ter sido ordenado sacerdote em Antioquia, Jerônimo se transferiu para Constantinopla, onde aperfeiçoou o conhecimento da língua grega com o grande Gregório de Nazianzo. Em Roma, tornou-se secretário do Papa Dâmaso e começou a tradução sistemática dos evangelhos para o latim. Ao mesmo tempo, formou um círculo de mulheres aristocráticas que se reuniam no Monte Aventino, na casa de Marcela. Entre elas, três mulheres de uma família relacionada à *gens Cornelia*: Paula e suas filhas Eustóquia e Blesila. Esta última morreu aos 20 anos. Paula e Eustóquia, por sua vez, seguiram Jerônimo quando ele deixou a cidade para se retirar à Terra Santa (385 d.C.), estabelecendo-se finalmente em Belém, onde também vivia Jerônimo. Lá, colaboraram com ele naquilo que viria a ser conhecido como a *Vulgata*, a tradução da Bíblia para o latim, que se tornaria canônica no Ocidente por muitos séculos.

Na época da carta, já haviam se passado quinze anos desde que deixaram Roma. As relações entre o grupo de Belém e Roma nunca foram interrompidas, como comprovam as car-

---

109. Ibid.

tas de Jerônimo, algumas das quais destinadas a Marcela, que Paula esperava convencer a se juntar a eles na Terra Santa. As conexões com a família de Paula também se mantiveram. O jovem Toxócio, que a mãe deixou ao partir para a Terra Santa[110], evidentemente manteve boas relações com ela, já que, após a sua partida, acabou se convertendo ao cristianismo. O próprio Jerônimo fala dele com carinho, chamando-o de "meu Toxócio"[111]. Após quinze anos, Toxócio se casou e, finalmente, teve um filho, ou melhor, uma filha. Paula, portanto, tinha uma netinha, que recebeu o seu nome. O destino da menina envolvia todas as pessoas que estavam ligadas entre si desde os tempos do Aventino. É o próprio Jerônimo quem o recorda:

> Eu me propusera, a convite e pelas preces da santa Marcela e suas, dirigir algumas palavras a uma mãe, ou seja, a você, para ensinar-lhe o método com o qual deveria educar nossa pequena Paula – essa menina que

---

110. É famosa a história desse abandono, narrada pelo próprio Jerônimo em seu *Encômio de Paula*: "Ela desceu ao porto acompanhada pelo irmão, cunhados e parentes e – o mais importante – pelos filhos. As velas já estavam sendo erguidas, e o navio era levado para o alto-mar pelos remadores. Na margem, o pequeno Toxócio erguia as mãos suplicantes; Rufina, já em idade de se casar, implorava silenciosamente, em lágrimas, que esperassem pelo seu casamento. No entanto, Paula dirigia os olhos secos para o céu, sobrepondo o amor pelos filhos ao amor a Deus. Ignorou em si a mãe para demonstrar que era a serva de Cristo. Suas entranhas estavam dilaceradas e, como se estivesse sendo arrancada de seus próprios membros, ela lutava contra sua dor: tanto mais admirável do que qualquer outro, porque vencia um grande amor. Nas mãos do inimigo e na dura severidade da prisão, nada é mais cruel do que a separação entre pais e filhos. Sua profunda fé suportava essa dor contra os direitos da natureza, e, além disso, sua alma se alegrava e desejava isso; ao rebaixar o amor pelos filhos ao maior amor por Deus, resignava-se a permanecer apenas com Eustóquia, que era sua companheira de propósito e de viagem" (Jerônimo, *Epitaphium Sanctae Paulae*, 6,3-4).

111. Jerônimo, *Le lettere*, vol. III, p. 258.

foi consagrada a Cristo antes mesmo de nascer, e que, antes de a conceber em seu ventre, você já a tinha em seus desejos[112].

Assim, Leta, que não conhecera pessoalmente Paula e Jerônimo, fizera um voto durante a gravidez: após vários abortos, decidiu consagrar ao Senhor o filho que viesse a gerar. Tratava-se de uma prática que devia ter alguma difusão, mas que também encontrava objeções. Gaudêncio, bispo de Bréscia de 387 a 410, por exemplo, não concordava com a prática de consagrar as crianças a Deus antes do nascimento. Ele escreveu:

> "Em conclusão, aquele que dá sua virgem em casamento faz bem, e aquele que não a dá em casamento faz melhor" (1Cor 7,38). Considero que isso não foi dito pelo Apóstolo aos pais das virgens, que, de fato, não podem ser submetidas ao arbítrio de uma vontade alheia [...]. Não se pode impor a continência perpétua a ninguém, pois isso é fruto da vontade; contudo, é possível nutrir a vontade para o que é melhor, e é dever dos pais advertir, exortar e incentivar, para que seus familiares desejem se dedicar mais a Deus do que ao mundo, para que os queridos frutos de seu ventre se tornem dignos ministros do altar de Deus na ordem sagrada ou aumentem o número das santas virgens dedicadas à pureza, para que, adornando a Igreja de Deus com tais ornamentos, possam alcançar a devida bem-aventurança[113].

Talvez Jerônimo estivesse ciente dessas objeções, motivo pelo qual, em sua carta, ele se preocupa em reforçar a escolha de Leta, apresentando várias testemunhas bíblicas que validam sua decisão.

112. Ibid., p. 261.

113. Gaudêncio, *Sermo* VIII, in PL 20, col. 889.

> Fomos testemunhas, em nossos dias, de um fato que encontra correspondência nos livros dos profetas: o de Ana, cujo ventre, antes estéril, tornou-se fecundo. O seu era um ventre que abortava, mas você o transformou em ventre de filhos que sobrevivem. Tenho plena confiança no que lhe digo: você ainda terá mais filhos, justamente porque ofereceu ao Senhor o primeiro fruto de sua concepção. Esses são os primogênitos que eram oferecidos conforme as prescrições legais. Foi assim que nasceu Samuel, assim veio à luz Sansão, e também João Batista, que, quando Maria entrou, exultou de alegria, pois ouvia da boca da Virgem as palavras irresistíveis do Senhor, e ansiava para sair do ventre da mãe e ir ao seu encontro. Pois bem, se Paula nasceu por um voto, ela deve receber dos pais uma educação digna de seu nascimento. Samuel foi criado no Templo, João realizou sua preparação no deserto; o primeiro, venerável pelo voto feito de não cortar os cabelos, absteve-se totalmente de vinho e de bebidas fermentadas, e desde pequeno conversava com o Senhor. O segundo fugia dos centros habitados, cingia os quadris com um cinto de couro, alimentava-se de gafanhotos e mel selvagem, e começou a pregar o arrependimento, do qual ele próprio, vestido com a pele do animal mais corcunda, era o modelo[114].

Os modelos indicados por Jerônimo são de grande importância: Samuel, Sansão e João Batista. É curioso que nenhum desses exemplos se refira a uma mulher. É interessante que Jerônimo não mencione a história da infância de Maria, que, mais tarde, seria amplamente difundida no mundo pelo chamado *Protoevangelho de Tiago*. Segundo esse relato, Maria teria sido oferecida ao Senhor quando criança e teria vivido no Templo até o momento de seu casamento. É claro que Jerônimo não devia conhecer esse texto, caso con-

114. Jerônimo, *Le lettere*, vol. III, p. 262.

trário, não teria deixado de citá-lo ao falar da pequena Paula. Entre todos os exemplos bíblicos, é principalmente Ana, também estéril, como até então havia sido Leta, cuja história é contada no Primeiro Livro de Samuel, que fornece a Jerônimo o modelo do que está acontecendo.

> Depois de comerem em Silo, Ana levantou-se. Ora, o sacerdote Eli estava sentado na sua cadeira, junto ao limiar da porta do santuário do Senhor. Com a alma amargurada, ela dirigia sua oração ao Senhor, desfeita em pranto. Fez, então, um voto nestes termos: "Senhor todo-poderoso, se olhares para a humilhação de tua serva e te lembrares de mim, se não esqueceres a tua serva e lhe deres um descendente homem, eu o entregarei ao Senhor por toda a sua vida; a tesoura jamais passará sobre a sua cabeça". Ora, enquanto ela intensificava as preces diante do Senhor, Eli observava a sua boca. Ana, porém, falava bem baixinho: mexia apenas os lábios, sem que se ouvisse a voz, de modo que Eli pensou que estava bêbada e lhe disse: "Até quando te comportarás como bêbada? Vai curtir essa bebedeira". Ana lhe respondeu dizendo: "Não é isto, meu senhor! Sou apenas uma mulher desesperada. Não tomei vinho nem outra bebida inebriante; só desafoguei meu coração na presença do Senhor. Não me trates como vadia, pois foi pelo excesso da minha dor e mágoa que falei até agora".
>
> Então Eli disse: "Vai em paz, e o Deus de Israel te conceda o que lhe pediste". Ela respondeu: "Tua serva encontre graça aos teus olhos". Depois a mulher seguiu o seu caminho e foi comer. Seu rosto já não era o mesmo de antes.
>
> Tendo-se levantado cedo, prostraram-se diante do Senhor e voltaram para casa em Ramá. Elcana conheceu sua mulher Ana, e o Senhor se lembrou dela. Ana ficou grávida e, passado o devido tempo, deu à luz o filho. Chamou-o Samuel, dizendo: "Porque o pedi ao Senhor".
>
> Depois, quando seu marido Elcana subiu com toda a família para oferecer ao Senhor o sacrifício anual e cumprir o voto, Ana não subiu, mas disse ao marido:

> "Quando o menino for desmamado eu o levarei, e ele se apresentará diante do Senhor para ficar lá para sempre" (1Sm 1,9-22).

Uma vez estabelecida a legitimidade bíblica do voto de Leta, Jerônimo passa a responder ao pedido da jovem mãe: Qual programa educativo seguir para preparar a consagração da criança à vida religiosa? Ao ler a carta, percebe-se que Jerônimo está muito satisfeito em poder responder a essa pergunta, pois isso lhe permite expor seu modelo pedagógico, que é o centro de sua proposta eclesiástica. Como escreveu Vittorino Grossi, "com uma abordagem de leitura da Bíblia no estilo da leitura dos clássicos, ele propôs no Ocidente [...] uma *paideia* cristã, composta ao mesmo tempo de superação e continuidade da tradição clássica"[115]. Quais eram os fundamentos dessa *paideia* cristã?

> Eis o método pedagógico para uma alma que deve se tornar templo do Senhor. Ela deve se acostumar a não ouvir nada, a não falar de nada que não a leve ao temor de Deus. Não deve ouvir palavras vulgares, deve ignorar as canções do mundo; sua língua, enquanto ainda é tenra, deve se impregnar da doçura dos Salmos. Os rapazes, que estão na idade da sensualidade, não devem se aproximar dela; na verdade, até as jovens e as amas que cuidam dela devem se afastar de qualquer contato com pessoas mundanas, para evitar que o mal que absorveram seja transmitido de maneira pior[116].

---

115. V. Grossi, "sub voce Girolamo", in C. Leonardi; A. Riccardi; G. Zarri (dir.), *Il grande libro dei santi. Dizionario enciclopedico*. Cinisello Balsamo: São Paolo, 1998, vol. III, p. 953.

116. Jerônimo, *Le lettere*, p. 263.

A abordagem é totalmente negativa: não ouvir, não falar, não cantar com as palavras, gestos e mentalidade das pessoas do mundo. Até as amas que cuidam dela devem viver isoladas, para evitar *contaminar* a criança. É assim que, segundo Jerônimo, uma alma é preparada para se tornar templo do Senhor. Desapego do mundo, mas também cultura. Aqui, Jerônimo revela uma inesperada atenção pedagógica, chegando a afirmar que "até o jogo serve para a instrução".

> Devem-se fazer letras do alfabeto em buxo ou marfim e apresentá-las a ela com seus respectivos nomes. Ela deve se divertir, pois o jogo, desse modo, serve para a instrução. No entanto, não deve aprender as letras apenas pela ordem, memorizando-as com uma cantilena, mas deve-se misturar toda a sequência frequentemente, colocando as últimas no meio e as do meio no início, de forma que as reconheça não apenas pelo som, mas também visualmente[117].

Logo depois, retomando Quintiliano (ou seja, o melhor da tradição clássica), Jerônimo elabora um verdadeiro programa didático.

> Quando ela começar a conduzir, com a mão incerta, o estilete sobre a cera, que seus pequenos dedos sejam apoiados e guiados por outra pessoa que mantenha sua mão sobre a dela, ou então que os caracteres sejam entalhados em uma tabuinha, de forma que ela possa deslizar o estilete ao longo dos sulcos, contornando essas figuras delimitadas, e não se desvie para fora delas[118].

Não há dúvida: Jerônimo era um bom professor, e os conselhos que oferece são sensatos:

---

117. Ibid.

118. Ibid.; Jerônimo se refere a Quintiliano, *Institutio oratoria*, I, 1, 6. 9. 20. 24. 27.

> Quando juntar as sílabas corretamente, que ela receba uma recompensa; na verdade, deve-se incentivá-la com pequenos presentes que possam agradá-la conforme sua idade. É bom que tenha companheiras que estudem com ela, para que possa imitá-las ou sentir-se desafiada quando as outras forem elogiadas.
>
> Se for um pouco lenta, não se deve repreendê-la: deve-se estimular sua mente com elogios. Pelos desafios superados, ela deve sentir satisfação, e deve sentir tristeza quando não conseguir. Deve-se ter especial cuidado para que ela não desenvolva aversão pelos estudos, para evitar que essa amargura, se surgida na infância, persista depois desses anos de formação[119].

Concluindo a carta, Jerônimo assume um tom mais afetuoso, incentivando Leta a cumprir o voto que fizera.

> Confie a pequena a Eustóquia; até mesmo seus vagidos agora são uma oração para você. Dê-a a Eustóquia como companheira, como futura herdeira de sua santidade. É Eustóquia que ela deve observar, é a quem ela deve amar, é em Eustóquia que seus olhos devem se maravilhar desde os primeiros anos, pois suas palavras, seu comportamento e seu modo de caminhar são lições de virtude. Que ela se aninhe no colo da avó, para que esta possa repetir na neta o êxito que teve com a filha; ainda mais porque a longa experiência lhe ensinou a nutrir, instruir e proteger as virgens cuja coroa é tecida a cada dia pela castidade de grande valor. Feliz virgem! Feliz Paula, filha de Toxócio! Sua nobreza deve-se mais à santidade, que resplandece em você pelas virtudes da avó e da tia, do que à sua linhagem![120]

119. Ibid.

120. Jerônimo, *Le lettere,* vol. III, p. 275.

Nesse ponto, porém, surge uma ideia que terá grandes consequências na história da infância nos séculos seguintes: a oferta da criança como vítima em um sacrifício. O paralelo foi proposto por Jerônimo algumas linhas antes:

> Se oferecer ou não sua filha a Deus dependia de sua decisão (embora as circunstâncias sejam diferentes para você, já que fez o voto antes mesmo de concebê-la), descuidar-se agora que a ofereceu é um risco que você corre. Não é culpado de sacrilégio aquele que oferece a Deus uma vítima coxa ou mutilada, ou de qualquer maneira defeituosa e impura?[121]

Leta oferecera sua filha a Deus: este é o seu sacrifício, do qual não deve voltar atrás. O conceito é retomado no final da carta, fazendo novamente o paralelo com Ana, mãe de Samuel:

> O filho que Ana votou a Deus, uma vez que o ofereceu no Tabernáculo, nunca mais o teve de volta: ela achava inconveniente que um futuro profeta fosse criado na casa de uma mulher que ainda desejava ter outros filhos. Além disso, depois de conceber e dar à luz, não ousou mais ir ao Templo e se apresentar diante do Senhor de mãos vazias, antes de ter restituído o que lhe devia. Depois de sacrificar uma vítima como aquela, voltou para casa e pôde dar à luz cinco filhos, justamente por ter gerado o primogênito para Deus. Pensa com admiração sobre a felicidade dessa santa mulher? Pois bem, imite sua fé[122].

Para concluir, deve-se dizer que a carta efetivamente cumpriu o objetivo principal pelo qual foi escrita. A filha de Leta foi posteriormente enviada a Belém, onde três gerações de mulheres da mesma família se tornaram discípulas de

121. Ibid., p. 268.

122. Ibid., p. 276.

Jerônimo: Paula, Eustóquia e a pequena Paula[123]. Assim, realizou-se o desejo expresso por Jerônimo ao final da carta:

> Se você nos enviar Paula, juro que serei seu mestre e educador pessoal. Eu a carregarei nos ombros e, velho como sou, transformarei em palavras seus balbucios. Eu me sentirei muito mais honrado do que qualquer filósofo deste mundo, pois não instruirei o rei dos macedônios, destinado a morrer com veneno babilônico[124], mas uma serva, uma esposa de Cristo, destinada a ser oferecida aos reinos celestiais[125].

---

123. Cf. Silvia Georgieva, "*Fiunt non nascitur christiani.* Raising a Child according to St. Jerome's Letters to Gaudentius and Leta", in *Il bambino nelle fonti cristiane*, p. 316.

124. Jerônimo alude a Aristóteles que tinha sido professor de Alexandre Magno.

125. Jerônimo, *Le lettere*, vol. III, p. 276.

# 5
# Bento e Gregório: as crianças oblatas

A fonte de longe mais relevante para conhecer Bento de Núrsia é sua bio-hagiografia, escrita algumas décadas após sua morte pelo Papa Gregório Magno e inserida como segundo livro de seus *Diálogos*. Uma hagiografia não é uma biografia, mas, como sugere a palavra *agios*, que em grego significa santo, uma leitura teológica dos acontecimentos que envolvem uma pessoa santa. Em outras palavras, o protagonista dos textos hagiográficos não é o ser humano de quem se fala, mas o próprio Deus que intervém em sua vida. Por outro lado, não se pode falar das intervenções divinas sem fazer alusão aos acontecimentos históricos concretos das pessoas envolvidas. É por esse motivo que uma bio-hagiografia pode ser utilizada, com as devidas precauções, como fonte histórica.

Ao lado dessa fonte narrativa, no entanto, há outra, que é o verdadeiro motivo de interesse, após tantos séculos, pela figura de Bento: sua *Regra*. É o próprio Gregório quem a menciona:

> O homem de Deus, além dos muitos milagres que o tornaram tão conhecido no mundo, também brilhou por uma exposição excepcional de doutrina. Escreveu também uma regra para os monges, regra caracterizada por uma singular discrição e exposta de forma claríssima. Verdadeiramente, se alguém quiser conhecer a fundo os costumes e a vida do santo, poderá descobrir nos ensinamentos da regra todos os documentos de seu magistério, pois esse homem de Deus certamente não deu nenhum ensinamento sem antes tê-lo realizado em sua própria vida[126].

Antes de passar à *Regra*, porém, é bom seguir o texto da *Vida* escrita por Gregório, cientes de que, no que diz respeito à infância, ele nos comunica mais o pensamento do autor do que o do próprio Bento. A introdução é um típico *topos* hagiográfico:

> Houve um homem de vida venerável, Bento de nome e de graça, que desde o tempo de sua infância tinha um coração de ancião [*cor senile*]. Quase superando sua idade com seus costumes, não entregou seu espírito à volúpia[127].

Um dos sinais de santidade consiste, segundo Gregório, no fato de que, desde criança, Bento tinha um coração de ancião. Sua história, portanto, já estava traçada. Como se sabe, depois de estudar em Roma, Bento se retirou inicialmente para o pequeno vilarejo de Afile e, em seguida, para um eremitério próximo a Subiaco, onde viveu como eremita por três anos. Convocado mais tarde por alguns monges de um mosteiro próximo para se tornar seu abade, encontrou não

---

126. Gregório Magno, *Vida de São Bento*, cap. 36.

127. Ibid., cap. 1.

poucas dificuldades para lhes impor um estilo de vida severo. No final, após anos de vida ascética, Bento começou a ver os frutos. Gregório relata assim:

> No lugar solitário onde vivia, o santo amadurecia cada vez mais em virtudes e milagres. Consequentemente, reuniram-se lá muitos irmãos, para se dedicarem ao serviço de Deus onipotente... Também alguns nobres e religiosos romanos começaram a procurá-lo para lhe confiar seus filhos, para que ele os educasse no serviço de Deus onipotente. Entre eles, Eutíquio lhe confiou seu filho Mauro, e o patrício Tertulo, seu filho Plácido: dois jovens realmente de grande promessa. Mauro, já adolescente [*junior*] e dotado de hábitos santos, logo se tornou o auxiliar do mestre. Plácido, por outro lado, ainda era uma criança [*puerilis adhuc indolis*], com todas as características próprias dessa idade[128].

Portanto, entre os primeiros companheiros de Bento estão, ao menos de acordo com o relato de Gregório, dois menores: uma criança, Plácido[129], e um adolescente, Mauro. Ambos foram confiados a Bento por seus pais, que eram figuras ilustres de Roma. A entrega de menores aos mosteiros não é uma invenção beneditina. Já na regra de Pacômio[130], fundador do

---

128. Gregório Magno, *Diálogos*, liv. II, 3.

129. Sobre Plácido há uma *Vida* hagiográfica, da qual se conhecem três versões, atribuídas a Pedro Diácono, monge em Montecassino no século XI. Cf. Erminio Gallo, *Placido. Il discepolo di Benedetto descrito da Pietro Diacono*, Trapani: Il Pozzo di Giacobbe, 2020.

130. Pacômio, Regra 172 [= *Preceitos e juízos*, n. 13]: Pueri si in domo fuerint dediti lusibus et otio, et correpti non possint emendari, debet Praepositus usque ad dies triginta ipse eos monere et corripere. Si viderit in pravitate persistere, et non renuntiaverit Patri, et aliquod peccatum in eis fuerit deprehensum, ipse pro eis culpae subjacebit, juxta quod peccatum fuerit inventum. (Se na casa houver jovens que não fazem outra coisa além

monasticismo cenobita (ou seja, comunitário) no Egito, e nas regras de Basílio de Cesareia[131] previa-se a presença de crianças nos mosteiros. Em um momento difícil como aquele em que surgia o mosteiro de Subiaco, em plena guerra greco-gótica, durante a qual a cidade de Roma foi tomada várias vezes por exércitos opostos, é compreensível que algumas figuras eminentes tenham pensado em confiar seus filhos a um homem de Deus que vivia em um lugar isolado. No relato de Gregório, Mauro e Plácido têm um papel importante. Várias vezes são protagonistas de episódios que revelam sua proximidade com o santo. O mais famoso é aquele em que Plácido cai no lago e Mauro o salva.

> Certo dia, enquanto o venerável Bento estava sentado em seu quarto, o pequeno Plácido, já mencionado anteriormente, saiu para pegar água no lago. Ao mergulhar descuidadamente o balde que segurava com a mão, foi arrastado pela corrente e ele também caiu na água, sendo levado pela onda, que o transportou para longe da margem, quase a uma distância equivalente a um tiro de flecha.
>
> O homem de Deus, embora estivesse dentro da cela, percebeu imediatamente o que acontecia. Chamou rapidamente Mauro e gritou: "Corra, irmão Mauro, corra, pois Plácido, que foi buscar água, caiu no lago, e as ondas já o estão levando embora!"
>
> Aconteceu, então, um prodígio maravilhoso, que não ocorria desde o Apóstolo Pedro. Tendo pedido e rece-

---

de brincar e se entregar ao ócio e, não obstante os castigos, não se conseguir corrigi-los, o prepósito deve adverti-los e recriminá-los até por trinta dias. Se percebe que persistem em sua maldade e não avisar o pai e se descobrir neles algum pecado, ele mesmo sofrerá, no lugar deles, o castigo devido ao pecado que se descobriu.)

131. Basílio de Cesareia, *Regra para os monges*, questão 7, 1-10.

> bido a bênção, Mauro se apressou a cumprir o comando que o Pai lhe dera, e, convencido de que ainda caminhava sobre a terra, correu sobre as águas até onde estava o jovem, arrastado pela onda; segurou-o pelos cabelos e, rapidamente, voltou correndo. Assim que tocou a terra, recobrando a consciência, olhou para trás, viu e compreendeu que caminhara sobre a água. Espantado por ter feito algo que jamais presumira ser capaz, foi tomado pelo medo e apressou-se a contar tudo ao Pai[132].

Esses relatos são interessantes por estarem entre os poucos que nos trazem uma visão da vida cotidiana das crianças. Plácido é descrito no texto como *puer* e, portanto, com toda a probabilidade, tinha entre 7 e 14 anos. As crianças dessa idade geralmente já eram consideradas capazes de realizar algumas atividades dos adultos, e é isso que o texto relata que elas faziam no mosteiro, assim como ocorria na vida de todos. Nesse sentido, Ariès tem razão ao dizer que, na Idade Média, não existia uma infância. Plácido vai buscar água com um balde no riacho que passava perto do mosteiro[133]. Bento, por outro lado, é retratado em oração. No entanto, ele ainda mantinha uma preocupação com o menino que lhe fora confiado e, de fato, é ele quem percebe o que aconteceu e chama o adolescente Mauro para salvar o pequeno. Uma vez realizado o resgate, Gregório insere a lição moral extraída do episódio.

> Bento atribuiu imediatamente o prodígio à pronta obediência de Mauro; este, por sua vez, insistia que tudo só tinha acontecido por ordem de Bento e que ele não

132. Gregório Magno, *Diálogos*, liv. II, 7.

133. É interessante notar como os tradutores modernos amenizam o relato, traduzindo o latim *vas* por *baldinho* e não, como é óbvio, por *balde*. Da mesma forma se traduz *puer* por *jovem* em vez de, mais exatamente, *criança*.

era de forma alguma responsável pelo milagre em que participou sem nem mesmo perceber. Nessa amistosa disputa de humildade, interveio como árbitro o jovem (*puer*) que fora salvo: "Enquanto estava sendo retirado da água", disse ele, "eu via sobre minha cabeça o manto do abade e sentia que era ele mesmo quem me puxava para fora"[134].

De qualquer forma, Plácido e Mauro não eram as únicas crianças presentes no mosteiro de Bento. Gregório fala, por exemplo, de outra criança, também engajada em atividades "de adulto".

Em outra ocasião, os monges estavam elevando uma parede porque o edifício assim exigia, e o homem de Deus se encontrava em sua pequena sala, absorto em oração. O antigo inimigo, zombando, aproximou-se e informou a Bento que estava prestes a fazer uma visitinha aos monges que trabalhavam.

Com a máxima rapidez, o homem de Deus enviou um dos seus para avisar os monges: "Cuidado, irmãos: o maligno está chegando agora mesmo!" O mensageiro mal terminara de falar, quando o espírito maligno derrubou a parede em construção, enterrando e esmagando sob os escombros um pequeno monge [*unum puerulum monachum*], filho de um funcionário da cúria. Tomados de profunda consternação e tristeza, não pela parede que desabara, mas pelo pequeno monge soterrado, apressaram-se em levar a notícia com lágrimas de dor ao venerável Pai Bento. "Vão buscar o menino [*dilaceratum puerum*] e tragam-no aqui!", ordenou o Pai. Mas só foi possível transportá-lo sobre um cobertor, pois as pedras da parede caída não apenas feriram sua carne, mas também esmagaram seus ossos. O homem de Deus pediu que o colocassem em sua pequena sala, sobre a

---

134. Gregório Magno, *Diálogos*, liv. II, 7.

> esteira onde costumava rezar; depois, dispensando os irmãos, fechou a porta e ajoelhou-se para orar com uma insistência que nunca demonstrara antes.

Assim como Plácido ia buscar água no riacho, essa outra criança (Gregório menciona que também era filho de uma figura eminente, funcionário da Cúria) ajudava os adultos como pedreiro e, como frequentemente acontece em situações semelhantes, foi vítima de um acidente de trabalho. Vale a pena observar as palavras usadas por Gregório para definir a criança: *unum puerulum monachum*, ou seja, um "monge criança". Isso significa que Plácido, Mauro e as outras crianças que viviam no mosteiro eram considerados monges em todos os sentidos. O trabalho fazia parte das tarefas dos monges e, portanto, também dos monges-crianças, exatamente como acontecia com as crianças fora do mosteiro. Ao narrar o episódio, fica claro que Gregório deseja exaltar a força da oração de Bento.

> E eis o milagre! Na mesma hora ele enviou de volta ao trabalho o jovem, saudável e forte como antes, para que, junto com os outros monges, terminasse a construção da parede. Com a morte desse jovem, o antigo inimigo se iludiu ao pensar que poderia zombar de Bento!

A criança voltou à vida, recuperou todas as suas capacidades físicas e, assim, pôde retornar ao trabalho!

Para compreender melhor a condição das crianças no mosteiro é necessário considerar sua condição como monges. Aqui, deixando por um momento a *Vida* escrita por Gregório, temos de retornar à *Regra de São Bento*, em que, no capítulo 59, se encontram as disposições sobre a recepção de crianças oferecidas ao mosteiro.

> Se alguma pessoa abastada quiser oferecer seu filho a Deus no mosteiro e a criança ainda for pequena [*puer minor aetate*], os pais devem escrever o pedido de que falamos no capítulo anterior e envolvê-lo na toalha do altar junto com a oferenda da missa e a mão da criança [*pueri*], oferecendo-a desta forma[135].

A tradição de oferecer os próprios filhos a Deus já era amplamente documentada antes de Bento. Já mencionamos o caso de Leta, que consagrara a pequena filha Paula a Deus desde a concepção. Gregório de Nazianzo também escreve que foi consagrado a Deus antes do nascimento[136]. E Salviano de Marselha deu o exemplo de um monge *ab incunabulis Deo militans*, ou seja, "a serviço de Deus desde o berço"[137]. A novidade que a Regra de São Bento acrescenta é a cerimônia com a qual se fazia a oferta da criança. Trata-se de um contexto litúrgico. A oferta ocorrerá durante a celebração da missa. Os pais escreverão, em nome do filho, um pedido semelhante ao que os adultos que desejavam entrar no mosteiro deviam escrever (mencionado no capítulo anterior da *Regra*), e depois apresentarão o pedido junto com a criança e as oferendas do ofertório, envolvendo também a mão da criança com o pedido e as oferendas na toalha do altar. Bento preocupa-se ainda em especificar as consequências econômicas do ato de oferecer uma criança ao mosteiro.

> Em relação aos seus bens, ou [os pais] prometem na referida petição que jamais lhe darão nada, nem di-

---

135. *Regula Benedicti*, 59.

136. Gregório de Nazianzo, *Autobiografia. Carmen de vita sua*, 68-73, 87.92. ed. F. Trisoglio, Letteratura cristiana antica n. 7, Bréscia, 2005, pp. 52-53; 54-55.

137. Salviano de Marselha, *De Ecclesia sive Adversus Avaritiam*, II, 4, 14.

retamente nem por intermédio de terceiros, nem de qualquer outra forma, e também que nunca lhe darão a oportunidade de obter qualquer substância, ou, se não quiserem seguir essa prática e desejarem oferecer alguma coisa ao mosteiro pela saúde de sua alma, devem doar ao mosteiro os bens que querem doar, reservando para si mesmos, se desejarem, o usufruto[138].

Em essência, assim como o monge adulto devia renunciar à posse de qualquer bem, distribuindo seus bens aos pobres ou, caso não conseguisse, entregando-os ao abade, os pais da criança oferecida também deveriam renunciar a toda renda em nome dela. Assim, Bento pretendia preservar a escolha da pobreza monástica, mas também prevenir tentações e arrependimentos por parte da criança crescida no mosteiro.

> Assim se devem fechar todas as possibilidades, de modo a não deixar à criança [*puero*] nenhuma ilusão que possa levá-la ao erro e – Deus nos livre! – à perdição, como nos ensinou a experiência[139].

As duas preocupações – a da pobreza e a, talvez predominante, da irrevogabilidade da oferta ao mosteiro – emergem nas frases finais do capítulo, dedicadas à oferta de menores por parte de pais não abastados.

> Os menos abastados devem seguir o mesmo procedimento. Quanto àqueles que nada possuem, basta que façam o pedido e ofereçam seu filho com a oferenda da missa, na presença de testemunhas[140].

---

138. *Regula Benedicti*, 59.

139. Ibid.

140. Ibid.

Não tendo nada a que renunciar, os pais pobres não precisam mencionar isso no pedido apresentado durante a cerimônia, mas devem garantir a presença de testemunhas. A provável razão para essa exigência é que, mesmo nesse caso, Bento queria prevenir arrependimentos futuros por parte da criança oferecida, uma vez crescida no mosteiro. Essa irrevogabilidade da oferta da criança pelos pais, no entanto, deve ter causado problemas já na época de Bento. A *Vida* de Gregório Magno dá testemunho disso.

> Entre seus monges, Bento tinha um, ainda criança [*quidam ejus puerulus monachus*], que ultrapassava um pouco os limites no afeto pelos pais. Um dia, sem pedir a bênção, saiu do mosteiro e foi para casa. No mesmo dia, pouco após sua chegada, foi acometido por uma enfermidade e morreu. Ele foi sepultado, mas no dia seguinte descobriram que seu corpo tinha sido rejeitado pela terra. Sepultaram-no novamente, mas no dia seguinte o mesmo fenômeno ocorreu: o corpo foi expulso e deixado descoberto, como antes. Decidiram correr ao encontro do Pai Bento e, com grande pesar, suplicaram-lhe que o admitisse novamente em seu perdão. O homem de Deus imediatamente lhes entregou, com suas próprias mãos, a hóstia do Corpo do Senhor, dizendo: "Vão e, com grande reverência, coloquem o Corpo do Senhor sobre o peito dele e depois o sepultem". Seguiram essas instruções e a terra recebeu o corpo da criança, não o rejeitando mais.

Há algo comovente nessa história. O protagonista é uma criança, cuja culpa é ter ultrapassado "um pouco os limites no afeto pelos pais", ou seja, sentir saudade de sua família. Ele então toma a decisão mais arriscada: foge. Não sabemos quão distante estava a casa de seus pais e, consequentemente, os perigos que ele enfrentou durante a viagem. De qualquer forma, ele consegue chegar. Pouco tempo depois, talvez em decorrência das dificuldades enfrentadas no caminho de volta ou, como sugere a fonte, como uma punição divina, a criança adoece e morre. Aqui ocorre o prodígio: a terra se recusa a aceitar o corpo. Por quê? Porque, evidentemente, tratava-se de um excomungado. A excomunhão, ou seja, o afastamento da comunhão, era a pena mais grave prevista na Regra de São Bento. Gregório parece interpretar a excomunhão em um sentido mais amplo: mesmo após a morte, o excomungado não poderia ser sepultado em solo consagrado. Felizmente, a intervenção do abade Bento corrige a situação, ao enviar a Eucaristia, readmitindo-o simbolicamente à comunhão e removendo sua excomunhão.

Quantas crianças terão feito a escolha desse infeliz? Quantas terão fugido dos mosteiros? Quantas, por outro lado, terão permanecido não por convicção, mas apenas porque a fuga era difícil demais? Impossível responder a essas perguntas, pois as fontes nada dizem a respeito, mas certamente duas observações se impõem sobre a oferta de crianças prevista pela Regra de São Bento. A primeira é que a escolha era totalmente dos pais (a criança, de fato, deveria apenas cumprir o que eles decidiram). A segunda é que essa escolha, desde o início, apresentava-se como irrevogável, ou seja, a criança não podia, ao atingir a "idade da razão", como se dizia na época, optar por um caminho diferente do monástico. Dessas duas condições, a primeira não causa surpresa, pois as crianças eram submetidas às decisões dos pais em todos os campos (não era diferente, nesse sentido, no caso do casamento, no qual eram os pais que decidiam se, quando e com quem os filhos se casariam). A segunda condição, a irrevogabilidade, por outro lado, não era assim tão óbvia. Na *Regra* de Basílio, por exemplo, previa-se que, ao atingir certa idade, o jovem deveria expressar livremente seu desejo de levar uma vida casta e, assim, tornar-se monge.

> O Senhor afirma: "Deixai vir a mim as crianças" (Lc 18,16), e o Apóstolo depois elogia quem aprendeu as letras sagradas desde a infância, e novamente aconselha a educar os filhos na doutrina e nos ensinamentos do Senhor. Portanto, considero oportuno que, desde cedo, a criança aprenda o temor e as instruções do Senhor; no entanto, a profissão de virgindade será sólida assim que a idade começar a se tornar adulta, a qual geralmente é considerada apropriada e ideal para o casamento[141].

E acrescenta nas *Grandes Regras*:

> Por fim, aquele que se compromete deve refletir longamente, e é preciso deixá-lo decidir por si mesmo durante vários dias, para não dar a impressão de atraí-lo contra sua vontade; em seguida, ele deve ser acolhido e considerado no número dos irmãos, participando da mesa e do alojamento dos professos[142].

Outros Padres da Igreja também se manifestaram claramente a favor da voluntariedade da escolha pela vida religiosa. Já mencionamos o caso de Gaudêncio de Bréscia[143], mas Agostinho também afirmava que, embora os pais pudessem encorajar os filhos a escolher a vida religiosa, a decisão definitiva por uma vida de castidade cabia apenas aos jovens

---

141. Basílio de Cesareia, *Regola per i monaci*, Q 7,2. Disponível em: https://www.ora-et-labora.net/regulaadmonachosbasiliiita.html

142. Basílio de Cesareia, *Le grandi regole*, D. 15. Disponível em: https://ora-et-labora.net/regulaefusiusbasiliiita.html

143. Cf. cap. 4, nota 113.

quando atingissem a idade legal[144]. Nesse caso, Bento e, com ele, Gregório parecem estar mais alinhados com Jerônimo.

Seja como for, deve-se ressaltar que o mosteiro, graças à acolhida oferecida às crianças oblatas, rapidamente se tornou uma agência educativa de importância primordial. Na sociedade romana, ao lado da família, que era a principal instituição da sociedade, em que havia papéis pedagógicos definidos e variados, existia, talvez desde o século V a.C., a escola pública, à qual tinham acesso meninos e meninas provenientes de famílias não patrícias (pois os filhos das famílias patrícias eram educados por preceptores particulares). Essa escola pode ser considerada pública, ainda que não fosse financiada pelo Estado, e sim pelas famílias ou por benfeitores. É claro que a escola era uma importante agência educativa no mundo helenístico e romano[145].

No entanto, com o fim do Império, a escola romana desapareceu no Ocidente. Com o surgimento dos reinos romano-germânicos, registra-se o fim de uma instituição, a escola, que existira durante séculos. O nível de alfabetização caiu rapidamente. Mesmo a classe dirigente de origem germânica dificilmente tinha as competências linguísticas e literárias para ter acesso à língua escrita. Sempre é citado o caso do Imperador Carlos Magno, que, segundo seu biógrafo, "tentava também escrever e costumava, para isso, manter ao lado da cama, sob os travesseiros, tábuas e folhas de pergaminho para acostumar a mão, quando tivesse tempo livre, a traçar

---

144. Agostinho, *Epistola CCLXII*, 8, endereçada a *Dominiae religiosissimae filiae Ecdiciae*, in CSEL 57, pp. 627-628.

145. Para uma introdução a tudo isso, cf. E. Becchi; D. Julia, *Storia dell'infanzia. Vol. 1. Dall'antichità al Seicento*, Roma/Bari: Laterza, 1996, pp. 18-21.

as letras; mas, por ter empreendido esse esforço tardiamente, pouco obteve"[146].

Os mosteiros se tornaram os mais importantes centros culturais da Europa que se preparava para se tornar cristã. E assim, aspecto totalmente óbvio, mas pouco estudado em sua especificidade, os mosteiros também passaram a ser os centros pedagógicos mais importantes da Alta Idade Média. Aliás, para ser mais exato, por muitos séculos os mosteiros foram praticamente a única agência educativa além da família.

Por isso é necessário dedicar atenção à pedagogia monástica, isto é, à reflexão que os monges fizeram a respeito de sua função educativa. Os textos de Bento e Gregório serão novamente os nossos guias para esse aprofundamento. Antes de mais nada, é claro que a educação monástica está em plena continuidade com a educação clássica: dela, os monges extraem métodos e programas didáticos e, idealmente, se inspiram em sua prática educativa. Contudo, a pedagogia monástica, quando bem-observada, revela características novas que podem ser identificadas.

Os elementos de continuidade estão sobretudo na estrutura geral. De fato, a pedagogia antiga tinha uma marca "adultista", isto é, avaliava a criança a partir do adulto que se queria formar. A *paideia* grega era traduzida para o latim como *humanitas*. Os latinos entenderam muito bem que, embora a palavra *paideia* contenha em si a raiz *pais*, que significa criança, seu objetivo era transformá-la plenamente em *homo*, isto é, um ser humano. A *humanitas*, portanto, era o projeto educativo que transformava o *puer* em ser humano.

---

146. Einhard, *Vita di Carlo Magno*, org. por G. Bianchi, Roma: Salerno Editrice, 1980, p. 71.

Para alcançar esse objetivo, os métodos eram repetitivos, mnemônicos e fortemente coercitivos. Não por acaso, Agostinho de Hipona lembrava com raiva os sofrimentos pelos quais passara como estudante. A *vara*, ou seja, o bastão para punir os alunos, era considerada o atributo típico do *didascalos*, o professor. A educação monástica, nesse sentido, está em plena continuidade com a educação clássica. Mesmo no mosteiro, a vara era considerada a punição normal para os monges-crianças. A tal ponto que a palavra *disciplina*, que em latim significa *educação*, no mosteiro se tornaria, pouco a pouco, sinônimo de *flagelação*, pois essa era a prática mais comum para a *regularis disciplina* ("punição segundo a Regra") mencionada na Regra de São Bento. A ideia de punição corporal era particularmente aplicada à infância, justamente devido à crença de que as crianças não tinham a capacidade de compreender outros tipos de correção.

> Cada idade e nível de compreensão devem ser tratados de forma adequada. Por isso, as crianças e os adolescentes, e aqueles que não são capazes de entender a gravidade da excomunhão, quando cometem alguma falta, sejam punidos com jejuns rigorosos ou reprimidos com castigos corporais, para que se corrijam[147].

É assim que, de certo modo, a postura coercitiva e impositiva de toda a educação na era clássica se intensifica nos mosteiros, pois não se limita à prática das punições. Pode-se dizer que toda a vida no mosteiro é o oposto do comportamento infantil: os monges não correm, não gritam, não brincam, não dormem fora de hora, não choram sem motivo. Esse comportamento também era imposto aos monges-crianças.

---

147. *Regra de São Bento*, XXX.

Pode-se dizer que a educação monástica tinha como objetivo ensiná-los a não serem crianças.

Não obstante, os aspectos de novidade da pedagogia monástica não são irrelevantes. Tentemos identificar alguns. O primeiro é que se trata de uma formação permanente. Enquanto viver, o monge continua a ser um discípulo que deve ouvir os preceitos do Senhor e mudar sua vida. Como diz o Prólogo da Regra de São Bento :

> Ouve, filho meu, os ensinamentos do mestre e abre docilmente o teu coração; acolhe de bom grado os conselhos inspirados por seu amor paterno e põe-nos em prática com empenho, para que possas retornar, pela diligência da obediência, Àquele de quem te afastaste pela negligência da desobediência[148].

O monge nunca deixa de ser aluno, discípulo, ou seja, um homem em formação permanente. Essa perspectiva amplia o projeto educativo, pois ele é sempre concebido como um *work in progress*, ou seja, um trabalho para melhorar a si mesmo.

Um segundo aspecto relevante da educação monástica é que não é competitiva. Talvez essa seja a maior novidade em relação à pedagogia antiga, que nasceu nos campos de batalha (o modelo homérico) e se destinava à manifestação da glória pessoal (primeiro militar, depois intelectual). Na tradição monástica, o que importa não é o indivíduo, mas a comunidade. Poderíamos dizer: não apenas *cooperative learning*, mas *cooperative living*. O modelo dessa educação é o coro, no qual se aprende a cantar em conjunto, modulando as vozes numa única melodia. Naturalmente, até entre os monges surgiam rivalidades, às vezes até ferozes. Mas tais rivalidades

148. Ibid., Prólogo.

eram condenadas como pecado e desestimuladas com o objetivo de incentivar o crescimento pessoal. Trata-se de uma diferença significativa.

Contudo, as inovações mais importantes na pedagogia monástica não se encontram tanto na reflexão sobre a criança a ser educada quanto no papel do educador. O *pedagogo* ocupa um papel importante na literatura patrística e depois monástica, que inventou a figura do *pastor de almas*. Este não tem apenas a tarefa de ensinar algumas disciplinas, mas também deve transformar a alma das pessoas a ele confiadas. É a ambição de educar a interioridade: vencer os vícios (as tendências naturais para o mal) e cultivar as virtudes (a predisposição interior para o bem). A pedagogia antiga (pensemos no estoicismo e em Sêneca, autor muito apreciado na Idade Média) já possuía essa ambição, mas talvez não a tivesse abordado com a mesma precisão.

Uma segunda característica do educador monástico está no fato de que ele não é pago para realizar seu serviço. O mestre dos noviços não recebia remuneração por ensinar aos jovens monges. Para ele, a transmissão da sabedoria não era um ofício, como era entre os sofistas na Antiguidade ou como será entre os professores nas universidades posteriormente. Além de ser vital na relação educativa, essa gratuidade também é essencial para a concepção da sabedoria, que não é vista como um conjunto de conhecimentos a ser possuído, mas como uma verdade a ser servida.

# 6
# Bento de Aniane e Hildemar: a oblação irrevogável

A Regra de São Bento previa a oblação das crianças. É preciso refletir sobre o significado dessa prática social. Alguns a relacionaram com a exposição de crianças praticada na Antiguidade clássica. Alguns elementos unem os dois fenômenos. O primeiro é a ideia do poder absoluto dos pais (especialmente do pai) sobre a prole. Em Roma, esse poder era chamado de *patria potestas* e teve uma longa evolução no decorrer dos séculos, embora tenha mantido sua força mesmo quando o Império reconheceu o cristianismo como religião oficial. Inicialmente na Grécia e depois em Roma, era comum que o pai – chefe da família – decidisse, após o nascimento, se aceitava ou não o recém-nascido, que, se rejeitado, era *exposto*, ou seja, "posto para fora", abandonado em áreas específicas ou em vias públicas ou lixões. Os autores cristãos geralmente estigmatizaram essa prática, mas em princípio nunca se manifestaram contra o direito do pai de decidir sobre o destino de seus filhos. As crianças expostas tornavam-se propriedade de quem as recolhia, que podia fazer com elas o que quisesse. Durante todo o período tardio da Antiguidade, a legislação inspirada pelos cristãos tendia a não sancionar quem abandonava as crianças, mas a proteger quem as recolhia, ou seja, a garantir o que os textos chamam de *aliena misericordia*, que em inglês foi traduzido como *the Kindness of Strangers*, a *compaixão dos estranhos*[149].

As razões que levavam os pais a expor os filhos eram variadas: desde fatores econômicos (uma boca a mais era um problema para muitos) até questões de gênero (embora não seja possível fazer estatísticas precisas, pode-se inferir que a exposição de meninas era mais frequente) e questões físicas (a exposição de crianças com deficiência provavelmente era uma prática comum). Essas razões continuaram a exercer sua influência nos primeiros séculos da Idade Média, certamente contribuindo para o abandono das crianças e talvez até mesmo para o infanticídio, como sugerido por deMause.

No entanto, a oblação medieval apresenta muitas características distintas da exposição de crianças na Antiguidade. Antes de tudo, pela idade: as crianças expostas eram geralmente recém-nascidas, ao passo que as crianças oblatas tinham cerca de 7 anos. As razões para a oblação também diferiam; como vimos no caso de Bento, essa prática costumava ser realizada predominantemente por famílias aristocráticas, o que relegava a segundo plano a motivação econômica. Além disso, as modalidades eram diferentes: a exposição era, de certa forma, um ato que ocorria, quando não em segredo, ao menos sem muito alarde, enquanto a oblação era um gesto

149. A melhor síntese sobre esse fenômeno é o livro de John Boswell, *The Kindness of Strangers*, Nova York/Toronto: Pantheon, 1988, trad. it. de Francesca Olivieri, com o título *L'abbandono dei bambini in Europa occidentale*, Milão: Rizzoli, 1991.

público, para o qual a Regra de São Bento exigia a presença de testemunhas.

Mas a diferença fundamental entre a antiga exposição e a oblação medieval é de caráter cultural. De fato, a oblação se configura não como um abandono, mas como uma oferta. Em outras palavras, não é possível compreender o significado social da oblação se não se entende seu significado religioso e ritual[150]. Os pais que apresentavam uma filha ou um filho a um mosteiro concebiam esse gesto como um sacrifício, uma oferta feita a Deus por motivos religiosos. O modelo bíblico de referência é aquele já indicado por Jerônimo a Leta: a história de Samuel, consagrado a Deus por sua mãe Ana ainda antes de nascer[151].

A oferta de um filho ou filha a Deus era uma prática difundida, como vimos, desde os tempos de Jerônimo. A regra de Cesário de Arles para as monjas (cuja redação final é de 534 d.C.) prevê a prática de deixar as meninas no mosteiro.

> Se possível, no mosteiro, as meninas pequenas são acolhidas com dificuldade ou não são acolhidas, a não ser a partir dos 6 ou 7 anos, de modo que possam já aprender a ler e escrever e a pôr em prática a obediência[152].

Cesário não fala aqui de meninas confiadas ao mosteiro para serem educadas, mas de verdadeiras candidatas à vida monástica, acrescentando: "Não se acolham absolutamente as filhas, sejam de nobres ou não nobres, para serem assis-

---

150. Esse significado simultaneamente religioso e social foi destacado por Mayke de Jong, *In Samuel's Image. Child Oblation in the Early Medieval West*, Nova York/Colônia: E. J. Brill/Leiden, 1996.

151. 1Sm 1,9-22. Cf. cap. 5.

152. Cesário de Arles, *Regra para as virgens*, 5.

tidas ou instruídas"[153]. A novidade representada pela Regra de São Bento consiste na descrição do rito de oblação, que, como vimos, ocorria no contexto da liturgia eucarística.

A Regra de São Bento demorou a se impor como o único texto normativo para a vida monástica na Europa ocidental. Por muito tempo os mosteiros seguiam suas várias tradições, redigindo regras provenientes de diversas experiências. Um caso emblemático é o de Donato de Besançon, que – como indica o nome – foi oblato no Mosteiro de Luxeuil, oferecido por seus pais que, não conseguindo ter filhos, tinham pedido a bênção de São Columbano, em troca da oferta a Deus de seu primogênito[154]. Tornando-se bispo de Besançon, Donato escreveu uma *Regula ad virgines* na qual utiliza disposições extraídas da *Regula Columbani*, mas também da *Regula ad Virgines* de Cesário e da *Regula Benedicti*. Nessa perspectiva, ele repete a proibição de acolher meninas com menos de 6 ou 7 anos, assim como a proibição de recebê-las apenas para fins educacionais. Da Regra de São Bento ele retoma os votos de estabilidade e obediência, mas omite completamente os ritos de profissão e oblação[155].

Nos séculos posteriores à redação da *Regula Benedicti*, a oblação das crianças tornou-se uma prática cada vez mais difundida. Não apenas Donato de Besançon, mas muitos outros personagens ilustres foram oferecidos aos mosteiros desde a infância: Beda o Venerável, Bonifácio, Alcuíno de York, Pascásio Radberto e tantos outros. Contudo, o debate sobre a oblação não foi isento de conflitos. Em particular, continua-

153. Ibid.

154. Jonas de Bobbio, *Vita Columbani*, I, c. 14, p. 79.

155. Cf. M. de Jong, *In Samuel Image*, p. 36.

ram a existir opiniões divergentes em relação à irrevogabilidade dos votos expressos pelos pais da criança oblata.

Em 633, o Concílio de Toledo, presidido por Isidoro de Sevilha, estabeleceu que os votos monásticos, tanto os pronunciados pessoalmente como pelos pais, eram irrevogáveis em qualquer caso[156]. Em 726, o grande monge Bonifácio enviou um de seus discípulos a Roma para submeter ao papa uma longa lista de perguntas, entre as quais uma sobre a oblação das crianças. A resposta do Papa Gregório II é decisivamente a favor da irrevogabilidade da doação:

> Você também nos perguntou se, quando um pai ou uma mãe colocam um filho ou uma filha ainda criança sob a disciplina de uma regra em um mosteiro, uma vez que o filho ou a filha atinjam a puberdade, é permitido que eles deixem [o mosteiro] e contraiam matrimônio. Nós rejeitamos isso sob qualquer ponto de vista, porque se trata de um sacrilégio que a filhos oferecidos pelos pais a Deus sejam soltas as rédeas da luxúria[157].

De qualquer forma, o fato de que diferentes regras "mistas", ou seja, compostas pela união de diferentes textos jurídicos, entre os quais também a Regra de São Bento, deixem de lado por um longo tempo o capítulo dedicado à oblação das crianças, pode ser interpretado como um sinal de resistência por parte de diversos mosteiros em aceitar a prática beneditina. Como se sabe, a afirmação da regra beneditina como texto jurídico-normativo para todas as experiências monásticas está intimamente ligada à afirmação política da dinastia dos pipínidas no reino dos Francos. Desde 743, um

---

156. Concílio de Toledo de 633, c. 49, in *Concilios visigotos*, p. 208.

157. Bonifacius (e Lull), *Epistolae*, n. 26, ed. Michael Tangl, Berlim, 1916 (MGH Epp. Sel. I), p. 46.

capitular do futuro Rei Pepino exigia que todos os monges e monjas do reino vivessem sob a Regra de São Bento. Mas esse convite permaneceu sem resposta em muitos mosteiros, pelo menos até os sínodos de Aachen de 816 e 817, promovidos por Luís o Piedoso, e liderados por Bento de Aniane. A Regra de São Bento se afirmou, então, como norma para todos os mosteiros do Império.

Como dissemos, o regente de toda a operação foi Bento de Aniane. O grande reformador era filho do Conde de Maguelone, e não foi enviado quando criança a um mosteiro, mas sim à corte do Rei Pepino. Como conta sua *Vida*, escrita por Ardo Esmaragdo algum tempo após sua morte:

> [o pai] confiou seu filho ainda criança à rainha, para que fosse educado entre os escolares na corte do glorioso Rei Pepino. O menino, mostrando qualidades intelectuais acima da idade, era apreciado pelos colegas: era de fato rápido e capaz em tudo. Depois disso, obteve a função de copeiro[158].

No ano de 774, Bento, já adulto, entrou em um mosteiro. Após dois anos no Mosteiro de Saint-Seine, retirou-se para um local chamado Aniane, nas propriedades da família. Lá, seguindo estritamente a Regra de São Bento, começou a construir um mosteiro que chegou a ter até 300 monges. Depois de obter a isenção de Carlos Magno para seu mosteiro, sua importância se estendeu quando Luís o Piedoso, subiu ao trono.

> O gloriosíssimo rei dos Aquitanos, Luís, que agora, pela providente graça divina, é Augusto imperador de toda a

---

158. Ardo Smaragdus, *Vita Benedicti abbatis Anianensis et Indensis*, org. por G. Waitz, in MGH, *Scriptores*, XV, 1, Hannoverae, 1887, pp. 198-220. Trad. it. em G. Andenna e C. Bonetti (orgs.), *Benedetto di Aniane. Vita e riforma monastica*, Milão: Paoline, 1993, p. 65.

> Igreja existente na Europa, conhecendo a santidade de sua vida, começou a amá-lo muito e obedecia de bom grado ao seu conselho. Colocou-o também à frente de todos os mosteiros do reino, para que mostrasse a todos a Regra portadora de salvação[159].

Logo depois dos sínodos de 816-817, Bento escreveu sua *Concordia Regularum*, que seu biógrafo descreve da seguinte forma:

> Depois de ter reunido as normas das regras, compôs outro texto que intitulou *Concordia Regularum*, para demonstrar que a normativa do bem-aventurado Bento era superior a todas as outras e que se podiam adicionar prescrições adicionais a ela, perfeitamente concordantes[160].

No que diz respeito aos oblatas, o Sínodo de Aachen de 817 previa que:

> O pai e a mãe dos meninos façam ofertas ao altar no momento da oblação e expressem em seu nome, diante de testemunhas, o pedido de ser admitido na comunidade monástica. Ele mesmo a confirmará quando for capaz de compreender[161].

Como se vê, os decretos do sínodo reiteravam a prática estabelecida pela Regra de São Bento, embora pareçam refletir o ponto de vista de quem defendia a necessidade, em qualquer caso, de uma confirmação por parte do candidato

---

159. Ardo Smaragdus, *Vita Benedicti abbatis Anianensis*, n. 29.

160. Ibid., n. 39.

161. *Decreti del secondo sinodo di Aquisgrana promulgati nel palazzo imperiale il 10 luglio dell'anno 817*, n. 17.

a monge, uma vez alcançada a idade da razão. Na *Concordia*, Bento se posiciona decisivamente contra essa interpretação:

> Quem quer que tenha sido levado pelos próprios pais ao mosteiro saiba que ali permanecerá para sempre. De fato, Ana levou o menino Samuel, que prometera em voto, após tê-lo gerado e amamentado por piedade a Deus, e ele permaneceu a serviço no templo, para o qual fora destinado pela mãe, e ficou no lugar onde fora votado[162].

O modelo de Samuel, prometido em voto por sua mãe Ana, já evocado por Jerônimo, retorna aqui como paradigma do voto e da oblação monástica das crianças. Na realidade, não deveriam ser poucas as crianças que, uma vez crescidas, preferiam "retornar ao mundo" ao invés de permanecer no mosteiro.

A prática da oblação das crianças consolidou-se paralelamente à afirmação da Regra de São Bento em todos os mosteiros do Império. E é desse período a *Exposição sobre a Regra do Bem-aventurado Bento*, de Hildemar de Civate, que fornece a mais importante descrição da cerimônia de oblação das crianças em mosteiros[163].

Hildemar era um monge francês, provavelmente na abadia de Corbie, que se tornou famoso a ponto de o arcebispo

162. Bento de Aniane, *Concordia Regularum*, n. 66, col. 1308.

163. Conhecem-se pelo menos três versões dessa exposição: uma erroneamente atribuída a Paulo Diácono, que se encontra em Montecassino e é do século X; outra, a *Recensio Basilii Abbatis*, do século IX, preservada em Reichenau; e, finalmente, aquela completa, que aqui utilizamos, traduzindo da edição *Expositio Regulae ab Hildemaro Tradita*, ed. R. Mittermüller (Regensburg, Nova York e Cincinnati, 1880). É possível que as três versões tenham sido produzidas por diferentes monges que coletavam os comentários orais de Hildemar.

de Milão, Angilberto, chamá-lo para a abadia de Civate, por ele promovida. Lá, ele comentou a Regra de São Bento. Em sua *Exposição*, ele avança capítulo por capítulo e, ao chegar ao capítulo 59, passa a explicar os diferentes grupos sociais aos quais a Regra se refere.

> O bem-aventurado Bento continua sua exposição. De fato, após falar da ordem dos noviços e mencionar aqueles que têm a idade legítima, agora fala das crianças neste capítulo que se intitula *Dos filhos dos nobres e dos pobres que são oferecidos*. Ele chama de *nobres* os *ricos*, embora a Sagrada Escritura chame de nobres os homens livres, pois acontece que muitos pobres são de nobre linhagem, no sentido de que tinham ascendência nobre. E, por outro lado, acontece que muitos ricos sejam ignóbeis, no sentido de que tinham ascendência rústica. Portanto, o bem-aventurado Bento, sejam nobres ou ignóbeis, aqui fala daqueles que possuem riquezas. Mas é preciso saber que o bem-aventurado Bento faz uma distinção entre três categorias: os ricos, os medianos e os que não têm nada[164].

Esse texto é interessante também como testemunho da mobilidade social no século IX. Havia, então, nobres que se tornaram pobres e pobres que se tornaram ricos. Estes últimos também ofereciam seus filhos aos mosteiros, e Hildemar registra essas mudanças. E, assim, ele entra no mérito da oblação.

> De fato, ele diz: Se por acaso algum dos nobres oferece seu filho no mosteiro, se este é menor de idade, seus pais devem fazer a petição, da qual falamos acima, e oferecer essa petição junto com a oferta, envolvendo a mão da criança na toalha do altar e assim oferecê-la. Aqui, chama de criança não aquele que começou o oitavo ano,

164. Hildemar, *Esposizione*, cap. LIX, p. 547.

> mas aquela criança que, segundo a lei, não pode comprometer-se por si mesma, porque seus pais estão vivos. E por pais entende apenas o pai e a mãe, pois *parentes* (= genitores) são chamados o pai e a mãe ao dar à luz (= *pariendo*). No que se refere ao que ele diz: faça a petição da qual falamos acima, entende-se uma petição em que se mencione sua estabilidade, a conversão de sua vida, a obediência e as outras coisas[165].

Neste caso, Hildemar é muito preciso: a idade da criança não é determinável exatamente (7 ou 8 anos) porque depende da lei. No norte da Itália vigorava o princípio da *personalidade do direito*, ou seja, cada pessoa seguia a lei de sua família, com base na qual, portanto, deveria ser estabelecida a idade em que se poderia oferecer uma criança. As observações sobre os pais também são importantes. O verdadeiro protagonista é o pai. A mãe pode intervir apenas em caso de morte do marido. Todo outro parente é excluído da cerimônia de oblação.

> Deverá ser feito assim: se o pai está vivo, quem deve falar é o pai; se, por outro lado, está morto, falará a mãe – porque outro familiar não deve – e dirá: "*Eu prometo diante de Deus e de seus santos, pela estabilidade e conversão de vida de meu filho e pela obediência que ele deve ter*". E deverá manter a petição escrita e a promessa em mãos, por seu filho. Então, após a leitura do Evangelho, quando se trouxerem as ofertas, antes do início do Ofertório, deve colocar na mão direita do filho a oferta com uma pequena toalha, e na esquerda a ampola com o vinho. Depois, o pai deve manter diante de si a criança e deve envolver a mão do filho naquela pequena toalha, com a qual se faz a oferta, pois essa mesma toalha é chamada *palla altaris*, e não é o pano sagrado do altar. Em seguida, deve manter na sua mão a mão do filho envolta

165. Ibid., p. 548.

> na toalha e a petição com a qual assegura seu filho naquele mosteiro. E devem estar presentes as testemunhas.

A fórmula da promessa é feita diante de Deus e dos santos cujas relíquias estão preservadas no altar. O pai a pronuncia em nome do filho que ainda não tem a idade legal para assumir tal decisão. O contexto é o litúrgico da missa. A oferta da criança é realizada no momento do *Ofertório*, ou melhor, após a procissão com as ofertas, mas a liturgia se interrompe um momento antes que o sacerdote pronuncie as orações do ofertório, para permitir a verdadeira cerimônia da *oblação*.

> Então, o abade o interrogará desta forma: O que você pede, irmão? Ele deve responder dizendo: Quero dar meu filho a Deus onipotente para servi-lo neste mosteiro, porque assim ordenou o Senhor na Lei aos filhos de Israel, que ofereçam seus filhos a Deus, e por isso quero oferecer este meu filho. Então, o abade deve dizer às testemunhas: Vocês ouvem e veem o que ele diz? Elas devem responder: Ouvimos e vimos. Então, aquele pai deve levar o filho ao lugar onde se apresentam as ofertas. E o sacerdote deve pegar a oferta e a ampola da mão da criança, que é segurada pelo pai, e o abade deve acolher a criança e pegar a petição, de modo que o pai coloque essa petição sobre o altar, e que o abade a pegue de cima do altar, como está dito no capítulo LVIII. Mas, na verdade, seria melhor, se possível, que o próprio abade celebrasse a missa, de modo que ele mesmo recebesse a oferta e o vinho[166].

É muito interessante que a fórmula de oblação recorde, entre outras coisas, que "assim ordenou o Senhor na Lei aos filhos de Israel, que ofereçam seus filhos a Deus". O referencial aqui é um trecho do Livro do Êxodo: "O Senhor disse

166. Ibid.

a Moisés: 'Consagra-me cada ser que sai primeiro do ventre materno entre os israelitas: todo primogênito de homens ou de animais pertence a mim'" (Ex 13,1-2). A oferta da criança é concebida como totalmente semelhante à oferta dos primogênitos (tanto dos homens quanto dos animais) prescrita na lei mosaica. Isso leva a uma importante conclusão.

> Assim, o bem-aventurado Bento ordena que o que se mostra exteriormente signifique o que está acontecendo, ou seja, como a oferta se torna um holocausto para o Senhor, também aquela criança se torne um holocausto para o Senhor[167].

É sobre essas bases que a oblação das crianças é concebida como certamente irrevogável. O holocausto era a oferta que se consumia inteiramente sobre o altar do templo. O pão e o vinho oferecidos no rito da missa se transformam no corpo e no sangue de Cristo, que é oferecido como holocausto, isto é, sacrifício total, na cruz. A vida da criança cuja mão está envolta na toalha com as ofertas é também um holocausto, uma oferta total, dada para sempre a Deus.

167. Hildemar, *Esposizione*, cap. LIX, p. 548.

# 7
# Um modelo também para as meninas: a infância de Maria

A oblação não era reservada exclusivamente para os meninos. As meninas também eram oferecidas aos mosteiros. Na verdade, a oblação feminina, como vimos no caso de Leta e de Jerônimo, provavelmente precedeu a masculina. No entanto, a oferta das meninas às vezes assumia características peculiares. Em sua *História dos ingleses*, Beda o Venerável, que, como dissemos, também foi um pequeno oblato, narra um episódio muito interessante.

> Naquela época, o Rei Oswy teve de enfrentar as cruéis e intoleráveis invasões de Penda, rei da Mércia, que mencionamos tantas vezes e que assassinara seu irmão; por fim, forçado pela necessidade, prometeu dar-lhe inúmeros presentes e sinais de honra maiores do que se pode imaginar para obter a paz; desde que voltasse para casa e parasse de devastar e destruir completamente as províncias de seu reino. O rei pagão se recusou a aceitar seu pedido, pois decidira anular e extirpar toda a sua nação, do maior ao menor; então, o Rei Oswy recorreu à proteção da Divina Piedade para a libertação de seu bárbaro e impiedoso inimigo, e, fazendo um voto, disse: "Se o pa-

> gão não aceitar nossos presentes, busquemos oferecê-los àquele que o fará, nosso Senhor Deus". Então, prometeu que, se obtivesse a vitória, ofereceria sua filha ao Senhor em santa virgindade e daria doze partes de terra para construir mosteiros. Depois disso, ele foi à batalha com um exército muito pequeno: diz-se que os pagãos tinham trinta vezes mais homens; pois tinham trinta legiões, lideradas pelos comandantes mais conhecidos. O Rei Oswy e seu filho Alchfrid os encontraram com um exército muito pequeno, como foi dito, mas confiando em Cristo como seu guia [...]. O combate começou, os pagãos foram afugentados ou mortos, os trinta comandantes reais vindos em auxílio de Penda foram quase todos mortos [...]. Então, o Rei Oswy, segundo o voto que fizera ao Senhor, agradeceu a Deus pela vitória que lhe fora concedida e entregou sua filha Ælfflæd, que tinha pouco mais de um ano, para ser consagrada a Ele na perpétua virgindade; ofereceu também doze pequenos terrenos, nos quais a prática da guerra terrena deveria cessar, entregues a monges devotos e zelosos para conduzir a guerra espiritual e rezar pela eterna paz de sua nação[168].

É difícil resistir à tentação de fazer uma comparação com o célebre mito grego de Ifigênia, contado, entre outros, por Eurípides. Nesse caso, o Rei Agamenon viu-se obrigado a sacrificar a filha Ifigênia para aplacar a ira da deusa Ártemis, que não permitia que a frota espartana zarpasse para Troia. Assim, Agamenon mandou levar a filha a Áulis, onde ela seria dada em casamento a Aquiles. Quando a filha se aproximou do altar (onde o sacrifício deveria ser realizado), ela foi milagrosamente salva por Ártemis, que teve pena dela e permitiu que um cervo fosse morto em seu lugar[169].

---

168. Beda, *Historia ecclesiastica gentis Anglorum*, liv. III, 24.

169. Cf. Eurípides, *Ifigenia in Aulide*.

As diferenças são evidentes: no caso grego, trata-se de um sacrifício humano, pois Ifigênia está destinada à morte; no caso anglo-saxão, a filha do rei está destinada à vida religiosa em virgindade. No entanto, as semelhanças também são grandes. Os dois pais são reis que estão conduzindo uma guerra. Ambos oferecem ao céu a primeira filha, a mais amada. As duas jovens são símbolo de paz. É difícil imaginar que Beda conhecesse Eurípides. Talvez aqui confluam alguns arquétipos fundamentais de diferentes culturas.

A tradição bíblica também conhecia uma história envolvendo uma virgem; a do Rei Jefté, narrada no Livro dos Juízes.

> Jefté fez um voto ao Senhor, dizendo: "Se o Senhor entregar os amonitas em minhas mãos, então a pessoa que por primeiro sair das portas de minha casa, ao meu encontro, quando eu voltar com a vitória sobre os amonitas, pertencerá ao Senhor e a oferecerei em holocausto".
>
> Jefté atravessou a fronteira dos amonitas para combatê-los, e o Senhor os entregou em seu poder. Derrotou-os desde Aroer até a entrada de Menit (vinte cidades) e até Abel-Carmim. A derrota foi estrondosa, e os amonitas ficaram submetidos aos israelitas.
>
> Quando Jefté voltou para sua casa em Masfa, sua filha lhe veio ao encontro, tocando pandeiro e dançando. Era sua única filha; além dela não tinha outro filho ou filha. Ao vê-la, rasgou as vestes de dor e exclamou: "Ai! Minha filha, tu me prostraste de dor! És a causa de minha desgraça, porque fiz um voto ao Senhor e não posso voltar atrás". E ela lhe disse: "Pai, fizeste um voto ao Senhor; faze comigo segundo o teu voto, já que o Senhor te concedeu vingar-te de teus inimigos, os amonitas". Ela pediu ao pai: "Seja-me feita a seguinte concessão: deixa-me livre dois meses para ir vagar pelos montes com minhas companheiras e chorar minha virgindade". "Vai", disse ele.

> E deixou-a partir por dois meses, e ela foi com as companheiras chorar sobre os montes sua virgindade. Terminados os dois meses, voltou para a casa do pai, e ele cumpriu com ela o voto que tinha feito. A moça não conheceu homem algum. Assim tornou-se costume em Israel de as moças de Israel irem anualmente celebrar lamentações pela filha de Jefté, o galaadita, durante quatro dias.

Também nesse caso as diferenças são importantes: Jefté não promete o sacrifício de sua filha, mas ele também, como Agamenon e o Rei Oswy, está em guerra e faz um voto a Deus. O aspecto que mais une os três relatos é a resignação, a plena disposição das jovens. Nenhuma delas se rebela, nenhuma tenta fugir de seu destino. Para que a oferta seja aceita, ela deve ser feita de bom grado.

Na tradição cristã, pouco a pouco, se difundirá outra história sobre uma jovem virgem, que terá grande impacto no imaginário coletivo do Ocidente medieval: a história da infância de Maria de Nazaré. Um dos chamados evangelhos apócrifos, o *Protoevangelho de Tiago*, contém uma longa descrição da infância de Maria. Há muitos manuscritos em grego e diversos em outras línguas orientais desse texto, mas praticamente nenhum manuscrito em latim. Assim, podemos pensar que ele permaneceu ignorado no Ocidente durante toda a Alta Idade Média. A história, no entanto, devia ser familiar à Igreja por razões litúrgicas. A partir do século VII, a própria Igreja latina passou a celebrar a Festa da Natividade de Maria em 8 de setembro. Desde os séculos VIII ou IX, difundiu-se um texto em latim que retoma em parte o relato do *Protoevangelho de Tiago*. Esse texto era denominado *Livro sobre o nascimento da Bem-Aventurada Virgem*.

> A bem-aventurada e gloriosa sempre virgem Maria, de linhagem real, oriunda da família de Davi e nascida na cidade de Nazaré, foi criada no Templo do Senhor, em Jerusalém. Seu pai se chamava Joaquim e sua mãe Ana. A família do pai era da Galileia, da cidade de Nazaré, enquanto a linhagem da mãe era de Belém. Sua conduta era simples e reta aos olhos do Senhor, irrepreensível e generosa aos olhos dos homens. De fato, dividiam todos os seus bens em três partes: uma era destinada ao Templo e aos ministros do Templo, outra era dada aos peregrinos e aos pobres, e a terceira era reservada para eles mesmos e para as necessidades da família. Assim, eles, caros a Deus e bons para os homens, viveram cerca de vinte anos em um casamento casto, sem procriação de filhos. No entanto, haviam feito o voto de que, se por acaso Deus lhes concedesse descendência, consagrariam a criança ao serviço do Senhor[170].

É claro que, como todo texto hagiográfico, ou seja, toda história de santos, este também tem uma intenção pedagógica: quer ensinar aos bons cristãos como viver. Joaquim e Ana eram um modelo de vida simples e generosa, mas, como Abraão e Sara, como tantos homens e mulheres em cada geração, não podiam ter filhos. O relato narra que tanto um quanto o outro receberam a promessa de um anjo de Deus que lhes anunciava o fim de sua vergonha. Os dois se encontrariam na Porta Dourada de Jerusalém e lá teriam a confirmação das palavras angélicas que lhes haviam sido dirigidas. O beijo entre os dois idosos seria imortalizado por Giotto num admirável afresco na Capela dos Scrovegni, em Pádua. Mas aqui queremos acompanhar os eventos da menina, filha do voto e da promessa, Maria.

---

170. *Libro sulla natività di Maria*, I, in M. Craveri (org.), *I Vangeli apocrifi*, Turim: Einaudi, 1969, p. 217.

Ana então concebeu e deu à luz uma filha, e, de acordo com a indicação do anjo, os pais lhe deram o nome de Maria. Quando se passaram três anos e terminou o tempo da amamentação, levaram a virgem ao Templo do Senhor, com oferendas. Em torno do Templo, correspondendo aos quinze Salmos graduais, havia quinze degraus de subida; pois, como o Templo estava situado sobre um monte, o altar do holocausto, que ficava do lado de fora, só podia ser alcançado por meio dos degraus. Em um desses, então, os pais colocaram a virgem Maria. E, enquanto eles trocavam as roupas usadas na viagem e, conforme o costume, vestiam roupas mais elegantes e limpas, a virgem do Senhor subiu sozinha cada um dos degraus, sem (necessidade da) mão de alguém que a guiasse ou a sustentasse, tanto que, apenas por isso, já se poderia julgar que nada lhe faltava em maturidade. Na verdade, o Senhor, já na infância de sua virgem, realizava algo extraordinário e, com este milagre, mostrava antecipadamente o quão grandiosa ela seria no futuro. Assim, realizado o sacrifício segundo o costume da lei e cumprido o seu voto, deixaram a virgem no recinto do Templo, para que ali fosse educada com (as) outras virgens, e então retornaram para casa[171].

Esse relato é visivelmente inventado. Em primeiro lugar, na tradição judaica nunca havia sido sequer concebido um colégio de meninas no recinto do Templo. É claro que o relato tem um propósito: o de enfatizar a virgindade de Maria no momento da anunciação, da qual fala o Evangelho de Lucas. Também são claros os modelos bíblicos. Joaquim e Ana se comportam exatamente como Ana, a mãe de Samuel: fazem um voto de doar ao Senhor o filho que eventualmente possam gerar. Na leitura medieval do texto, esse novo e autori-

171. Ibid., VI, p. 220.

zado relato de pais que votavam o filho ao serviço do Templo era uma nova e respeitável confirmação da prática da oblação de crianças e, neste caso, especialmente de meninas.

Assim, a pequena Maria se tornava o modelo das pequenas oblatas. A descrição dos anos no Templo tornava-se o exemplo vivo da maneira correta de viver das meninas no mosteiro.

> A virgem do Senhor, de fato, à medida que avançava em idade, avançava também em virtudes e, segundo as palavras do salmista, "o pai e a mãe a abandonaram, mas o Senhor a acolheu". Diariamente era visitada pelos anjos, todos os dias ela desfrutava da Visão divina, que a protegia de todos os males e a fazia abundar em todos os bens. E assim chegou aos 14 anos, de modo que não apenas não se podia imaginar nada de ruim ou censurável a seu respeito, mas todos os bons que a conheciam consideravam sua vida e seu comportamento dignos de admiração[172].
>
> O sumo sacerdote então ordenou que todas as virgens educadas publicamente no Templo, ao alcançarem aquela idade, voltassem para casa e se preparassem para o casamento, conforme o costume de seu povo e a maturidade dos anos. Enquanto todas as outras obedeciam docilmente a essa ordem, apenas a virgem do Senhor, Maria, respondeu que não poderia fazer isso: ela mesma e seus pais, disse, a haviam consagrado ao serviço do Senhor, e, além disso, ela fizera um voto de virgindade ao Senhor e não queria nunca violá-lo com a tradicional união com algum homem[173].

A história então narra o casamento milagroso com o idoso José, que, contra a vontade, foi levado a aceitar Maria. Logo após, com a anunciação, o relato retoma a narrativa evangélica bem conhecida. Como se sabe, Maria não permaneceu no

---

172. Ibid., VII, p. 220.

173. Ibid.

Templo, mas continuou a ser um modelo para as mulheres que ficavam no mosteiro, pois manteve sua virgindade, e sua maternidade milagrosa tornou-se assim um modelo de maternidade espiritual prometida às mulheres que escolhiam a vida monástica. Sua história é bem diferente da de Ifigênia, filha de Agamenon, e da filha de Jefté. Maria não foi oferecida em sacrifício, mas, como Ælfflæd, filha de Oswy, foi prometida ao Senhor, e o voto dos pais foi por ela cumprido.

No entanto, essas mulheres têm uma coisa em comum: a completa submissão, a docilidade, a obediência aos planos divinos e humanos feitos para elas.

De qualquer forma, o modelo de Samuel prevaleceu também para as meninas oblatas, como testemunha a vida de Santa Leoba, escrita por Rudolf de Fulda por volta do ano 836.

> Seus pais eram ingleses, de uma família nobre e cheios de zelo pela religião e pela observância dos mandamentos de Deus. Seu pai chamava-se Dynno, e sua mãe, Aebba. No entanto, sendo estéreis, viveram juntos por muito tempo sem filhos. Após muitos anos e com o início da velhice, perderam toda a esperança de descendência, mas sua mãe teve um sonho em que se via carregando em seu ventre um sino de igreja, que, ao ser retirado com a mão, tocava alegremente. Quando acordou, chamou sua antiga ama e contou-lhe o sonho. A ama disse: "Ainda veremos uma filha nascer de teu ventre, e é teu dever consagrá-la imediatamente a Deus. E como Ana ofereceu Samuel para servir a Deus todos os dias de sua vida no Templo, assim também tu deves oferecê-la, para que, depois de ser instruída nas Escrituras desde a infância, ela o sirva em santa virgindade enquanto viver". Pouco depois de fazer esse voto, a mulher concebeu e deu à luz uma filha, a quem chamou Thrutgeba, apelidada de Leoba, pois era amada, já que esse é o significado de Leoba. E, quando a menina cresceu, a mãe a consagrou e

> a confiou à Madre Tetta para que ela fosse instruída nas ciências sagradas. E como a ama previra que teria grande felicidade, deu-lhe como prêmio sua liberdade[174].

Como se vê, os pais não viam como abandono a oferta de um filho ou uma filha ao mosteiro. Leoba tornou-se uma das mulheres mais cultas de seu tempo. Em 746 deixou seu mosteiro em Dorset e uniu-se à missão junto aos povos da Alemanha, colaborando com Bonifácio, que era seu parente. Participou da fundação dos conventos de Kitzingen e Ochsenfurt. Certamente, teve um papel de destaque na evangelização da Francônia. Foi uma das mulheres mais influentes do século VIII.

174. Rudolf de Fulda, *Vita Leobae*, 6. ed. MGH, SS, 15,1, p. 124.

# 8

# Rábano Mauro e Gotescalco: um conflito em torno da oblação

Nem sempre as crianças oferecidas aos mosteiros ficavam satisfeitas com a escolha dos pais. As fontes não permitem saber quantas, em comparação com as que encontraram sua plena realização no mosteiro, tentaram deixar a comunidade monástica ou se adaptaram a viver num ambiente que não tinham escolhido. Apenas alguns casos, particularmente clamorosos, ficaram registrados. Um deles é o conflito que opôs, na primeira metade do século IX, Rábano Mauro e Gotescalco.

Rábano entrou no Mosteiro de Fulda ainda criança, provavelmente por volta dos 8 anos de idade. Por essa razão, recebeu o apelido de *Mauro*, ou seja, o nome do jovem colaborador de Bento de Núrsia. Em 798-799 foi enviado para receber uma formação adicional na corte de Carlos Magno e na escola monástica fundada por Alcuíno em Tours. Pouco antes da morte de Alcuíno, em 804, Rábano começou a lecionar em Fulda. Dez anos depois foi ordenado sacerdote. Em pouco tempo adquiriu fama e prestígio, sendo considerado o herdeiro de Alcuíno. Depois de se tornar abade de Fulda, em 847, foi escolhido por Luís o Germânico como bispo de Mainz, cargo que ocupou até sua morte em 856.

Rábano tinha sido um bom professor. Em uma carta ao Arcebispo Astolfo de Mainz ele se queixava de que o cuidado das crianças lhe pesava especialmente, pois o impedia de estudar[175]. Em 814, ou imediatamente antes, foi doado ao Mosteiro de Fulda um menino, Gotescalco, talvez de apenas 5 anos, cujo pai falecera pouco antes. Na mesma ocasião, o mosteiro recebeu uma doação em memória do Conde Berno, pai de Gotescalco. Tal doação era grande o bastante para constituir a totalidade da herança do filho e foi incorporada aos bens da abadia de Fulda. Gotescalco foi doado ao mosteiro, provavelmente pela mãe. Alguns anos depois, ou seja, após 822, ano em que Rábano se tornou abade do mosteiro, Gotescalco fez sua profissão monástica e recebeu a tonsura.

Contudo, logo surgiu uma divergência entre Gotescalco, que afirmava ter sido forçado a fazer a profissão monástica, e seu abade. Em 829, um sínodo em Mainz concordou que Rábano impusera o *hábito monástico* a Gotescalco, obrigando-o a emitir os votos. Gotescalco foi reconhecido como livre para ir aonde quisesse. Rábano contestou essa decisão, enviando um longo tratado ao Imperador Luís, no qual refutava os argumentos de Gotescalco. Segundo Rábano, Gotescalco se baseava na lei dos saxões, segundo a qual os pais não têm o direito de privar seu filho da liberdade ao oferecê-lo ao serviço divino e, em todo o caso, um ato como o da oblação era inválido porque as testemunhas eram membros de outra tribo, ou seja, eram francos e não saxões. Razões étnicas não devem ser subestimadas nesse

---

175. Hrabanus, *Epistolae* n. 5: "et pro nutrimento parvulorum, quod non parvam nobis ingerit molestiam, et lectionis facit iniuriam".

conflito. Berno, o pai de Gotescalco, era um conde saxão, uma figura eminente, certamente apoiador do poder dos francos. Talvez ele mesmo tivesse decidido doar o filho a uma abadia imperial, como a de Fulda. O nome Gotescalco, que significa "filho de Deus", pode ser uma pista nesse sentido. No entanto, como dissemos, a doação teria ocorrido após a morte de Berno e talvez os parentes, membros de sua família, tenham apoiado Gotescalco em sua luta para recuperar tanto a liberdade pessoal quanto a herança paterna.

Rábano, como mencionado, apelou ao imperador com um texto totalmente teológico, o *Liber de oblatione puerorum*, que representa a mais completa reflexão sobre o tema da oblação de crianças em todo o período medieval.

> Começamos a escrever contra aqueles que dizem que não é justo que os pais entreguem seus filhos, nascidos livres, ao serviço de Deus, e contra aqueles que, menosprezando o voto que fizeram a Deus, rejeitam o serviço ao qual se consagraram, como se pudessem fazê-lo sem cair em pecado. Eles detestam e desprezam a disciplina monástica, ordenada segundo as regras dos santos padres, considerando-a fundada na autoridade humana e não na divina. Com o testemunho das Escrituras e o exemplo dos santos padres, mostraremos que é legítimo consagrar um filho ao serviço de Deus; e, além disso, que um voto feito a Deus não pode ser abandonado sem cometer um grave pecado; e, finalmente, que a vida monástica foi fundada pela autoridade divina, não pela humana[176].

Como dissemos, trata-se de um texto teológico, mas que apenas num ponto deixa transparecer um debate jurídico-

176. Rábano Mauro, *Liber de oblatione puerorum*, cap. V, in PL 107, col. 421.

-político, quando aborda precisamente o tema das testemunhas, segundo a lei dos saxões.

> Como ouviram dizer que a oblação de crianças muito pequenas deve ser confirmada por testemunhas, essas pessoas procuram uma maneira de realizar, por meio de subterfúgios, os fins perversos que conceberam em suas mentes maliciosas. Elas argumentam sutilmente e, para enganar mais facilmente seus interlocutores e seguidores, tomam como pretexto para o erro a argumentação de que só é permitido convocar uma pessoa da mesma etnia como testemunha para confirmar a verdade da religião católica; por exemplo, afirmam que, no caso de um saxão, um franco ou um romano não podem ser testemunhas, mas deve ser outro saxão. A lei desse povo, dizem elas, não permite que uma pessoa de outra etnia atue como testemunha para limitar a liberdade jurídica de uma terceira pessoa[177].

Rábano demonstra facilmente que, de acordo com a lei divina, uma oblação desse tipo não apenas era permitida, mas recomendada. Seus opositores (ele nunca menciona Gotescalco pelo nome, mas é claro que se refere a ele e a seus apoiadores) não podem colocar a lei dos saxões acima da lei de Deus. Seja como for, é provável que Rábano soubesse que também ganharia o favor do Imperador Luís ao afirmar que as leis dos saxões não poderiam prevalecer sobre as do Império. As argumentações teológicas de Rábano foram, então, decisivas: os pais têm o direito de oferecer os filhos em oblação a Deus em um mosteiro, e esse voto é irrevogável, da mesma forma que os pais têm o direito de batizar seus filhos, e esse sacramento permanece irrevogável.

---

177. Ibid., cap. V, in PL 107, col. 431.

Quem venceu o confronto entre Rábano e Gotescalco? Este último foi autorizado a deixar Fulda, mas teve que renunciar à herança paterna em favor do mosteiro. Em seguida, levou uma vida de monge errante, passando por Corbie, Hautvillers, Orbais (onde foi ordenado sacerdote por um bispo auxiliar), e depois por Roma e pelo norte da Itália. Foi muito respeitado por personalidades eminentes e dedicou-se à evangelização da Província Nórica e da Panônia, chegando até a Bulgária. Em 848 reencontrou-se com Rábano, que, nesse meio-tempo, se tornara bispo de Mainz. Nessa cidade realizou-se um sínodo em que Gotescalco foi convidado a apresentar suas teses sobre a dupla predestinação, segundo as quais tanto os bons quanto os maus são predestinados pela presciência divina à salvação ou à condenação. Suas ideias foram solenemente condenadas.

O conflito entre Rábano e Gotescalco foi, sem dúvida, pessoal: o abade jamais aceitou a traição daquele brilhante discípulo, que, por sua vez, nunca quis recuar. Contudo, por trás desse conflito, havia uma questão fundamental: a própria identidade da vida monástica na época carolíngia. Rábano tinha razão ao afirmar que defendia a vida monástica, que "foi fundada pela autoridade divina e não pela humana".

A verdade é que, a partir das decisões dos sínodos de Aachen em 816-817 e dos comentários à Regra de Hildemar, especialmente no *Liber de oblatione puerorum* de Rábano Mauro, a oblação de crianças nos mosteiros não apenas se tornou uma prática permitida, mas uma forma muito relevante de recrutamento monástico nos territórios do Império. O apoio da autoridade imperial nessa evolução foi decisivo. Os carolíngios consideravam um de seus deveres mais importantes oferecer suporte às igrejas e aos santos mosteiros com a maior piedade e generosidade régia. E os mosteiros viam o soberano como o principal sustentáculo da vida religiosa. Assim, estabeleceu-se uma ligação precisa entre poder político e poder espiritual. Os mosteiros eram locais de poder espiritual, que garantiam a mediação com o céu, indispensável para assegurar o bem-estar de todo o povo.

Na verdade, o poder régio estava bastante interessado em promover a instituição dos oblatas. Os mosteiros eram a principal forja de *escolásticos*, ou seja, da elite intelectual do Império. Os noviços que ingressavam no claustro já adultos precisavam aprender a ler e escrever o suficiente para fazer a leitura do Saltério e recitar as horas monásticas. No entanto, as crianças educadas no mosteiro desde os 7 anos podiam ter uma formação muito mais completa. Por isso, os maiores intelectuais da época, de Beda a Rábano Mauro e Pascásio Radberto, foram todos oblatas desde a infância. Era dessa elite intelectual que se recrutavam bispos e funcionários imperiais. Pode-se supor que a maioria dos monges professos ingressou nos mosteiros como *oblatas*. É emblemática a situação de Saint-Riquier, cuja escola monástica, na época de Angilberto, alimentava e educava cem crianças, sob o mesmo "habitus" e "victus" dos trezentos monges do mosteiro[178]. Em alguns casos, como em São Galo, a presença de um número tão elevado de crianças obrigou a modificar os costumes monásticos, como relatado na *Crônica de Ekkehard*.

> Eram dias de festa em São Galo porque, após uma generosa concessão do Rei Conrado aos estudantes, a escola parava suas atividades todos os anos no dia seguinte ao

---

178. E. Lesne, "Les écoles de la fin du VIII^e^ siècle à la fin du XII^e^", in *Histoire de la proprieté ecclésiastique en France*, IV, Lille, 1938, p. 317 *apud* C. Xodo, *Cultura e pedagogia nel monachesimo alto medioevale*, p. 191.

> Natal, por três dias consecutivos. Durante esse período de férias, Salomão, abade do mosteiro e bispo de Constança, antes de retornar à sua sede episcopal, visitava a escola para observar o comportamento dos "pueri" nesse dia festivo ("dies scholarum"). Nesses dias de festa, os estudantes tinham o direito de aprisionar quem entrasse na escola e mantê-los "usque dum se redimant" [até que se redimissem]. Na qualidade de abade, Salomão achava que não correria tais riscos, mas os jovens, astutamente considerando nele apenas o cargo de bispo, o forçaram a participar do jogo e o fizeram subir ao "salium" do mestre. Então o velho abade respondeu: "Já que estou ocupando a cátedra do mestre, posso exercer seus direitos", e convidou os estudantes a se despirem para receberem as vergas. Todos obedeceram, mas pediram, conforme o costume escolar, a chance de se redimir, exibindo cada um o seu saber. Os mais jovens apresentaram uma amostra de sua formação falando, conforme podiam, em latim; os intermediários recitaram "ritmicamente" e os outros "metricamente", de acordo com os cânones da retórica. Salomão, encantado com a habilidade deles, poupou-lhes a punição e, além disso, concedeu que, durante esses três dias de festa, os estudantes, a partir de então, recebessem alimentos e bebidas no próprio edifício escolar[179].

Alguns desses oblatas se tornaram santos, e é por isso que as *Vidas* narram sua infância e formação no mosteiro, como na *Vida de São Guilherme*, escrita por Rodolfo o Calvo.

> Inúmeros outros presságios auspiciosos se manifestaram nele: omitimos muitos para não cansar o leitor. Certamente, desde a mais tenra idade, seus hábitos se diferenciavam claramente daqueles dos outros meninos,

179. Ekkehard IV, *Cronica*, *apud* C. Xodo, *Cultura e pedagogia nel monachesimo alto medioevale*, p. 221.

a ponto de causar admiração. Por isso, pai e mãe, em total acordo e com o consentimento de todos os parentes, consagraram-no a Deus, destinando-o a servir para sempre em sua casa. Quando ele tinha cerca de 7 anos, conduziram-no ao Mosteiro de São Miguel Arcanjo, chamado Lucedio, onde, entre outras relíquias, veneram-se os ossos do bem-aventurado mártir Januário. Ali, conforme as disposições da regra, entregaram-no ao abade local, que o acolheu com devoção e o revestiu do hábito da profissão monástica. Foi ele quem lhe ensinou os primeiros rudimentos da escrita e, em seguida, o confiou aos cuidados de um professor, que não cansava de se admirar com a rapidez de sua inteligência e os progressos na aprendizagem, pois, em pouco tempo, ele alcançara e superara os colegas mais velhos. Desde então, ele conquistou a admiração entusiástica tanto do abade quanto dos outros confrades. Com o passar do tempo, à medida que envelhecia e se esforçava para servir a Deus com temor e obediência, não lhe faltaram os tormentos da inveja. Ele sofria com isso, mas suportava pacientemente as ofensas, continuando a se esforçar para o aprimoramento de seus detratores. De fato, ele aprendera perfeitamente, primeiro em Vercelli, depois em Pavia, sob orientação segura, as regras da arte gramatical...[180]

Ou então tornaram-se importantes abades, como conta a *Vida de Pedro de Cluny*.

A mãe de Pedro o Venerável, quando estava grávida dele, "apresentou-se um dia diante de São Hugo [abade de Cluny]; este, ao vê-la, lhe disse: "Saiba, senhora, que o fruto do seu ventre já está consagrado a Deus e oferecido a São Pedro [referindo-se a Cluny, cujo patrono era, justamente, São Pedro]". Raingarda respondeu: "Se for um menino, que se faça a sua vontade". "Será um

180. Raoul Glaber, *Vita sancti Willelmi*, II, trad. it. C. Frova, "Istruzione e educazione nel Medioevo", in *RM Reti Medievali*, revista *online*.

> filho, tenha certeza disso", replicou São Hugo. [...] Sua infância e a dedicação que teve em ler e aprender são demonstradas pelos seus feitos futuros[181].

Nesse sentido, pode-se dizer que Rábano Mauro venceu. Com o seu *Liber de oblatione puerorum* ele forneceu as justificativas teológicas para uma prática social que prevaleceria por vários séculos na Idade Média ocidental. Os *pueri oblati* seriam uma instituição respeitada e defendida ainda por muito tempo.

---

181. *Vita Petri Venerabilis auctore Radulpho eius discipulo*, 1, 17, P.L. 189, f. 15, *apud* J. Leclercq, *Pietro il Venerabile*, Milão: Jaca Book, 1991, p. 32.

# 9
# Hermano Contracto

Uma das histórias mais incríveis entre as das crianças oblatas nos mosteiros é, sem dúvida, a do monge Hermano Contracto. Como indica o nome, era uma criança com deficiência física, paralisada, enfim, com limitações. Não era incomum que crianças com deficiência fossem abandonadas em um mosteiro[182]. No decorrer dos séculos, diversos monges se queixaram de que os pais abandonavam seus filhos com deficiência como oblatas. É o caso, por exemplo, de Ulrico de Cluny, numa carta escrita entre 1079 e 1087 a Guilherme de Hirsau:

> Frequentemente me lembro, com alegria e gratidão, de sua promessa de estar atento a certos homens que vivem no mundo, os quais, sem dúvida, preocupando-se apenas com esta vida temporária, quando têm a casa, como digo, cheia de filhos e filhas, se algum deles é coxo ou manco, com alguma surdez, cego, corcunda ou leproso, ou tem algo que o torna menos aceitável no mundo, este, com um voto muito devoto, eles o oferecem a Deus

182. Sobre o tema deste capítulo, cf. G. M. Varanini (org.), *Deformità fisica e identità della persona tra medioevo ed età moderna*, Atas do XIV Congresso de Estudos, organizado pelo Centro Studi sulla Civiltà del tardo medioevo San Miniato 21-23 set. 2012, Firenze University Press, 2015.

> para que se torne monge, embora claramente não o façam por Deus, mas apenas para evitar a responsabilidade de educá-los e sustentá-los, ou para que haja mais oportunidades para os outros filhos[183].

Ulrico certamente não quer ironizar sobre a prática da oblação, mas sobre a escolha de oferecer aos mosteiros apenas filhos com problemas. O destinatário da carta, Guilherme de Hirsau, que evidentemente compartilhava o tom irônico em relação às crianças com deficiência, também tinha sido um menino oblata.

Entre as crianças deixadas no mosteiro por serem problemáticas, nem todas, no entanto, tiveram um destino ruim. O caso de Hermano é exemplar nesse sentido. Sua vida foi narrada por um monge que foi seu discípulo, Bertoldo, que continuou o *Chronicon*, a "História universal" escrita por Hermano. Em poucas páginas, o jovem monge quis relembrar seu mestre, que era extraordinário em muitos aspectos.

> Hermano, que significa grande herói (Herói Magno), filho do piedoso Conde Godofredo, desde a mais tenra idade foi paralisado em seu corpo exterior por uma doença que afetou todos os seus membros; no entanto, em seu interior, pela vivacidade de seu intelecto, foi elevado acima de todos os homens de seu tempo: ele compreendeu por si mesmo as sutilezas de quase todas as artes. Desde os primeiros anos dedicou-se tanto aos estudos, até mesmo em seus momentos livres, e alcançou tamanha habilidade nas letras, tanto seculares quanto divinas, que todos ficavam cheios de espanto e admiração, e de todas as partes vinham [para escutar] seu magistério e doutrina. Contudo, era tão impossibilitado de se mover, devido à fraqueza de todos os seus

183. Ulrico de Cluny, *Epistola nuncupatoria*, in PL 149, cols. 635-636.

> membros, que, sem a ajuda de alguém, não conseguia se deslocar sozinho do lugar onde estava, e às vezes nem sequer conseguia se virar para o outro lado. Ele precisava ser carregado em uma cadeira por um servo, e mal conseguia se manter sentado, todo curvado, para realizar alguma tarefa[184].

A vida de Hermano é a de um grande herói, como sugere uma etimologia fantasiosa, mas seu heroísmo é diferente dos padrões tradicionais. Bertoldo não se detém na família de origem, mas, ao mencionar o nome do pai, permite identificá-la com precisão: Hermano era filho de Godofredo e Hiltrude, condes de Altshausen, portanto, provinha de uma família da alta nobreza alemã. De qualquer modo, sua vida é um paradoxo: Bertoldo explica isso contrapondo o ser humano interior ao ser humano exterior. A referência implícita é a uma passagem de São Paulo: "É por isso que não desfalecemos. Ainda que o ser humano exterior se decomponha em nós, o ser humano interior se renova dia a dia" (2Cor 4,16). Só que Paulo usava essa expressão para descrever o fim de sua vida, enquanto aqui se está falando do início da vida de Hermano. O ser humano exterior, ou seja, seu aspecto físico, estava preso numa doença inexplicável. Até hoje é praticamente impossível determinar a patologia de Hermano: Espinha bífida? Atrofia muscular espinhal? Esclerose lateral amiotrófica? Não é possível dizer com exatidão. O certo é que, como também sugere o apelido que lhe deram, seu ser humano exterior era "contraído", ou seja, atrofiado. O ser humano interior, porém, ou seja, sua inteligência,

184. Bertoldo de Reichenau, "Annales", in *Monumenta Germaniae Historica Scriptores (MGH SS)*, V, 267, Hannover, 1826. A vida de Hermano também tinha sido transcrita por Ludovico Antonio Muratori nas suas *Antiquitates Italicae Medii Aevi*, tomo III, Milão, 1740, p. 933.

era tão extraordinário – como diz Bertoldo – que o elevava acima de todos os homens de seu tempo.

O que aconteceu com o menino com deficiência oferecido ao Mosteiro de Reichenau, numa ilha no lago de Constança? Os monges logo perceberam sua inteligência fora do comum.

> Nesse aspecto, ele era um discípulo admirável da obra divina: embora só conseguisse pronunciar os sons das palavras de forma entrecortada e pouco compreensível (devido à condição de sua boca, língua e lábios prejudicados), ainda assim era para seus ouvintes um catequista eloquente e zeloso, alegre e extremamente dedicado, e muito preparado para as discussões. Em resposta às perguntas de alguns, dizia que ao ser humano moderado falta pouco, embora mal conseguisse escrever algo novo devido aos dedos contraídos, e por mais que estivesse sempre ocupado, com a máxima atenção, ou em exercícios para a utilidade de alguém, ou para as necessidades das celebrações, ou porque lia um pouco para si ou para os outros. Um homem, na verdade, que não se lamentava e não considerava nada humano como alheio a si[185].

Duas qualidades parecem ter despertado a simpatia dos confrades: a primeira era seu senso de humor. Quando alguém lhe perguntava como ele estava (pensando evidentemente em seus grandes sofrimentos), ele respondia com um provérbio, que soa como o ditado "quem se contenta é feliz", mas que poderia ser traduzido como: "nada falta a quem se contenta", o que fazia sorrir ao pensar que a ele faltava quase tudo. A segunda qualidade que deve ter despertado simpatia era sua curiosidade. Bertoldo observa que, apesar de ser "um homem que não se lamentava, não considerava nada huma-

185. Bertoldo de Reichenau, "Annales", in *Monumenta Germaniae Historica Scriptores (MGH SS)*, V, 267.

no como alheio a si". Aqui até mesmo é evocada a frase de Terêncio, "Homo sum, humani nihil a me alienum puto"[186] ["Sou humano, nada do que é humano me é estranho"]. Esse interesse pela humanidade das pessoas ao seu redor tornava o monge Hermano certamente mais humano do que muitos outros.

> E, de fato, [ele era] um executante atento de uma humílima caridade e de uma caridade humilde. Dono de uma paciência admirável, servo zeloso da obediência, amante da castidade, preservador da incorruptibilidade virginal, praticante alegre da misericórdia, verdadeiro pregador católico da fé incorrupta, defensor e invencível promotor da verdade, pedagogo altamente estimado da religião cristã, homem de grande modéstia, sobriedade e continência, como alguém que nunca comeu carne desde a infância. Dedicado à salmodia, à oração e aos louvores divinos litúrgicos e, antes e depois de assumir o sacerdócio – a que foi incentivado por Bernon, abade de Reichenau, um homem santo e sábio, por volta dos seus 30 anos de idade –, permaneceu sempre um fiel administrador de uma vida santa e honesta[187].

Não nos deixemos distrair pelos elogios. Certamente, Hermano tinha qualidades humanas extraordinárias, mas aqui é apresentada uma informação que merece destaque. Ao chegar aos 30 anos de idade ele foi, pela vontade do abade Bernon, ordenado sacerdote. Isso não era algo comum. No Antigo Testamento estava previsto que quem tivesse algum defeito físico não poderia se aproximar do altar de Deus:

> O Senhor falou a Moisés: "Fala para Aarão e dize-lhe: Nenhum de teus futuros descendentes que tenha algum defeito físico poderá aproximar-se para oferecer o ali-

186. Terêncio, *Heautontimorumenos*, v 77.

187. Ibid.

mento de seu Deus. Nenhum homem com defeito físico poderá aproximar-se, seja cego, coxo, desfigurado ou deformado, tenha pé ou mão quebrados, seja corcunda, anão, vesgo, tenha sarna, eczema ou testículo esmagado. Nenhum descendente do sacerdote Aarão, que tenha algum defeito físico, poderá aproximar-se para oferecer os sacrifícios feitos pelo fogo ao Senhor. Tendo algum defeito corporal, não poderá aproximar-se para oferecer o alimento de seu Deus. Poderá comer do alimento de seu Deus, das coisas santíssimas e das santas. Mas não poderá entrar atrás do véu nem aproximar-se do altar porque tem defeito físico. Não deve profanar os recintos sagrados, porque eu sou o Senhor que os santifica" (Lv 21,16-23).

Essas disposições seriam retomadas pelo direito canônico na Idade Média, conforme se lê no *Decretum* de Graciano, que foi escrito no século seguinte ao de Hermano, mas que incorpora disposições praticadas há séculos. Nesse caso, o trecho do Levítico é interpretado em sentido moral, e os defeitos físicos são vistos como defeitos morais. Seja como for, a conclusão é que "é indigno oferecer a Deus aquilo que se considera indigno para o homem"[188]. Cita-se uma carta atribuída ao Papa Gelásio na qual se diz que "Os preceitos dos cânones que regem a disciplina eclesiástica não permitem que os fracos no corpo tenham acesso ao sacerdócio"[189].

No entanto, para Hermano, evidentemente, foi feita uma exceção. Mas certamente essa não é a única exceção na vida desse monge. Bertoldo explica:

188. *Decretum Gratiani*, Dist. XLIX, C. II, 1, p. 145.

189. Ibid., Dist. LV, C. XII, p. 176: "Praecepta canonum, quibus ecclesiastica regitur disciplina, [...] non paciuntur uenire ad sacerdotium debiles corpore".

> Esforçando-se por ter uma afabilidade extraordinária, benevolência e todos os tipos de alegria e humanidade, [Hermano] mostrava-se para todos como alguém amável e moderado, que, ao se fazer tudo para todos, era amado por todos. No entanto, foi um adversário e combatente incansável da iniquidade, da injustiça e de toda mesquinhez e malícia, ou de qualquer coisa que fosse contra Deus, e assim permaneceu feliz até o fim de sua vida[190].

E então, acertadamente, ele se dedica a descrever a grande produção científica de Hermano, que se estendia da astronomia à geometria, à poesia, à música, à hagiografia e, por fim, à história e à teologia moral.

> Ele dominou, portanto, a razão, as regras e numerosos temas, e nisso superou consideravelmente todos os predecessores. Escreveu e organizou tudo de maneira muito elegante e, entre outras coisas, tornou-se extremamente perito nas regras sobre o movimento natural da lua, graças às quais se sabe com clareza em qual hora do dia ou da noite ela é iluminada pelo sol. Descobriu regras muito precisas para prever os eclipses da lua. Sendo também bastante hábil em geometria, foi dotado de tanto conhecimento e sutileza nessa arte como poucos entre os grandes, e, com sua razão natural, descreveu tudo em ordem, usando números e figuras. Embora não fosse um especialista em música, compôs versos de extraordinária doçura sobre São Jorge, os santos Jordano e Epímaco, Santa Afra, mártir, São Magno, confessor, e São Wolfgang, bispo, junto com muitos outros, anotando tanto a música quanto a letra. Compôs este livrinho, as *Crônicas*, com a máxima diligência, partindo da encarnação do Senhor até chegar aos seus dias, reunindo

---

190. Bertoldo de Reichenau, "Annales", in *Monumenta Germaniae Historica Scriptores (MGH SS)*, V, 267.

> [as informações] de maneira laboriosa e cuidadosa de várias fontes. Descreveu muito bem os feitos dos imperadores Conrado e Henrique. Redigiu poeticamente um belo livro sobre os oito vícios principais, em versos de métrica variada. Não havia ninguém que o igualasse na construção de relógios, instrumentos musicais e mecânicos. Em todas essas coisas, e em muitas outras semelhantes, que agora não há tempo para recordar, apesar de sua fraqueza, ele sempre continuou a estudar[191].

Como podemos ver, tratava-se de uma cultura multifacetada, uma inteligência superior que ainda hoje suscita admiração. Encontram-se referências a Hermano em histórias da matemática, mas também em histórias da liturgia ou da música. Em todos os campos, sua abordagem nunca era convencional, mas capaz de abrir novas perspectivas.

Apenas para dar um exemplo. Hermano interessou-se pela duração do mês lunar. Ele partiu do dado conhecido de que a lua e o sol retornam à mesma posição a cada 19 anos. Ora, 19 anos contêm 6.939,75 dias e 235 meses lunares. Para calcular a duração do mês lunar é necessário dividir o número de dias pelo número de meses lunares, ou seja, 6.939,75 ÷ 235 = 29,53. O problema, para Hermano, era que em sua época não se conhecia o cálculo com números decimais. Para ele, o dia era dividido em 24 horas, cada hora era dividida em 40 momentos e cada momento contava com 348 átomos. O resultado ao qual Hermano chegou foi que o mês lunar durava 29 dias, 12 horas, 29 momentos e 348 átomos. Esse resultado é exatamente o que hoje pode ser verificado.

No entanto, Hermano foi amado sobretudo por sua música. Nos séculos posteriores, a ele foram atribuídos alguns

---

191. Ibid.

dos hinos mais importantes da liturgia católica: o *Salve Regina*, o *Veni Sancte Spiritus* e o *Alma Redemptoris Mater*. Essas atribuições são discutidas hoje pelos especialistas, mas o simples fato de terem sido atribuídas a ele atesta o prestígio de que Hermano desfrutava mesmo após sua morte. É provável que esses hinos tenham sido alterados e modificados ao longo dos séculos, mas permanece uma grande possibilidade de que os hinos ainda hoje cantados se baseiem naqueles efetivamente escritos por Hermano.

Em certo sentido, é impressionante pensar que alguns dos versos mais comoventes já escritos sobre a Virgem Maria, saudada como *vida, doçura e esperança nossa*, foram escritos por um monge com deficiência, que, ainda criança, foi deixado pela mãe em um mosteiro.

# 10

# Um grande educador: Anselmo de Cantuária

No entanto, nem todos tinham o mesmo comportamento de Rábano em relação a Gotescalco. Nem todos praticavam uma pedagogia repressiva. Há diversos exemplos de monges que revelam outra sensibilidade. Um dos casos mais conhecidos é o de Anselmo. Esse grande intelectual, que era proveniente de Aosta, mas depois foi monge e abade do Mosteiro de Bec e terminou seus dias como arcebispo de Cantuária, foi também um grande pedagogo. Em sua *Vida*, escrita logo depois de sua morte pelo monge Eadmer, vários capítulos descrevem sua atitude em relação aos jovens, especialmente o capítulo XI, intitulado "A razão pela qual se dedicava mais aos jovens, visando seu crescimento, do que aos demais".

> Ele dedicava o máximo cuidado aos adolescentes e jovens, e, aos que lhe perguntavam o motivo, respondia com uma metáfora. Comparava a juventude à cera, amolecida na medida certa para receber a marca do selo. "Pois", dizia ele, "se a cera é muito dura ou muito mole, não recebe perfeitamente a figura impressa no selo.

Mas, se a dureza e a maciez estão em justa medida, a cera pode ser marcada com o selo, e então a imagem do selo nela se destaca nítida e íntegra. Assim também são as idades do homem. Tomemos o caso de um homem que, da infância até a velhice avançada, passou a vida nas vaidades deste mundo, deleitando-se apenas com as coisas terrenas e completamente fixado nelas. Tente falar com ele sobre as coisas espirituais e a profundidade da contemplação divina; ensine-o a explorar os segredos celestiais: você perceberá que ele não será capaz de ver nada do que você deseja. E não há motivo para se surpreender. A cera endureceu; ele não passou a vida nessas coisas, mas aprendeu a seguir coisas completamente diferentes. Por outro lado, pegue o caso de uma criança, ainda muito jovem e ignorante de saber, inexperiente em discernir o bem e o mal, que nem sequer consegue compreender suas discussões sobre o tema. Nesse caso, a cera certamente está mole e quase líquida, totalmente inadequada para receber a marca do selo. Entre esses dois se coloca o adolescente e o jovem, nos quais a maleabilidade e a dureza estão convenientemente amalgamadas. Bem, se você lhes der ensinamentos, conseguirá moldá-los como desejar[192].

Quem era Anselmo? Antes de tudo, talvez não por acaso, não tinha sido uma criança oblata, pois ingressou no mosteiro já adulto, após a morte de seu pai. Ele conservaria uma viva lembrança de sua infância no Vale de Aosta, testemunhada na passagem de sua biografia que relata uma visão que teve quando criança.

Quando era pequeno, Anselmo ouvia com prazer – conforme sua idade permitia – as conversas de sua mãe. E, ao ouvir que há um único Deus no céu, que governa

192. Eadmer, *Vita sancti Anselmi*, XI, ed. crítica S.W. Southern, trad. it. S. M. Malaspina, Milão, 2009, p. 45.

e contém todas as coisas, imaginou, como uma criança criada entre montanhas, que, como o céu, onde está a morada de Deus, paira sobre as montanhas, ele poderia alcançá-la passando por essas montanhas.

Voltando frequentemente a pensar sobre isso, aconteceu que, certa noite, ele teve uma visão em que deveria subir até o cume da montanha e chegar à morada do grande rei Deus. Entretanto, antes de começar a subida, viu na planície aos pés da montanha algumas mulheres, servas do Rei, que faziam a colheita dos grãos com muita negligência e má vontade. Desapontada e irritada com a negligência delas, a criança decidiu denunciá-las ao rei. Assim, escalando a montanha, chegou à casa real. Encontrou o senhor sozinho com um de seus servos, pois parecia que ele enviara – ou assim lhe pareceu – sua família para fazer a colheita. Ao entrar, a criança foi chamada pelo senhor. Anselmo se aproximou e sentou-se aos seus pés. Questionado com amável cordialidade sobre quem era, de onde vinha e o que desejava, ele respondeu às perguntas com o que sabia. Então, a pedido do senhor, o servo lhe trouxe um pão muito branco, e ele comeu ali mesmo. No dia seguinte, lembrando-se do que vira, sendo ainda uma criança simples e inocente, acreditou verdadeiramente que estivera no céu e comera o pão do Senhor, e afirmava isso publicamente para todos[193].

Esse relato é bastante interessante por vários motivos. Antes de tudo, não há dúvida de que foi contado pelo próprio Anselmo. O grande intelectual não tem medo de contar que, quando criança, acreditava que das montanhas era possível subir até o céu. Ele também não hesita em dizer que se tratava de um sonho, que tivera durante a noite, mas que, quando criança, ao acordar, acreditava realmente ter vivido o que

193. Ibid., II.

vira. Pode-se dizer que este é um dos primeiros sonhos de criança registrado por escrito na história.

Essa sensibilidade de Anselmo em relação à infância se manifesta em outro caso, relatado também em sua *Vida*, no qual ele teve que lidar com um pequeno oblata rebelde. Podemos afirmar que sua estratégia foi totalmente diferente da usada por Rábano Mauro com Gotescalco.

> Um certo Osberno, ainda adolescente, era monge no mesmo mosteiro. Dotado de uma mente perspicaz e de mãos habilidosas para produzir uma série de trabalhos, com as excelentes capacidades que possuía, suscitava a esperança de um bom futuro. Contudo, seu comportamento muito perverso obscurecia seu valor, sem falar do ódio que, como um cão raivoso, nutria contra Anselmo. Este, sem dar muita importância àquele ódio, no vivo desejo de conciliar seu comportamento com a inteligência do jovem, começou com santa astúcia a conquistá-lo com atenções amorosas, a relevar bondosamente suas travessuras, a conceder-lhe muitas coisas que podiam ser toleradas sem prejudicar a disciplina monástica, permitindo que sua idade encontrasse diversão e seu espírito indomado se curvasse e se tornasse dócil[194].

Os resultados dessa estratégia não demoraram a aparecer.

> O jovem se alegrou com tais atitudes, e, pouco a pouco, seu ânimo foi se acalmando. Ele começou a amar Anselmo, a aceitar seus conselhos e a mudar seu comportamento. E Anselmo, percebendo isso, o abraçava, sustentava e nutria mais do que a qualquer outro, instruindo-o e incentivando-o a progredir cada vez mais em todas as coisas. Desde então, aos poucos, ele retirou os pequenos privilégios que lhe concedera e o levou a alcançar uma

194. Ibid., X, trad. it. S. Malaspina, Milão, 2009, p. 39.

> honesta maturidade de costumes. Sem se decepcionar com sua atenciosa solicitude, seus conselhos sagrados beneficiaram e fortaleceram o jovem. Assim, quando tinha dúvidas sobre a firmeza do compromisso do adolescente, ele eliminava imediatamente qualquer atitude infantil e, se percebia algo a ser repreendido, não só o corrigia com palavras, mas também com a vara, quando necessário. E quanto a ele? Suportava tudo com serenidade, fortalecido no propósito de vida religiosa, fervoroso no exercício de aprender toda boa ação, acolhendo pacientemente as ofensas, insultos e maledicências dos outros, conservando por todos um sincero afeto de amor. O pai se alegrava com essas coisas, mais do que se pode dizer, e amava aquele filho com um santo ardor de caridade, mais do que se pode imaginar[195].

Como podemos ver, os métodos usados ainda são os da disciplina. Anselmo também não deixa de usar a vara quando considera necessário. O que mudou, no entanto, foi a atitude: Anselmo não tem medo da criança, acredita que pode corrigi-la aos poucos, mais com o amor do que com o castigo. Essa abordagem fica ainda mais evidente em outro episódio, também relatado na *Vida* escrita por Eadmer.

> Certa vez, um abade, considerado muito religioso, conversava com ele sobre os que viviam na vida monástica e, entre outras coisas, falava das crianças criadas no claustro, acrescentando: "Eu me pergunto o que fazer com elas? São perversas e incorrigíveis, não paramos de espancá-las dia e noite, mas elas ficam cada vez piores". A essas palavras, Anselmo, surpreso, reagiu: "Vocês não param de espancá-las? E quando forem adultos, que tipo de adultos serão?" "Idiotas", disse o abade, "e bestiais". Mas Anselmo retrucou: "Com que bom resultado

195. Ibid., X, trad. it. S. Malaspina, Milão, 2009, p. 41.

> vocês gastam seu sustento, se de homens fazem bestas?" "E nós", quis saber o abade, "o que podemos fazer? De todas as maneiras as obrigamos a melhorar, mas elas não melhoram de forma alguma"[196].

É claro que o diálogo questiona um dos princípios fundamentais da pedagogia antiga e medieval: o uso de métodos coercitivos. O problema que Anselmo expõe claramente é o da utilidade dos castigos corporais.

> Vocês as obrigam? Diga-me, por favor, senhor abade, se você planta uma árvore no seu jardim e, em seguida, a cerca por todos os lados, de modo que ela não possa estender seus ramos para lugar nenhum, se, após anos, você a libertar, que tipo de árvore acredita que terá produzido? Imagino uma árvore inútil, com galhos curvados e emaranhados. E de quem será a culpa, senão sua, que a cercou sem moderação? Certamente vocês fizeram o mesmo com suas crianças: foram plantadas, como oblação, no jardim da Igreja para que cresçam e frutifiquem para Deus. Vocês, no entanto, as têm oprimido tanto com terrores, ameaças e espancamentos que não lhes é permitido desfrutar de nenhuma liberdade. Assim, oprimidas indiscriminadamente, conceberam em seus corações pensamentos maldosos, retorcidos como espinhos, que crescem, se alimentam e se sustentam tanto desses pensamentos, que evitam, com mente obstinada, qualquer coisa que possa corrigir tais pensamentos.
>
> Por isso, acontece que, como não sentem em vocês nenhum amor, nenhuma compaixão, nenhuma benevolência ou doçura para com elas, também não esperam nada de bom de vocês; ao contrário, acreditam que todas as suas ações nascem do ódio e da inveja contra elas. Acontece, então, de forma miserável que, à medida que crescem fisicamente, também cresce nelas o ódio

---

196. Ibid., livro I, n. 22.

> e a suspeita de todo mal, sempre inclinadas e prontas para os vícios. Como não foram nutridas na verdadeira caridade, nada saberão observar a não ser com sobrancelhas levantadas e olhar sombrio. Mas, por Deus, quero que me digam, por que motivo vocês foram tão hostis com elas? Não são pessoas? Não são da mesma natureza que vocês também são? Ou gostariam que fizessem com vocês o que vocês fazem com elas? Se o que elas são vocês realmente são? Mas que seja. Vocês querem moldá-las para as boas maneiras apenas com pancadas e chicotadas? Já viram algum artista moldar uma bela imagem a partir de uma lâmina de ouro só com pancadas? Não creio. E então? Até que a lâmina se adapte à forma, ora ele a pressiona suavemente e a golpeia com seu instrumento, ora a levanta e a modela delicadamente com apoio suave. Da mesma forma, se querem que suas crianças sejam bem-educadas, é necessário que, junto com as repreensões verbais, usem com elas o apoio e o conforto da piedade e da doçura paterna[197].

É difícil subestimar a importância dessas palavras. Anselmo reitera a inutilidade de uma abordagem pedagógica baseada na violência. Os exemplos da árvore e do ourives descrevem bem o projeto educativo proposto por ele. Não se trata apenas de reprimir, mas também de encorajar e apoiar.

> A essas palavras, o abade respondeu: "Que conforto? Que apoio? Nós nos esforçamos para que enfrentem dificuldades graves e repentinas". Ao que Anselmo retrucou: "Muito bem, tanto o pão quanto o dinheiro são úteis e bons, vantajosos para quem os usa. Mas, se você retira o leite e quer alimentar um bebê, verá que ele se sufocará em vez de se satisfazer. Por quê? Não preciso explicar, pois é evidente. No entanto, lembrem-se de que, assim como o corpo, seja ele frágil ou forte, precisa

197. Ibid.

> de um alimento adequado para sua constituição, assim também a alma, frágil ou forte, necessita de um alimento apropriado para sua condição. A alma forte precisa e se alegra com alimento sólido, como a paciência nas tribulações, o não desejar as coisas alheias, oferecer a outra face a quem nos golpeia numa face, rezar pelos inimigos, amar quem nos odeia, e muitas outras coisas do tipo. Já a alma frágil e ainda tenra no serviço de Deus precisa de leite, ou seja, da mansidão dos outros, da benevolência, da misericórdia, da consolação alegre, da tolerância caridosa, e muitas outras coisas semelhantes. Se vocês se adaptarem de tal maneira aos seus irmãos, tanto aos fortes quanto aos fracos, pela graça de Deus, conquistarão todos eles, na medida do que lhes for possível"[198].

A alma forte é diferente da alma frágil. Nessas palavras, Anselmo revela toda a sabedoria da pedagogia monástica. Quem fala é, antes de tudo, um verdadeiro "pastor de almas", como desejava Gregório Magno, e, precisamente por isso, também é um grande educador. Na qualidade de abade, Anselmo aprendeu a "discernir", isto é, a compreender profundamente a alma de seus monges e aplica os mesmos critérios também aos monges crianças, ou seja, aos oblatas, que eram educados no mosteiro.

198. Ibid.

# 11
# Pedro Damião e Gomorra

Um dos problemas da educação monástica, sobre o qual ainda não falamos, é que era uma educação da qual as mulheres eram excluídas. Os monges, os noviços, os oblatas, todos eram do sexo masculino. Essa ausência de mulheres num ambiente exclusivamente masculino não era isenta de consequências. Um dos problemas mais agudos certamente foi o da sexualidade.

A abordagem monástica para a questão sexual era estritamente repressiva: os impulsos da carne eram considerados fruto e origem do pecado e, portanto, deviam ser simplesmente reprimidos. Um episódio da vida de Anselmo de Cantuária pode ilustrar essa perspectiva.

> Um dos jovens do mosteiro fez o voto de nunca tocar, sob nenhuma circunstância, os próprios órgãos genitais. No entanto, o demônio, invejoso desse voto, o fez sentir uma dor e um espasmo tão lancinantes naquela região do corpo que o jovem não conseguia suportá-los. Sentia sua carne pesar como se uma massa de chumbo muito pesada pendesse naquela parte do corpo, puxando-o para o chão. Incapaz de disfarçar o enorme desconforto, quando questionado por Anselmo sobre o que estava

> acontecendo, não pôde esconder a verdade. Exortado a verificar, tocando-se com a mão, qual era a natureza de sua enfermidade, recusou-se por pudor, temendo violar seu voto. Então, Anselmo, levando consigo um irmão muito idoso e piedoso, conduziu o jovem afetado por aquele mal para um lugar reservado, com o objetivo de entender o tipo de enfermidade que ele tinha e ajudá-lo na medida do possível. O que se pode dizer? Para grande surpresa foi encontrada uma carne completamente saudável. Imediatamente, todo tormento demoníaco cessou, e nunca mais afligiu aquele jovem, que foi libertado de tamanho espasmo apenas pelo olhar paternal de Anselmo, que concluiu que "tudo é puro para quem é puro"[199].

No caso de Anselmo, o episódio é narrado para ilustrar a pureza do olhar do santo. Contudo, essa ênfase revela sua excepcionalidade. Pode-se imaginar que, em todas as comunidades exclusivamente masculinas, os olhares dirigidos às crianças nem sempre tenham sido tão puros. O problema dos abusos sexuais deve ter preocupado os legisladores monásticos desde os primórdios do monasticismo. Não por acaso, já nas *Regras* de Pacômio lemos:

> Se um irmão for surpreendido rindo ou brincando de forma demasiado prazerosa com crianças e desenvolvendo amizades com pessoas de idade pueril, será advertido três vezes para que se afaste dessa familiaridade e se lembre da honestidade e do temor de Deus. Se não desistir, será corrigido com um castigo severíssimo, como merece[200].

---

199. Eadmer, *Vita sancti Anselmi*, XIV, trad. it. S. M. Malaspina, Milão, 2009, p. 49.

200. *Regra*, 166 [Preceitos e juízos, n. 7]: Si deprehensus fuerit aliquis e fratribus libenter cum pueris ridere et ludere, et habere amicitias aetatis infirmae, tertio commonebitur, ut recedat ab eorum necessitudine, et memor sit honestatis et timoris Dei; si non cessaverit, corripietur, ut dignus est, correptione severissima.

Há disposições semelhantes também na chamada *Regula Orientalis*, observada nas comunidades ao redor de Lérins[201]. Entre os séculos X e XI, Burcardo, bispo de Worms, reuniu em vinte livros as *Regulae Ecclesiasticae*, também conhecidas como *Decreto de Burcardo*. Nessa coletânea há um capítulo intitulado "Sobre o padre ou o monge molestador".

> Um monge ou clérigo que moleste adolescentes ou crianças, ou que seja flagrado dando um beijo ou em outra ocasião torpe, deve ser publicamente açoitado e ter sua tonsura removida; assim, com a cabeça raspada, deve ser coberto de escarros no rosto. Além disso, deve cumprir seis meses de prisão acorrentado, jejuando três vezes por semana, com apenas uma refeição diária de pão de cevada.
>
> Após esse período deve permanecer por mais seis meses isolado num pequeno pátio, sob a vigilância de um [monge] mais velho e espiritual, dedicando-se a trabalhos manuais e à oração, submetendo-se a vigílias e orações. Durante todo esse tempo, deve andar sempre sob a guarda de dois irmãos espirituais, sem manter qualquer tipo de conversa ou interação imprópria com jovens[202].

Burcardo atribuiu erroneamente essas palavras a Basílio de Cesareia. Embora a atribuição careça de fundamento, ela revela como, no auge da Idade Média ocidental, sentia-se a necessidade de reforçar a severidade das normas com a autoridade de uma figura muito eminente.

Naturalmente, as fontes não permitem saber com precisão se e quantos episódios de abuso sexual contra menores

---

201. *Regola orientale*, XVIII, 1, trad. it. in *La Regola di san Benedetto e le Regole dei Padri*, Milão: Fondazione Lorenzo Valla /Arnoldo Mondadori Editore, 1995.

202. Burcardo, *Decretum*, XVII, 35.

ocorreram nos claustros monásticos ao longo dos séculos. No entanto, a severidade e a repetição constante das normas destinadas a combater esses abusos sugerem que o problema era percebido como grave. É evidente que esses comportamentos encontravam terreno favorável com a prática da oblação de crianças. Em locais onde viviam dezenas, às vezes até centenas, de menores entre 7 e 14 anos, em instituições fechadas e exclusivamente masculinas, é provável que tenham ocorrido casos de abuso.

A certa altura, a situação parece ter ultrapassado todos os limites. Ao menos é essa a impressão que se tem ao ler um texto muito significativo, o *Liber Gomorrhianus*, de Pedro Damião. Para compreender o valor desse texto é preciso situá-lo em seu contexto histórico. Estamos em pleno século XI, durante a Reforma da Igreja, da qual o próprio Pedro Damião será um dos protagonistas, junto com Hildebrando de Soana (o futuro Papa Gregório VII). A vida de Pedro Damião será escrita, após sua morte, pelo discípulo João de Lodi, obviamente com um propósito celebrativo. Contudo, essa biografia fornece informações de primeira mão sobre o protagonista. As descrições de sua infância são extremamente duras.

> Os primeiros anos de vida do ilustríssimo e santíssimo Pedro Damião podem suscitar admiração em qualquer pessoa, pois foram tão humildes e árduos que, ao conhecê-los, dificilmente alguém acreditaria que, sem uma intervenção divina, poderia ter surgido um homem tão grande e ilustre, que daria brilho à Igreja com sua eloquência e santidade de vida. Logo após a mãe tê-lo dado à luz com grande dificuldade, os numerosos irmãos mais velhos começaram a perseguir o bebê com um ódio perverso. Por ter nascido mais um filho após tantos outros, um dos irmãos mais velhos exclamou indignado: “Como

você acha que esta única casa poderá abrigar todos esses herdeiros?" Desde então, a mãe começou a alimentar o bebê com má vontade e a lhe dar leite muito a contragosto. Assim, a criança estava morrendo pouco a pouco de fome e frio. Mas Deus onipotente, que decidira trazê-lo ao mundo para a glória da Igreja, não o deixou desamparado por muito tempo. Ele inspirou o espírito de uma certa mulher, que tinha acesso à mãe, a repreendê-la pelos maus-tratos ao bebê, dizendo: "A leoa e a tigresa nutrem seus filhotes com amor admirável, e você, seu próprio filho, criado à imagem de Deus, ignora seus instintos maternos e o trata tão cruelmente? Não percebe que um dia este seu filho pode alcançar um lugar ilustre entre os seus?" Essas palavras tocaram o coração da mãe, que corou de vergonha e, como se movida por um sonho celestial, passou a olhar o bebê com novos olhos e a tratá-lo com cuidado materno. No entanto, aquele que fora recebido com tanta hostilidade estava fraco e rígido, parecendo mais uma sombra de criança do que uma criança em si, e cresceu com pouca forma e força. Tendo começado a vida como lactente no ódio, também foi criado nele durante a infância. Após a morte dos pais, um dos irmãos, o mais velho, junto com a esposa, passou a atormentá-lo de diversas maneiras, tratando-o como um servo humilde, com desprezo e crueldade execráveis. Não me detenho no tipo de alimento, mais apropriado para porcos do que para seres humanos, nem na falta de cuidado com o corpo: suas vestes eram imundas, os pés andavam descalços. Não menciono outras coisas que você dificilmente toleraria ver em um mendigo em extrema pobreza[203].

Após anos de privações, o menino foi entregue aos cuidados do irmão Damiano (de quem herdaria o nome), que era arcipreste e o tratava com rigor, embora lhe proporcionasse uma educação. Damiano o enviou primeiramente à escola

203. João de Lodi, *Vita Petri Damiani*, in PL 144, col. 145-147.

monástica de Faenza e depois à escola catedral de Parma. Ali, Pedro Damião recebeu uma sólida formação literária, teológica e de direito canônico, a ponto de, ao voltar para Ravena, exercer a profissão de professor de Retórica. Aos 30 anos, Pedro Damião recebeu a visita de dois monges vindos do eremitério de Fonte Avellana e decidiu abandonar tudo para viver naquele mosteiro, onde moravam cerca de vinte monges, divididos em celas, de dois em dois, seguindo os ensinamentos de um monge reformador chamado Romualdo (sobre o qual mais tarde o próprio Pedro Damião escreveria a obra *Vida*).

Logo Pedro Damião expandiu seus horizontes: não se dedicava apenas ao Mosteiro de Fonte Avellana, mas também a todas as novas comunidades eremíticas da região das Marcas. Paralelamente, foi convidado diversas vezes a ir a Roma, onde o movimento reformador começava a se desenvolver durante o pontificado do Papa Leão IX. Em 1057 foi nomeado cardeal com o título de bispo de Óstia pelo Papa Estêvão IX. Por mais de dez anos foi a figura mais importante da hierarquia católica depois do papa. Contudo, em 1067, renunciou ao episcopado para retornar à sua amada vida eremítica.

Pedro Damião escreveu o *Liber Gomorrhianus* em 1049, o mesmo ano em que um sínodo romano[204] (do qual ele participou) condenou a simonia e a incontinência do clero e um sínodo em Mogúncia proibiu, para o futuro, a admissão de indivíduos muito jovens nos mosteiros[205]. O livro foi escrito porque, na visão de Pedro Damião, a situação da Igreja, em particular das comunidades monásticas, se tornara insustentável.

---

204. Cf. Edward H. Landon, *A Manual of Councils of the Holy Catholic Church*, Edimburgo: John Grant, 1909, vol. 2, p. 103.

205. Cf. C. J. Hefele, *Histoire des conciles*, IV, 2, Paris, 1911, 1013-1024.

> Em nossas regiões espalhou-se um vício verdadeiramente abominável e ignominioso; e, se não for prontamente detido com a imposição de um castigo severo, a espada da ira divina pairará sobre nós, pronta para conduzir muitos à ruína. Ah! É vergonhoso até mesmo falar sobre isso, é uma vergonha levar aos vossos sagrados ouvidos uma infâmia tão vil! Mas, se até o médico sente horror diante das secreções infectas das feridas, quem poderá administrar o remédio? Se até aquele que está tratando sente repulsa, quem poderá trazer os corações doentes de volta ao estado de saúde? O câncer da infecção sodomítica está se infiltrando a tal ponto na ordem eclesiástica, ou melhor, está devastando, como uma fera sanguinária, o redil de Cristo com tamanha audácia e liberdade, que, para a salvação da alma de muitos, teria sido melhor viverem oprimidos sob o jugo de uma vida secular passada no mundo do que se submeterem voluntariamente à tirania férrea do demônio sob o pretexto de uma vida religiosa[206].

O ataque frontal é contra a homossexualidade masculina, mas o problema implícito é o da pedofilia, como se depreende das palavras imediatamente seguintes.

> Teria sido melhor morrer sozinhos com as vestes seculares do que, tendo mudado apenas a roupa, mas não o cérebro, provocar a própria ruína e a de outros, pois a Verdade diz: "A quem escandalizar um destes pequeninos, seria melhor que lhe amarrassem uma pedra ao pescoço e o lançassem nas profundezas do mar"[207].

A citação evangélica elimina qualquer dúvida: o escândalo é para os *pusillis*, os menores, as crianças. É contra o câncer (para usar as palavras de Pedro Damião) dos abusos contra

---

206. Pedro Damião, *Liber Gomorrhianus* 3-7, trad. it. E. D'Angelo, Turim: Ed. dell'Orso, 2001, p. 113.

207. Ibid. Mt 18,6.

os pequeninos que o monge eremita escreve o seu *Liber*. As palavras utilizadas são muito contundentes:

> É um crime inaudito, um delito que se deve chorar com todas as lágrimas que os olhos podem derramar. Se devem ser condenados à morte aqueles que permitem tais atos, que suplício digno pode ser imaginado para aqueles que cometem esses pecados, para a extrema danação, com seus próprios filhos espirituais? [...] Pois está escrito que a filiação espiritual é superior à carnal. Quem admite alguém do mundo à ordem eclesiástica gera um filho para Deus, exatamente como quem o batiza [...]. Deve-se considerar com muito mais indulgência morrer espiritualmente sozinho do que arrastar outro para a destruição da morte junto consigo[208].

O retrato pintado por Pedro Damião é suficientemente claro: havia monges que, aproveitando-se de sua condição de autoridade (abades, mestres de noviços, responsáveis pelos oblatas), ao invés de promover o crescimento humano e espiritual das crianças e dos adolescentes que lhes eram confiados, os usavam para satisfazer as próprias pulsões sexuais, arrastando-os, como diz o *Liber*, para a ruína eterna. O pior é que não se trata apenas de desvios pessoais, mas de um costume que se infiltrou na vida de diversas comunidades monásticas, criando redes de solidariedade no mal, que promovem e escondem o que está acontecendo.

> Agora, para que os sistemas insidiosos do demônio fiquem bem claros, farei com que venham à luz as tramas que ele constrói junto com seus cúmplices na oficina da antiga malícia. Não permitirei que permaneça oculto que alguns, saturados pelo veneno deste crime, ao terem uma espécie de arrependimento, para evitar que a

208. Pier Damiani, *Liber Gomorrhianus*, 91-102; trad. it., p. 127.

> notícia de seus atos chegue aos ouvidos de alguém, se confessam entre si; e, enquanto se envergonham diante dos outros homens, tornam-se juízes de si mesmos e se concedem reciprocamente aquele perdão repugnante que cada um deles deseja receber![209]

A descrição de Pedro Damião é suficientemente detalhada. A punição para um eclesiástico que fosse descoberto culpado de um pecado sexual era a suspensão da faculdade de celebrar os sacramentos. Além disso, essa punição tornava público o comportamento do culpado, pois todos se perguntariam por que determinado sacerdote não podia mais celebrar. Para voltar a celebrar, o clérigo tinha de confessar seus pecados e obter o perdão. Contudo, a solução para quem desejasse escapar disso era simples: confessar seus pecados a um confrade que também sabia estar envolvido nas mesmas culpas. Dessa forma, com absolvições privadas, eles podiam continuar a celebrar os sacramentos, mantendo uma aparência de respeitabilidade. Na prática, porém – e essa é a acusação contundente de Pedro Damião –, formavam-se confrarias malignas, cujo único objetivo era ocultar as ações repreensíveis de seus membros.

A solução proposta por Pedro Damião é dupla. Por um lado, ele encoraja os responsáveis a fazerem penitência e a mudarem de vida; por outro, conclama o pontífice a intervir com normas adequadas para excluir definitivamente os reincidentes da ordem eclesiástica.

> Considere dentro de si, caríssimo irmão, quem quer que você seja, todas essas coisas, e prepare-se para conservar sua carne pura da infecção da luxúria, para que saiba, conforme o ensinamento do Apóstolo, "manter o pró-

209. Ibid., 103-104; trad. it., p. 129.

> prio corpo com santidade e respeito, não como objeto de paixões e luxúria, como os pagãos que não conhecem a Deus". Cuide para não cair no precipício, se ainda está de pé; e, se já caiu, estenda com confiança a mão para o gancho da penitência, que está sempre ao alcance[210].

Mas, em conclusão, solicita-se a intervenção papal:

> Agora, a ti, beatíssimo papa, dirijo-me ao final deste opúsculo; a ti reconduzo o ponto crucial desta narrativa, de modo que o encerramento da obra volte justamente àquele a quem foi dirigido o início. Consequentemente, peço-te e imploro humildemente que a tua clemência – se é permitido dizê-lo – examine o quanto antes as normas dos cânones, que, de resto, conheces perfeitamente [...]; em particular, é necessário esclarecer por quais motivos o culpado deve ser irreversivelmente expulso da ordem eclesiástica e em quais situações seria possível aplicar um julgamento mais indulgente[211].

Também temos a resposta oficial do Papa Leão IX, na qual ele concorda plenamente com as propostas feitas por Pedro Damião:

> Todos aqueles que se mancharam com os quatro tipos de pecado mencionados devem, segundo uma norma de justiça, ser expulsos de todos os níveis da ordem eclesiástica, seja com base nas escrituras canônicas, seja com base no nosso julgamento pessoal[212].

Não há dúvida de que o *Liber Gomorrhianus* de Pedro Damião foi uma das intervenções mais incisivas contra as

---

210. Ibid., 396-397, trad. it., p. 175.

211. Ibid., 436, trad. it., p. 183.

212. Papa Leão IX, Epistola a Pier Damiani in approvazione dell'opuscolo Gomorrano, trad. it. in E. D'Angelo (org.), San Pier Damiani, *Liber Gomorrhianus*, Turim: Ed. dell'Orso, 2001, p. 187.

práticas sexuais distorcidas em uso nos mosteiros. A Reforma do século XI também foi uma reforma dos costumes, e Pedro Damião foi um de seus protagonistas.

Contudo, há um aspecto que, para o leitor moderno, não pode deixar de ser destacado. Como dissemos, Pedro Damião parte de uma citação evangélica que alerta contra quem escandaliza um dos pequeninos. Não há dúvida de que seu raciocínio foi motivado pelo desejo de proteger os pequenos oblatas de possíveis, e talvez frequentes, abusos. Não obstante, em todo o seu livro, não há nenhuma referência a essas crianças enquanto crianças. Nunca se menciona que a idade dos menores é um agravante nos abusos sexuais contra eles. Não se diz uma palavra sobre as consequências que esses abusos tinham na vida das crianças. Isso surpreende o leitor moderno, mas não o historiador, uma vez que se trata de sensibilidades e formas de pensar que não existiam na Idade Média. Contudo, é uma confirmação importante do conceito expresso por Philippe Ariès como a ausência do "sentimento da infância".

Uma última observação segue em direção contrária. Especialistas se perguntaram quando e por que a oblação de crianças nos mosteiros deixou de ser considerada irrevogável. As respostas são diversas. O certo é que, a partir da segunda metade do século XI, as novas formas de vida monástica tenderam cada vez mais a excluir a entrada de crianças entre 7 e 14 anos nos mosteiros. Foi se acentuando o princípio de que a vida religiosa não podia derivar de um voto feito pelos pais, mas deveria ser fruto de uma escolha livre da própria pessoa. Até mesmo os concílios provinciais se manifestaram a favor do aumento da idade mínima para o ingresso dos jovens nos mosteiros. Um desses concílios ou sínodos, como vimos, foi o de Mogúncia, realizado em 1049, o mesmo ano em que Pedro Damião escreveu seu *Liber Gomorrhianus*. Talvez isso não seja apenas uma coincidência, e sim uma dupla expressão de uma mudança de sensibilidade. A reforma da Igreja previa uma transformação nos costumes e, entre eles, um maior respeito pelas crianças pequenas que eram encaminhadas à vida monástica.

# 12
# Crianças e milagres

Além das fontes monásticas, no cristianismo medieval há outras fontes que eventualmente falam de crianças. Entre elas, são muito interessantes as coletâneas de milagres.

Em cada santuário, destino de peregrinações, havia encarregados de registrar os relatos dos eventos milagrosos pelos quais os fiéis vinham agradecer ao santo. Muitas vezes as crianças eram protagonistas desses relatos, que constituem importantes testemunhos tanto do imaginário medieval quanto da vida cotidiana das crianças na Idade Média, trazendo à tona aspectos que, de outro modo, seriam muito difíceis de identificar.

Uma das mais antigas e veneráveis coletâneas de milagres é a realizada por Gregório de Tours no século VI[213]. Nos *Livros dos milagres*, Gregório narra, por exemplo, o que aconteceu em Jerusalém enquanto, por ordem do Imperador

213. Gregorii episcopi Turonensis *Libri miraculorum*, ed. G. F. Grégoire, Paris, 1857; cf. Carmelina Urso, "Infanzia negata e infanzia custodita nel medioevo: la testimonianza di Gregorio di Tours", *Annali della Facoltà di Scienze della Formazione*, I, 2002, pp. 199-229.

Constantino, estava sendo construída a basílica dedicada à Virgem Maria. Em certo momento surgiu um difícil problema técnico: já não se sabia como levantar as pesadas colunas levadas para o local. Naquela noite, a Virgem, segundo o relato de Gregório, apareceu em sonho ao arquiteto e lhe disse:

> "Não te angusties, pois eu te ensinarei a maneira de levantar as colunas." [...] Depois, acrescentou: "Toma contigo três crianças da escola, para que, com a ajuda delas, possas resolver isso". Ao acordar, o arquiteto, refletindo sobre tudo o que ouvira, tomou três crianças da escola e conseguiu levantar as colunas com a maior facilidade. Milagre impressionante mostrado aos povos, graças ao qual um peso que não podia ser levantado por uma multidão de homens vigorosos foi erguido por três pequenas crianças[214].

É claro que as crianças, justamente por sua fraqueza, são aqui objeto e meio de uma força milagrosa. Contudo, também é evidente que Gregório quer ressaltar a ligação especial entre a Virgem Maria e as crianças. Seja como for, em muitos santuários se realizam curas de crianças, especialmente de crianças com deficiência. Um desses santuários é a tumba de São Julião, mencionada no segundo livro dos milagres.

> Uma menina tinha os olhos inflamados e a abundância das lágrimas que saíam deles a tornara quase cega. Conhecendo as virtudes do glorioso mártir, seu pai apressou-se em levá-la à Santa Basílica. Depois de celebrar a vigília, pela manhã distribuiu comida e bebida aos pobres. Essas pessoas ainda estavam fazendo a refeição quando a menina gritou que estava com uma forte dor de cabeça e pediu para descansar um pouco. Enquanto ela repousava, os hóspedes terminaram sua refeição.

---

214. Gregorii episcopi Turonensis *Libri miraculorum*, p. 27.

Mas ela se levantou e pediu para ser conduzida ao santo altar. Antes que ela se prostrasse ao chão e implorasse fervorosamente a misericórdia do Senhor, suas lágrimas pararam e seus olhos foram curados, e ela se levantou cheia de alegria. Seu pai, radiante, levou-a para casa perfeitamente curada[215].

Esse não é o único caso. Logo em seguida Gregório conta a história de uma criança com deficiência.

Um menininho, cujos pais viviam não muito longe da basílica, após dois anos de vida ficou com os membros tão deformados que era alimentado sem esperança de que sobrevivesse. Estava tão encolhido que seus joelhos não conseguiam se afastar do queixo. Depois de passarem uma noite de vigília na basílica, seus pais colocaram o menino diante das santíssimas relíquias e, pouco tempo depois, ao retornarem, o encontraram sentado e com todos os membros retos. Então fizeram suas orações e voltaram alegres para casa[216].

Outra fonte sobre os milagres que envolvem crianças, entre as muitas que poderiam ser apresentadas, é o *Liber miraculorum* de Santo Egídio, redigido por um monge que residia no santuário de Saint Gilles (Santo Egídio), na Languedoc, na foz do Rio Ródano[217]. Narra, por exemplo, a história de um menino alemão chamado Hezelon.

Um comerciante, originário da nação teutônica, chamado Brunico, nascido numa aldeia denominada Nimega, a cerca de 200 quilômetros da cidade de Colônia, vinha de alguma região da Inglaterra com um barco carregado

215. Ibid., 2, 37, p. 374.

216. Ibid.

217. *Liber miraculorum sancti Egidii, Livre des Miracles de saint Gilles*, org. de M. Girault e P.-G. Girault, Orléans: Paradigme, 2007.

> de sal. Subia o Rio Reno, puxando com seus companheiros o barco com o auxílio de cordas, indo pela margem. O piloto estava a bordo; ele deixara na embarcação seu filho Hezelon, com outro menino mais novo, para tirar a água que entrava pelas fendas abertas[218].

Como se vê, Hezelon e o outro menino, mais novo, trabalhavam no barco de sal que subia o Rio Reno. Já encontramos o trabalho infantil nos relatos da vida de São Bento, mas aqui temos uma confirmação disso. E, como costuma acontecer em situações que envolvem trabalho infantil, a tragédia está sempre à espreita.

> É por isso que este filho, de quem estamos falando, que era muito mais forte do que o outro, esvaziava um recipiente que ambos enchiam. Ele já fizera isso várias vezes, mas, enquanto despejava o balde sem precaução, deixou o recipiente escapar da mão e caiu junto com ele. Logo foi engolido pelas águas e desapareceu[219].

Neste ponto, o desespero do pai se junta à invocação ao protetor celestial.

> Ao ver isso, o pai, angustiado, bradando ao céu, começou a implorar repetidamente a Santo Egídio para que impedisse a morte de seu filho. Mas hesitou muito antes de agir; não vendo o menino surgir em lugar algum, pensou que a forte correnteza do rio o levara. Assim, o homem e seus companheiros, depois de levarem o barco para a margem, se dispersaram pelo leito do rio para ver se conseguiam avistar o corpo inanimado do jovem arrastado pela corrente. Não o encontraram e voltaram ao ponto de partida. E ali, como acontece com os homens com a alma afligida por uma dor excessiva, o pai,

218. Ibid., VII, p. 64.

219. Ibid.

com o braço estendido, apontava obstinada e insistentemente para o ponto onde seu filho fora engolido pelas águas, sem saber o que fazer. Finalmente, recuperando-se, com lágrimas e soluços que vinham do fundo de seu coração, passou a invocar fervorosamente Santo Egídio, o amigo de Deus, para que se dignasse a lhe devolver, mesmo morto, aquele filho que ele pedira antes de seu nascimento, para que sua piedade paternal ao menos lhe concedesse uma sepultura. Mas o que uma fé certa não pode alcançar de Deus? Assim que o pai terminou sua oração, os pés do menino surgiram na superfície. Ao ver isso, os companheiros daquele pai se lançaram no rio, pegaram o garoto e o levaram de volta a nado. Subiram a bordo e o levaram para uma igreja próxima[220].

E assim um pai pôde finalmente abraçar o corpo de seu filho. Mas a intervenção do santo não termina aqui.

Nesse meio-tempo, enquanto os preparativos para o funeral estavam em andamento, eis que, gritando sua tragédia, chegou a mãe com uma multidão de vizinhos e começou a orar a Egídio, o santo de Deus, dizendo: "Ó tu, Egídio, amado por Deus, devolve-me meu único filho, a quem, por teus méritos, consegui de Cristo que ele pudesse vir ao mundo!" O restante da multidão se uniu às orações da mãe e a ajudava como podia com seu apoio. Mas por que demorar mais? Aquele que é fonte de toda misericórdia ouviu suas orações e imediatamente o menino, devolvido à vida, passou a aclamar Santo Egídio, junto com aqueles que tinham vindo para enterrá-lo. O leitor pode muito bem imaginar a instantânea alegria que tomou conta dos presentes. Ressuscitado, Hezelon foi levado de volta para casa, e foram dias de descontração para comemorar sua recuperação total[221].

---

220. Ibid., VII, 64-66.

221. Ibid.

É o maior milagre: o menino ressuscitou! Escapou da morte e retornou em plena saúde. Depois disso, só restava ir agradecer ao santo que, pela graça de Deus, operou o milagre. O monge que escreve registra toda a história.

> Por isso, pouco menos de um mês após esses acontecimentos, o homem de quem falamos, Brunico, acompanhado de seu filho, foi até o túmulo de nosso santo para lhe agradecer e, com o apoio do testemunho de seus companheiros, diante de uma considerável multidão, no dia da Apresentação do Senhor, ele atestou tudo isso como verdadeiro[222].

Uma criança que recebeu um milagre certamente deveria ir ao túmulo do santo para agradecer, mas às vezes também podia ser oferecida como oblata ao mosteiro que se encontrava nas proximidades, como sinal de reconhecimento. Ele mesmo, uma vez tornado monge, lembra disso.

> Aqui parece oportuno inserir em nossa narrativa como Santo Egídio, em sua clemência, devolveu a luz a alguém que perdera a visão. Isso deve ser comprovado com o testemunho de quem foi curado. Eis o texto escrito por ele próprio, depositado no altar do bem-aventurado Egídio: "Seja louvado pelos séculos o supremo médico que cura aqueles que têm o coração perturbado e os liberta de seus tormentos, que em todo lugar não cessa de se manifestar pela intercessão de seus santos, para que apareçam os mais ilustres do nosso tempo. Pois, como acredito, assim como outrora os olhos de Tobias, com a permissão de Deus, foram privados da visão pelo excremento de uma andorinha, para que sua paciência e o remédio divino fossem evidenciados, assim, através de mim, com a ajuda da clemência de Deus, os milagres do bem-aventurado Egídio se tornam conhecidos. Revelamos, portanto, a todos

222. Ibid.

> que nasci e cresci no castelo de Malhziacensem (Mailly) e que, em três semanas, perdi a visão a ponto de não mais poder distinguir o céu da terra. Mas, na primeira vigília de uma noite, enquanto meus pais dormiam, o Senhor se lembrou de mim e se dignou a enviar, como já mencionei antes, o bem-aventurado Egídio vestido de branco. Ao vê-lo em sonho, meus pais se maravilharam com seu brilho e lhe perguntaram o nome. E eis que ele lhes disse, primeiro à minha mãe, depois ao meu pai: 'Fiquem tranquilos e não tenham medo. Chamo-me Egídio. Decidam fazer seu único filho estudar as letras e consagrá-lo a mim, e logo ele verá'. Depois de lhes dizer essas palavras, desapareceu. Meus pais contaram um ao outro o que haviam sonhado, e se alegraram por terem visto uma pessoa tão poderosa, prometendo obedecer aos seus desejos. Logo, quando amanheceu, pela força da misericórdia de Deus, a visão me foi devolvida, boa como antes"[223].

Certamente, ressuscitar os mortos e devolver a visão aos cegos são provas importantes do poder salvífico do santo. Os livros de milagres são alguns dos poucos testemunhos da condição de deficiência na Idade Média.

> Assim, na nação teutônica, na região de Ravensburg, havia um jovem que era mudo desde o berço, não por um defeito natural, nem por culpa de seus pais, mas, acredito, para que por meio dele se manifestassem o poder de Deus e os méritos do glorioso confessor Egídio. Para sua desgraça e miséria, seus pais, com uma crueldade que vai além de qualquer justiça, esquecendo-se de todo respeito por si mesmos e de qualquer ternura, desprezando e negando qualquer vínculo natural, o obrigaram a buscar refúgio e assistência com outra pessoa, depois de deixá-lo sem comida. Ele mesmo, quanto mais foi privado de todo auxílio humano e especialmente daquilo que nunca

223. Ibid., V, p. 56.

> deveria lhe faltar, mais misericordiosamente foi objeto do auxílio divino. Foi então acolhido por um fiel de Cristo que, cheio de piedade e movido pelo seu amor pela pátria celestial, teve compaixão de sua dor e cuidou dele, esforçando-se para alimentá-lo como faria com um filho, na esperança de ser recompensado na vida eterna.
>
> O tempo passou. O jovem em questão já chegara à idade da razão e não uma vez, mas várias, anjos lhe apareceram e lhe manifestaram que ele deveria ir rapidamente à casa do santo confessor, acompanhado pelos mesmos anjos de que falava, para recuperar sua voz com grande alegria. Aconteceu então que, após algum tempo, muitas pessoas que conheciam o mudo partiram do lugar onde ele tinha sido criado. Eles se apressaram a acompanhá-lo para obter a ajuda de nosso pai.
>
> Após uma viagem de quinze dias, entraram na basílica do santo confessor. Eles se prostraram todos juntos no chão da igreja para orar e, chorando, dirigiram ao céu gritos pela cura do mudo, quando, de repente, ergueu-se no ar uma voz nunca antes ouvida: ela brotava da garganta liberada do mudo e cantava com alegria para o céu os louvores de Egídio com tanta perfeição que era difícil de acreditar. Em uníssono com essa voz, as vozes dos seus companheiros subiram ao Senhor com cânticos e hinos de melodias admiráveis, como essas pessoas sabem cantá-los para um milagre tão grande. Onde quer que os ouvidos dos fiéis possam ouvir o anúncio deste milagre, que todos bendigam o Rei da eternidade, aquele que vive e reina por todos os séculos dos séculos. Amém[224].

O menino tinha sido abandonado por ser mudo e não foi oferecido a um mosteiro como oblata. Provavelmente os pais eram pobres e não tinham os meios para pagar a oferta que deveria acompanhar a oblação. Por isso, limitaram-se a

224. Ibid., XIV, p. 102.

abandonar o filho com deficiência. Contudo, o menino encontrou a *misericórdia alheia*, ou seja, o afeto de um estranho que cuidou dele, até o santo realizar o milagre de lhe devolver a capacidade de falar.

No entanto, outros textos hagiográficos indicam que, algumas raras vezes, as crianças podiam se tornar protagonistas. Isso acontecia quando eram diretamente inspiradas pelo Espírito Santo, mas essa inspiração nem sempre era reconhecida.

Foi o que aconteceu, à custa de muitas incompreensões, com Nicolau de Trani. Nesse caso, a lenda hagiográfica conta de um menino grego, chamado justamente Nicolau, que, fugindo de casa, chegou à Apúlia e andava pelos vilarejos com uma cruz, atraindo a atenção, especialmente das crianças. Quando chegou a Taranto, gritando como sempre fazia: "Kyrie eleison e Poenitentiam agite", a lenda afirma que:

> Ao ouvir o clamor, o bispo daquela cidade se perturbou, porque ainda era cedo, antes do amanhecer. E mandou que lhe fossem aplicadas muitas surras. De fato, ele foi açoitado de maneira tão desumana e cruel que seu sangue tingiu o chão ao redor. E ele, indo embora, chegou à cidade chamada Trani, com o corpo dilacerado por tais feridas insuportáveis, sentindo uma dor imensa, foi acometido por uma enfermidade dolorosa e grave e se deitou diante da Igreja da Santa Virgem Maria, Mãe de Deus. Ali, foi envolto por uma luz proveniente do céu, que previu sua passagem para o Senhor Jesus Cristo. Por isso, o santo inocente, não se importando com as ofensas que sofreu, convocou o bispo que o fizera ser açoitado e pediu-lhe que o perdoasse. Certamente, o bispo o perdoou, mas, devido à ofensa que lhe fez, na verdade foi o bispo quem recebeu o perdão[225].

225. *Vita Nicolai*, in *Acta Sanctorum*, Junii I, p. 243.

Com o tempo, esses fenômenos foram se multiplicando, a ponto de no século XIII um cronista frade menor, Salimbene de Adam, descrever um episódio bastante interessante, que envolve os fiéis de um pregador popular, Gherardo Segarelli[226], que o cronista chama com desdém de "pseudoapóstolos". Trata-se de penitentes que, na verdade, tinham muitos pontos em comum com os frades menores, mas que, não mais reconhecidos pela autoridade eclesiástica após o Concílio de Lyon de 1274, acabaram sendo considerados heréticos[227].

> Naqueles dias, havia um frade menor que tinha um sobrinho, que ainda não chegara ao ponto decisivo da "letra pitagórica"[228]. E o fazia ser instruído para que pudesse entrar na Ordem dos Frades Menores. O sobrinho copiava pregações para esse frade e memorizou quatro ou cinco delas. E como não foi admitido na Ordem tão rapidamente quanto desejava, em vez de entrar na congregação, se uniu à dispersão daqueles que dizem ser apóstolos, mas não são. E o faziam pregar, recitando as pregações que ele memorizara, até mesmo nas catedrais. E muitos deles, ou seja, os seguidores de Ghirardino [Gherardo Segarelli], ordenavam que fizessem silêncio, e o garotinho falava para o povo reunido[229].

226. Cf. Marina Benedetti, "Gherardo Segarelli", verbete in *Dizionario Biografico degli Italiani*, vol. 91, Roma: Istituto dell'Enciclopedia Italiana, 2018.

227. Cf. Jerry B. Pierce, *Poverty, Heresy and the Apocalypse. The Order of Apostles and Social Change in Medieval Italy 1260-1307*, Londres/Nova York: Continuum, 2012.

228. A letra pitagórica, geralmente representada pela letra Y do alfabeto grego, simboliza uma escolha decisiva na vida. Na filosofia pitagórica ela representa um ponto de bifurcação, um momento em que a pessoa deve optar entre dois caminhos: um mais fácil e material, e outro mais difícil, que exige esforço e disciplina, mas conduz ao conhecimento e à sabedoria [N.T.].

229. Salimbene de Adam, *Chronica* n. 1194-1202.

Salimbene olha com desdém as iniciativas desses "pseudoapóstolos" e explica as dificuldades que o menino causava ao seu confrade Frei Boaventura.

> Certo dia, enquanto Frei Boaventura de Iseo pregava no convento dos frades menores de Ferrara, ele notou que alguns dos seus ouvintes se levantavam de repente e corriam para fora; e ele ficou bastante surpreso, porque era um pregador hábil e gracioso, e agradava muito, e costumavam ouvi-lo com grande prazer, de modo que nunca ninguém saía até que a pregação terminasse.
>
> E, ao perguntar por que estavam indo embora tão rapidamente, os que ficaram responderam: "Porque um garotinho dos Apóstolos está se preparando para pregar na Catedral de São Jorge, onde o povo está se reunindo, e por isso todo mundo corre para lá, para garantir um bom lugar".
>
> E Frei Boaventura disse: "Vejo bem que vocês têm o coração desviado e ocupado com outra coisa, e por isso os deixarei ir imediatamente: eu perderia tempo e esforço continuando a pregação, pois, diz a Escritura (Eclo 32): 'Onde não há escuta, não prolongues as palavras, nem ostentes sabedoria em hora inoportuna' [...]. De fato, aplica-se a vocês a maldição de Salomão: 'Ai de ti, ó terra, que tens por rei um menino!' (Ecl 10,16). Porque – como diz o Eclesiastes – 'qual é o governante de uma cidade, tais também são seus habitantes' (Ecl 10,2)".

Mas, logo depois, Salimbene explica melhor as razões de tanto sucesso.

> Em outra ocasião, quando eu morava em Ravena, esses "Apóstolos" faziam aquele garotinho pregar na igreja ursiana, que é a igreja arquidiocesana de Ravena. E era tal a correria e a pressa da multidão, homens e mulheres, que na rua ninguém esperava o outro. Por isso, uma nobre e respeitável matrona daquela terra, devota dos

> frades menores – Dona Guillietta, esposa de *messer* Guido Rizzuti da Polenta –, reclamava com os frades que não encontrou uma única vizinha de seu bairro para ir com ela, e que a igreja ursiana estava tão cheia quando ela chegou que só conseguiu um lugar fora da porta. E, ainda assim, a catedral é tão ampla que possui quatro naves, além da nave central. Esses que se dizem apóstolos levavam o garotinho de cidade em cidade e o faziam pregar nas igrejas episcopais. E havia sempre uma correria e um ajuntamento de pessoas, homens e mulheres, e todos ficavam cheios de admiração, pois os modernos apreciam qualquer novidade.

Certamente havia o gosto pela novidade, algo típico da vida nas cidades. Mas também havia algo mais profundo, que, em última análise, unia os "pseudoapóstolos" aos frades menores.

> Por isso, o versículo de Jeremias: "Não diga 'Sou um menino' porque você irá a todo lugar para onde eu o enviar e tudo o que eu lhe ordenar, você dirá a eles", é comentado pelo abade Joaquim: "Penso que, assim como Deus escolheu os pais idosos e lhes revelou seus mistérios, e mais tarde os apóstolos, a quem também chamava amigos, agora Ele escolherá literalmente crianças para anunciar o Evangelho do Reino àqueles para quem os antigos métodos perderam o valor"[230].

Salimbene cita aqui um texto que ele acreditava ser de Joaquim de Fiore, o abade calabrês que até Dante considerava "dotado de espírito profético". Em seu *Concordia Novi et Veteri Testamenti*, Joaquim profetizara a sucessão de três eras do mundo: a era do Pai, a era do Filho e a do Espírito Santo. O texto citado por Salimbene é o *Interpretatio in Hie-*

---

230. Salimbene, *Cronica*, 1206.

*remiam prophetam*[231], que foi atribuído a Joaquim, mas que na realidade provavelmente foi escrito por volta da década de 1240, ou seja, quarenta anos após a morte do abade calabrês. Nesse texto, retomam-se as ideias de Joaquim sobre a divisão da história em três eras, cada qual atribuída a uma pessoa da Trindade. Contudo, uma das novidades do comentário sobre Jeremias está exatamente no trecho indicado: pela primeira vez, afirma-se que a terceira era, ou seja, a era do Espírito Santo, que precede o fim da história, será uma era de crianças. O ponto de partida é justamente o versículo de Jeremias: "Não diga 'Sou um menino' (no latim da Vulgata = *puer*), porque você irá a todo lugar para onde eu o enviar e tudo o que eu lhe ordenar, você dirá a eles". Da mesma forma, na terceira era, as crianças serão escolhidas por Deus para anunciar o Evangelho do Reino de uma maneira nova.

Salimbene também ficara fascinado pela pregação joaquimita e ele mesmo compartilhava a expectativa da terceira era, o tempo do Espírito Santo, que Francisco de Assis, *anjo do sexto selo*, viera inaugurar. Salimbene, portanto, embora fosse um clérigo culto que desprezava os frades leigos e ignorantes, aguardava a manifestação do Espírito Santo, que despertaria evangelizadores até mesmo entre as crianças. Não há dúvida: os frades menores e os "pseudoapóstolos" estavam menos distantes do que Salimbene queria fazer acreditar.

---

231. Cf. *Interpretatio preclara Abbatis Ioachim in Hieremiam prophetam*, Veneza, 1525, p. 1v.

# 13
# Crianças e magia

A partir do século XIII, outro tipo de fontes pode revelar textos muito interessantes sobre a condição das crianças e a atitude dos adultos, de todas as categorias sociais, em relação a elas. Trata-se dos textos produzidos pelos Inquisidores.

É o caso, por exemplo, de um frade pregador (dominicano) francês, Estêvão de Bourbon, que escreve um livro sobre os sete dons do Espírito Santo, no qual, a certa altura, alude a um estranho culto que ele observou durante seu ofício de inquisidor[232].

> Em sexto lugar, é preciso falar das superstições ultrajantes, algumas das quais são ultrajantes em relação a Deus, outras ao próximo. São ultrajantes em relação a Deus as superstições que prestam honras divinas aos demônios ou a alguma outra criatura, como faz a idolatria e como fazem as miseráveis mulheres que lançam sortes e buscam a salvação adorando o sabugueiro ou fazendo-lhe ofertas, desrespeitando as igrejas e as relíquias dos santos,

---

232. Estêvão de Bourbon, *Tractatus de diversis materiis praedicabilibus*, trad. it. in J.-C. Schmitt, *Il santo levriero. Guinefort guaritore di bambini*, Turim: Einaudi, 1982.

> levando seus filhos até esses sabugueiros ou até formigueiros ou outras coisas para obter cura. Foi precisamente o que ocorreu recentemente na Diocese de Lyon, onde, pregando contra os sortilégios e ouvindo as confissões, diversas mulheres me confessaram ter levado seus filhos a São Guinefort. E, como eu acreditava tratar-se de algum santo, investiguei e acabei descobrindo que se tratava de um cão galgo, morto da seguinte maneira.

O relato foi estudado num trabalho magistral por Jean-Claude Schmitt, mas é interessante reviver toda a trama.

> Na Diocese de Lyon, perto da aldeia das freiras chamada Noville, nas terras do senhor de Villars, havia outrora um castelo, cujo senhor teve um bebê de sua esposa. Um dia, quando o senhor e a dama, bem como a ama de leite, saíram de casa, deixando o bebê sozinho no berço, uma enorme serpente entrou na casa e aproximou-se do berço do bebê. Ao ver isso, o galgo, que tinha permanecido no local, perseguiu a serpente e, atacando-a por baixo do berço, desequilibrou o berço e cobriu a serpente de mordidas, enquanto esta se defendia e mordia o cão. Por fim, o cão conseguiu matar a serpente, atirando-a para longe do berço. O berço, assim como o chão e a cabeça do cão, ficaram todos manchados com o sangue da serpente. Apesar de gravemente ferido, o cão permaneceu de guarda ao lado do berço. Quando retornou e viu a cena, a ama de leite pensou que o bebê tinha sido devorado pelo cão e soltou um grito de dor. Ao ouvir o grito, a mãe do bebê acorreu, olhou e pensou a mesma coisa, e também gritou. Da mesma forma, o cavaleiro, ao chegar, acreditou na mesma coisa e, desembainhando a espada, matou o cão. Então, ao se aproximarem do bebê, o encontraram são e salvo, dormindo tranquilamente. Tentando entender, descobriram a serpente, despedaçada e morta pelas mordidas do cão. Então perceberam a verdade do ocorrido e, lamentando terem matado tão injustamente um cão tão dedicado, enterraram-no num

> poço em frente à porta do castelo e, cobrindo-o com uma grande pilha de pedras, plantaram árvores ao lado, em memória desse fato.

A história do cão que salva a criança à custa da própria vida é encontrada em todas as culturas, embora com animais diferentes. Contudo, o cenário medieval é interessante. A criança é filha de uma família aristocrática, já que o pai é senhor de um castelo. Como toda criança de sua condição, não é criada diretamente pela mãe, sendo confiada a uma ama de leite. Esta, como devia ocorrer ocasionalmente, também estava distraída. O perigo se apresenta sob a forma de uma serpente. O valor simbólico desse animal não passa despercebido, mas também não se deve subestimar a referência concreta aos perigos de uma sociedade rural, onde todas as casas, mesmo as dos ricos, estavam expostas ao risco de animais provenientes do ambiente circundante. O pai da criança tem uma espada, símbolo de sua condição social. Ele é um *miles*, ou seja, um cavaleiro, e por isso possui a espada e, acreditando estar fazendo justiça, mata o cão. Só depois se descobre a verdade, e o cão recebe uma sepultura digna de um ser humano.

A parte seguinte do relato de Estêvão de Bourbon é talvez a mais interessante, porque, em torno da memória desses eventos, constitui-se um culto.

> O castelo, contudo, foi destruído por vontade divina e a terra, reduzida a um deserto, foi abandonada por seus habitantes. Mas os camponeses, ao ouvirem falar do nobre comportamento do cão e como, apesar de inocente, ele fora morto por uma ação da qual deveria ter obtido benefício, passaram a visitar o local, a venerar o cão como um mártir, dirigindo-lhe preces para pedir ajuda para suas enfermidades e necessidades. Assim, muitos se tornaram vítimas das seduções e ilusões do

diabo, que se aproveitava disso para induzir os homens ao erro. Mas eram sobretudo as mulheres que levavam suas crianças doentes e fracas a esse lugar e, numa vila fortificada a quase cinco quilômetros dali, procuravam uma velha que lhes ensinava como agir ritualmente, fazer oferendas aos demônios, invocá-los, e que as conduzia então a esse lugar.

Logo se evidencia de que não se trata de um culto cristão. Um cão é venerado como um mártir. As pessoas simples (Estêvão especifica que eram *camponeses*) lhe pedem ajuda nas enfermidades e necessidades. Estêvão observa que são principalmente as mulheres que levam seus filhos doentes. O que intriga o inquisidor, contudo, não é apenas a fé dessas mulheres, que acreditam que o cão que salvou uma criança pode também salvar as delas. O que mais o surpreende é o fato de as mulheres recorrerem a uma velha, que as conduzia ao local de sepultamento do cão e realizava rituais com elas.

> Quando ali chegavam, ofereciam sal e outras coisas; penduravam as roupas da criança nos arbustos ao redor; cravavam um prego nas árvores que ali tinham crescido; faziam a criança nua passar entre os troncos de duas árvores: a mãe, posicionada de um lado, segurava a criança e a jogava nove vezes para a velha que estava do outro lado. Invocando os demônios, conjuravam os faunos que habitavam a floresta de Rimite para que levassem aquela criança doente e frágil que, segundo diziam, pertencia a eles, devolvendo-lhes, em troca, o filho forte e saudável que tinham levado. Depois de fazer isso, as mães infanticidas pegavam o filho e o deitavam nu aos pés da árvore, sobre a palha de um berço. Acendiam, na cabeça e nos pés da criança, duas velas com um polegar de comprimento, trazidas por elas, e as fixavam no alto do tronco. Então, afastavam-se para não ouvir o choro da criança nem vê-la. Queimando-se assim, as velas se

> consumiam completamente e matavam muitas crianças, como nos disseram algumas pessoas.

Pode-se tentar compreender algo sobre esses cultos. No centro estão crianças doentes que são lançadas, nuas, entre os troncos de duas árvores. As mães, diz o frade, invocavam demônios e faunos, ou seja, seres sobrenaturais que habitavam a floresta próxima, para que aceitassem de volta essas crianças doentes e fracas, que, na verdade, não eram seus verdadeiros filhos. Os faunos teriam raptado os filhos reais dessas mulheres, que certamente eram fortes e saudáveis, substituindo-os por aquelas crianças fracas e doentes. O objetivo do culto era, portanto, realizar novamente a troca, devolvendo aos faunos as crianças doentes para recuperar as saudáveis. Por isso, as crianças eram submetidas a todo tipo de provação. Não apenas eram arremessadas de um lado para o outro entre duas árvores, completamente nuas, mas também eram colocadas num berço, ao lado do qual eram acesas chamas. Se sobrevivessem, eram submetidas a outras provas.

> Uma mulher me contou ainda que, tendo acabado de invocar os faunos, estava se afastando quando viu um lobo sair da floresta e aproximar-se da criança. Se o amor materno não tivesse despertado sua piedade e ela não tivesse retornado para junto da criança, o lobo, ou, segundo ela afirmava, o diabo em forma de lobo, teria devorado o bebê. Quando as mulheres voltavam ao filho e o encontravam ainda vivo, o levavam para as águas turbulentas de um riacho próximo, chamado Chalaronne, onde o mergulhavam nove vezes. Se sobrevivesse e não morresse imediatamente ou pouco depois, isso significava que tinha órgãos internos muito robustos.

Essas provas frequentemente terminavam com a morte da criança. Isso, porém, não era considerado um fracasso do culto. Pelo contrário, a morte era vista como um sinal de que os faunos tinham se recusado a desfazer a troca e, portanto, quem morria era a "criança trocada".

É interessante notar a relativa indulgência com que Estêvão de Bourbon narra esses eventos. Embora ele tenha se empenhado em pôr fim ao culto, não condena nenhuma das mulheres envolvidas. Estamos bem distantes da caça às bruxas, que se tornaria característica da Europa cristã depois do século XV.

> Fomos àquele lugar, convocamos o povo dessa terra e pregamos contra tudo o que aqui foi relatado. Ordenamos que o cão fosse exumado e que o bosque sagrado fosse derrubado e queimado, junto com o esqueleto do cão. Também mandei que os senhores dessa terra fixassem um edital que previa o confisco e a retenção dos bens daqueles que, de agora em diante, visitassem aquele lugar com tais propósitos.

Jean-Claude Schmitt observou como a crença nas crianças "trocadas" – em francês, *changelins* – foi atestada em toda a Europa por séculos. Essa crença tem suas raízes no imaginário coletivo, mas encontra fundamento em sequestros reais de crianças ocorridos ao longo da história, frequentemente envolvendo recém-nascidos. Não raro, o medo da "troca" de crianças faz parte do imaginário das mães no pós-parto. Não por acaso, muitos séculos depois, o Dr. Down, ao descrever crianças que tinham a síndrome que leva seu nome, afirmou que, nos séculos passados, essas crianças eram chamadas de *changeling*, ou crianças "trocadas".

Na Itália também há uma longa tradição relativa às crianças "trocadas". Isso é evidenciado por uma novela de Pirandello, *O filho trocado*, de 1902.

De qualquer modo, as conclusões de Jean-Claude Schmitt devem ser mencionadas.

> Tanto na lenda quanto no rito, manifesta-se uma preocupação ansiosa com a salvação, gravemente ameaçada, da criança. Essa constatação pode surpreender: segundo Philippe Ariès, o "sentimento da infância" não teria existido na Idade Média; a criança não se enquadrava numa categoria precisa, o que explicaria a ambiguidade da terminologia. No máximo, expressava-se ocasionalmente, em relação às poucas crianças sobreviventes, um "sentimento superficial da infância", que se manifestaria sobretudo na era moderna e que esse autor chama de "paparicação": a criança é considerada "uma coisinha estranha", "brinca-se com ela como com um animal, um macaquinho impudico..." Apenas em épocas mais recentes aparece, enfim, o sentimento da infância, vinculado ao fortalecimento da célula familiar "burguesa" e à escolarização, que, ao retardar a entrada da criança no mundo adulto, incentivou o reconhecimento de um *status* próprio para ela. Philippe Ariès tem razão de forma geral. Contudo, sua tese precisa ser corroborada pelo exame de outros tipos de documentos e flexibilizada, como ele próprio sugere e como pesquisas convergentes posteriormente detalharam: na Idade Média, a infância ainda não constitui uma categoria bem-definida. Mas, já a partir da época medieval, é possível perceber, sob determinadas condições, uma emergência da criança e da infância[233].

233. Ibid., pp. 116-118.

# 14
# Inocêncio III

Inocêncio III é talvez o papa mais estudado da Idade Média. Sua importância histórica é indiscutível. Por várias décadas, ele conseguiu ser o fiel da balança da política europeia. Seu pontificado pode ser considerado o auge do poder temporal dos papas. Sua influência, inclusive através do IV Concílio de Latrão, promovido por ele em 1215, foi decisiva na história da Igreja por muitos séculos. No entanto, suas ideias e ações em relação às crianças foram pouco estudadas. E, ainda assim, não há dúvida de que exerceram uma influência considerável em sua época e posteriormente.

Todos sabem que, quando ainda era um jovem cardeal, o então Lotário dei Conti escreveu um pequeno tratado intitulado *De miseria humanae conditionis*, também conhecido como *De contemptu mundi*. O conteúdo consiste em uma reflexão sobre a fragilidade da vida humana, com um convite a não confiar em suas próprias forças. O início do tratado é extremamente impactante:

> "Por que saí do ventre de minha mãe para ver tribulações e dores e consumir meus dias na confusão?" Se assim falou aquele que foi santificado no ventre pelo

> Senhor [o profeta Jeremias, nota do compilador], o que direi eu, concebido por minha mãe no pecado? Ai de mim, direi, por que, ó minha mãe, me concebeste como um filho de amargura e dor? "Por que não morri na vagina? E, assim que saí dela, não fui morto? Por que fui acolhido nos joelhos e amamentado no seio?", nascido como sou "para ser queimado, para servir de combustível para o fogo? Ah, se tivesse sido morto no ventre, e minha mãe tivesse sido meu túmulo, e a concepção de sua vagina jamais tivesse chegado ao fim! Teria sido como se eu nunca tivesse existido, transferido da vagina para o túmulo". Quem, então, dará aos meus olhos "uma fonte de lágrimas" para que eu chore nossa entrada lamentável na condição humana, nosso avanço culpado na sociedade humana e nossa saída condenada com a dissolução física? Examinarei, então, em lágrimas, de que é feito o homem, o que faz e o que será dele. Certamente o homem é feito de terra, concebido na culpa, nascido para o castigo; suas ações são más e ilícitas, torpes e indecentes, vãs e inúteis. Ele será combustível para o fogo, alimento para vermes, um amontoado de podridão. Explicarei mais claramente; farei uma descrição mais detalhada. O homem é constituído de pó, lama e cinza, ou pior: de uma semente imundíssima. É concebido pela coceira da carne, na ardência da libido, no fedor da luxúria, pior ainda, com a mancha do pecado[234].

O jovem cardeal resume aqui toda a tradição anterior. A condição humana é marcada, desde a concepção, pela fragilidade e pelo pecado. A referência às ideias de Agostinho é evidente. A ideia da transmissão do pecado original através da libido do ato sexual remonta a Tertuliano. Lotário expres-

234. Lotário de Segni, *La miseria della condizione umana. De contemptu mundi*, trad. it. di Carlo Carena, Milão: Mondadori, 2003, pp. 5-7 [o volume reproduz também o texto latino, extraído da edição organizada por M. Maccarone, Lugano, 1955].

sa conceitos antigos com uma força original. A condição infantil, desde a concepção, já é caracterizada por essa marca.

> A concepção é dupla: do sêmen e da natureza. O primeiro ocorre no ato, o segundo no efeito, sendo o primeiro obra dos pais, e o segundo, a prole que dele resulta. Quem ignora que o ato sexual, mesmo entre cônjuges, nunca pode ser realizado sem o prurido da carne, o ardor da libido, o fedor da luxúria? Por isso, o sêmen fecundado é infectado, contaminado e corrompido, e a alma que nele é infundida contrai a corrupção do pecado, a mancha da culpa, a sujeira da iniquidade, como um líquido despejado num recipiente deteriorado se contamina, e como um objeto infectado pode transmitir a infecção pelo simples contato[235].

Lotário combina os conhecimentos teológicos com os filosóficos e, por assim dizer, científicos. Nesse sentido, suas observações sobre o feto são muito interessantes. Ele se pergunta, por exemplo, "de que alimento se nutre o nascituro no útero".

> Escuta agora qual alimento nutre o nascituro no útero. É claro: nada além de sangue menstrual, que cessa na mulher após a concepção para nutrir o filho concebido em seu ventre. Diz-se que esse sangue é de uma sujeira tão abominável que, ao simples contato, impede a germinação das sementes, seca as plantas, mata a grama, faz com que as árvores percam os frutos e torna hidrófobos os cães que dele se alimentam. O feto concebido contrai o defeito do sêmen, pelo qual dessa corrupção nascem leprosos e elefantiásicos. Por isso, na lei mosaica, a mulher durante o período menstrual é considerada impura, e quem dela se aproxima nesse período está sujeito à pena de morte; devido à impureza do sangue menstrual, existe a prescrição de que a mulher deve

235. Ibid., I, 3, p. 10.

abster-se de entrar no templo por quarenta dias se gerar um homem, e por oitenta se gerar uma mulher[236].

Aqui, o preconceito contra as mulheres e contra as crianças se entrelaça. O feto é tanto mais desprezível quanto, como o sangue menstrual de que se nutre, é impuro. E, talvez por isso, é também constitucionalmente frágil. Lotário parte da imagem de crianças com deficiência.

> "Por que, afinal, se dá à luz a um infeliz e se concede a vida a quem tem uma alma amarga?" Felizes os mortos antes do nascimento, aqueles que sofrem a morte antes de conhecerem a vida! Alguns nascem tão deformados e singulares que parecem não ser seres humanos, mas abominações da natureza; para esses, provavelmente, teria sido mais prudente nunca terem vindo à luz, pois são exibidos como monstros e apresentados como prodígios. Muitos nascem com os membros contraídos e os sentidos insuficientes, motivo de tristeza para os amigos, vergonha para os pais, desconforto para os parentes[237].

Mas a referência às crianças com deficiência serve a Lotário apenas para afirmar que, no final das contas, todos os recém-nascidos se assemelham a eles.

> Por que mencionar alguém em particular, quando todos nós, indistintamente, nascemos ignorantes, mudos, ineptos? E gemendo, fracos, frágeis, pouco mais que animais, ou até inferiores a eles em muitas coisas. Os animais, assim que nascem, caminham, enquanto nós, além de não caminharmos eretos sobre as pernas, nem sequer rastejamos com as mãos[238].

---

236. Ibid., I, 4, pp. 12-13.

237. Ibid., I, 5, p. 14.

238. Ibid.

A referência direta de Lotário, nesse caso, é Aristóteles, que, como vimos, afirmou que os filhotes humanos "vêm ao mundo mais incompletos do que todos os outros animais completos"[239]. O discurso, de qualquer forma, continua com a descrição do parto.

> Todos nascemos gemendo, quase como uma expressão da miséria de nossa natureza. O recém-nascido do sexo masculino grita: "Ah!" e o do sexo feminino "Eh!" Daí o ditado: Dirá "Eh!" ou "Ah!" quem quer que nasça de Eva. De fato, o nome Eva nada mais é do que um *Eh* e um *a*, duas exclamações que expressam uma dor imensa. Por isso, antes do pecado, a mulher foi justamente chamada de "virago", e após o pecado, "Eva", quando lhe foi dito: "Darás à luz com dor". Nenhuma dor é comparável à das parturientes. Raquel, devido à intensidade da dor no parto, morreu e, ao morrer, chamou seu filho de *Benoni*, ou seja, "Filho da dor" [...]. A mulher, como um náufrago, "sofre enquanto dá à luz, mas, ao gerar uma criança, não se lembra mais da aflição pela alegria de ter trazido um homem ao mundo". Concebe, portanto, com imundície e fedor, dá à luz com tristeza e dor, alimenta com sofrimento e fadiga, cria com ansiedade e temor[240].

Lotário baseia-se em Agostinho, que ressaltara que os bebês, ao nascer, choram, como se profetizassem os sofrimentos que os aguardam na vida[241]. É interessante notar como a cita-

---

239. Aristóteles, *Reprodução dos animais*, livro V, I, trad. it., p. 1.012.

240. Lotario di Segni, *La miseria della condizione umana*, I, 6, p. 16.

241. Agostinho de Hipona, *Sermo 167*, 1: "Istos pueros qui nascuntur, interrogemus, quare a ploratu incipiunt, qui et ridere possunt. Nascitur, et statim plorat; post nescio quot dies ridet. Quando plorabat nascens, propheta suae calamitatis erat; lacrimae enim testes sunt miseriae. Nondum loquitur, et iam prophetat. Quid prophetat? In labore se futurum, vel in timore. Et si bene vixerit et iustus fuerit, certe in mediis positus tentationibus semper timebit".

ção do trecho evangélico de João 16,21, em que se menciona a alegria porque "um homem veio ao mundo", não impede o cardeal de reiterar que o nascimento não é um evento alegre, mas sim prenúncio de dificuldades e sofrimentos. Aos olhos de Lotário, a prova está na nudez do recém-nascido.

> O homem vem ao mundo nu e nu dele parte, pobre chega e pobre vai embora. "Nu", diz Jó, "saí do ventre de minha mãe e nu retornarei ao ventre da terra; nada trouxemos a este mundo e, sem dúvida, nada podemos levar dele". E, se entramos vestidos, eis com que tipo de vestimenta: com um nome obsceno de dizer, mais obsceno de ouvir e ainda mais obsceno de ver: uma membrana repugnante, suja de sangue.

Lotário tornou-se papa em 1198, aos 37 anos. Desde o início de sua atuação como bispo de Roma, ele quis dar grande destaque à pregação. Chegaram até nós numerosos sermões pronunciados por Inocêncio III em diversas ocasiões, que ele próprio quis conservar e reunir. Nesse trabalho de pregação o papa não podia deixar de lidar, por um lado, com as festas litúrgicas e, por outro, com as tradições próprias da Igreja de Roma. Um caso muito interessante é o dos sermões pronunciados por Inocêncio por ocasião do Natal, pois neles ele precisava confrontar-se com a imagem de um Deus que se faz criança.

> O Senhor fez-se servo, o eterno tornou-se uma criança, o excelso um menino, o imenso tornou-se limitado, o simples tornou-se composto, o imortal tornou-se mortal, Pai de sua mãe e filho de sua filha [...]; ao nascimento de Cristo, apareceu uma estrela aos Magos, como vaticinara Balaão: "Uma estrela surgirá de Jacó, e um cetro se levantará de Israel"[242].

---

242. Inocêncio III, *Sermone B2*, in *I Sermoni*, in PL 217, Paris 1890, col. 309-688; trad. it. Stanislao Fioramonti, Cidade do Vaticano: Libreria Editrice Vaticana, 2006, p. 263.

O paradoxo é apenas aparente: justamente por ter uma visão tão limitada da criança, Inocêncio enfatiza a reflexão sobre um Deus que se humilha a ponto de se tornar uma criança. No entanto, apesar das atitudes ambíguas do papa em relação às crianças, é importante destacar que sua postura sofreu mudanças associadas às circunstâncias históricas de sua época.

Como papa, Inocêncio teve de lidar com uma sociedade em transformação. Seu pontificado coincidiu com um momento particular da história da cidade de Roma, que estava saindo da depressão em que mergulhara nos séculos anteriores. Durante a Alta Idade Média, a cidade que fora a capital do Império se reduzira a pouco mais de uma vila com 20 mil habitantes. Contudo, no século anterior ao pontificado de Inocêncio III, Roma, assim como outras cidades do centro-norte da Itália, da Languedoc, de Flandres e do Vale do Reno na Alemanha, passou por uma nova expansão demográfica e econômica. No início do século XIII, as cidades dessas regiões da Europa voltavam a ocupar um papel central na vida social e cultural da Cristandade. Essa mudança foi significativa. Durante toda a Alta Idade Média, ou seja, do século VI ao XI, a sociedade europeia tinha sido predominantemente rural. Não por acaso, os dois monumentos-símbolo desse período ainda hoje são rurais: a abadia e o castelo.

Quando a cidade volta a ser o motor do crescimento da sociedade europeia, registram-se inúmeras transformações sociais. Surgem novas classes vinculadas à economia mercantil, disseminam-se novas demandas culturais, e aumenta o número de trabalhadores assalariados, sem garantias e sempre à beira da pobreza. A condição das crianças nas cidades também se diferencia da condição das crianças no campo. Como atesta a *Gesta de Inocêncio III*, biografia escrita logo após sua morte, Inocêncio não ficou indiferente a todas essas transformações.

> Desde o início de seu pontificado, destinou às esmolas todos os rendimentos que lhe cabiam das ofertas feitas à basílica de São Pedro [...]. Assim, fazia alimentar os famintos, vestir os nus, casar as jovens pobres e sustentar as crianças abandonadas[243].

Nas cidades, as crianças abandonadas tornaram-se um problema social. Enquanto no campo praticava-se o infanticídio às escondidas, sob disfarces religiosos ou outros, nas cidades as crianças abandonadas vagavam pelas ruas à procura de comida. Eram crianças mendigas, crianças de rua, crianças cuja sobrevivência já não podia ser garantida pela *aliena misericordia*, ou seja, pela compaixão individual dos fiéis. Provavelmente pensando também nelas, Inocêncio criou, ou talvez tenha reorganizado, uma instituição destinada a lidar com essas novas formas de pobreza: o Hospital do Santo Spirito. A *Gesta* relata essa iniciativa com muitos detalhes.

> Com recursos próprios, para os doentes e os pobres, Inocêncio III também criou o Hospital do Santo Spirito, junto à igreja de Santa Maria in Sassia, na via pública próxima ao Tibre, em frente à basílica de São Pedro. É suficientemente evidente por si só o quanto ele enriqueceu e equipou o hospital com edifícios, propriedades, rendas, tesouros, ornamentos, livros e privilégios, para que ali sempre abundassem o culto religioso e a graça da hospitalidade, que já estão presentes naquele local[244].

---

243. *Gesta* di Innocenzo III, n. 143, tradução de S. Fioramonti, org. G. Barone e A. Paravicini Bagliani, Roma: Viella, 2011, p. 274.

244. Ibid., n. 144, tradução de S. Fioramonti, p. 274.

É muito provável que, desde o início, entre os doentes e os pobres estivessem incluídas as crianças. Quase na metade do lado do atual Hospital do Santo Spirito que dá para a Via di Borgo S. Spirito, ainda é possível ver a "roda" giratória onde mães desafortunadas, desejando preservar o anonimato, deixavam os recém-nascidos dos quais queriam se desfazer. Não sabemos se essa "roda" ainda é a mesma do século XIII, mas, de qualquer forma, a ordem religiosa responsável pelo hospital adotou uma Regra que, segundo estudos recentes, remonta à primeira metade do século XIII. Nessa Regra, entre outras obras de misericórdia, incluía-se o cuidado das crianças *proietti*, ou seja, a assistência às crianças expostas, abandonadas.

Nos séculos seguintes, o cuidado dessas crianças tornou-se a obra que absorveu a maior parte das receitas da piedosa instituição[245]. O abandono de menores passou a ser um fenômeno cada vez mais frequente na sociedade europeia. Ainda hoje, a difusão do sobrenome *Proietti* na região de Roma demonstra a importância que a instituição fundada por Inocêncio III teve na vida de tantas crianças.

245. Anna Esposito, *I proietti dell'ospedale S. Spirito di Roma: percorsi esistenziali di bambini e famiglie (secc. XV-XVI).*

# 15
# Francisco de Assis: um Deus que se faz criança

Francisco de Assis não é apenas um santo cristão muito venerado, mas também a figura histórica da Idade Média sobre a qual mais se escreve. Mais até do que o próprio Papa Inocêncio III ou o Imperador Frederico II da Suábia, que eram seus contemporâneos. Isso é bem surpreendente, considerando que Francisco não tinha estudos aprofundados e se definia como simples e idiota.

No entanto, não há muitos estudos dedicados à atitude de Francisco de Assis em relação à infância. E, ainda assim, trata-se de um tema certamente importante. Todos conhecem um episódio narrado na primeira *Vida*, escrita logo após sua canonização por um de seus discípulos, Frei Tomás de Celano. Trata-se do episódio do Natal de Greccio. Tomás posiciona o episódio de forma estratégica: ao final do primeiro livro, que narra toda a vida de Francisco, imediatamente antes do segundo livro, dedicado exclusivamente aos dois últimos anos de vida do santo, com os Estigmas e o relato de sua morte. É, portanto, uma narrativa à qual o autor quis dar grande destaque.

> Naquela região havia um homem chamado João, de boa fama e vida ainda melhor, muito querido pelo bem-aventurado Francisco porque, apesar de ser nobre e muito respeitado em sua região, valorizava mais a nobreza do espírito do que a da carne. Cerca de duas semanas antes da festa da Natividade, o bem-aventurado Francisco, como fazia frequentemente, chamou-o e disse: "Se quiseres que celebremos em Greccio o Natal de Jesus, adianta-te e prepara o que vou te dizer: quero representar o Menino nascido em Belém e, de algum modo, ver com os olhos do corpo as dificuldades que enfrentou pela falta das coisas necessárias a um recém-nascido, como foi colocado em uma manjedoura e como jazia sobre o feno entre um boi e um burro". Assim que ouviu, o fiel e devoto amigo partiu rapidamente para preparar no local indicado tudo o que o Santo solicitara[246].

Francisco pretendia refletir sobre a condição do Menino nascido em Belém, com as dificuldades de quem carecia do essencial para um recém-nascido, colocado em uma manjedoura, entre animais. Poucos anos antes, Inocêncio III descrevera com crueza a fraqueza e a fragilidade dos recém-nascidos. Mas, para Francisco, essa extrema fragilidade não provocava desprezo, mas, ao contrário, ternura. Tudo foi organizado como uma ocasião de festa.

> E chega o dia de alegria, o tempo de exultação! Para a ocasião, muitos frades foram convocados de diversas partes; homens e mulheres chegavam jubilosos das aldeias da região, trazendo, conforme suas possibilidades, velas e tochas para iluminar aquela noite, na qual resplandeceu no céu a Estrela que iluminou todos os tempos e eras. Finalmente, Francisco chega: vê que tudo está disposto conforme seu desejo e irradia alegria. A

246. Tomás de Celano, *Vita beati Francisci*, I, XXX, 86.

> manjedoura é preparada, coloca-se o feno e introduzem-se o boi e o burro. Naquela cena comovente brilha a simplicidade evangélica, louva-se a pobreza, recomenda-se a humildade. Greccio tornou-se como uma nova Belém. Aquela noite é clara como o pleno dia e doce para homens e animais! As pessoas acorrem e se alegram com uma felicidade nunca antes experimentada diante do novo mistério. A floresta se enche de vozes, enquanto os imponentes penhascos refletem os coros festivos. Os frades cantam louvores escolhidos ao Senhor, e toda a noite parece um sobressalto de alegria. O Santo está ali, em êxtase diante do presépio, o espírito vibrante de compunção e de uma alegria indescritível.

O que acontece exatamente naquela noite em Greccio? Uma festa? Uma representação teatral? Um presépio vivo? Nada disso. Francisco deseja que, naquele lugar simples e destinado a animais, seja celebrada uma liturgia, ou seja, a Missa de Natal.

> Depois, o sacerdote celebra solenemente a Eucaristia sobre o presépio, e ele mesmo [Francisco] experimenta uma consolação nunca antes sentida. Ele veste os paramentos diaconais, pois era diácono, e canta com voz sonora o santo Evangelho: aquela voz forte e doce, clara e vibrante, transporta a todos para desejos celestiais. Em seguida, ele fala ao povo e, com palavras dulcíssimas, evoca o pobre Rei recém-nascido e a pequena cidade de Belém.

Neste momento, algo extraordinário acontece. Os frades já estavam habituados à forma de falar de Francisco, que não utilizava uma linguagem clerical, mas era capaz de despertar os sentimentos mais profundos com suas palavras. Também nesse caso, as palavras de Francisco têm um valor incomum.

> Com frequência, ao se referir a Cristo Jesus, inflamado de amor celestial, ele o chamava de "o Menino de Be-

lém" e, ao pronunciar o nome "Belém", enchia a boca de voz e ainda mais de um afeto terno, emitindo um som semelhante ao balido de uma ovelha. Sempre que dizia "Menino de Belém" ou "Jesus", passava a língua nos lábios, como se quisesse saborear e reter toda a doçura dessas palavras[247].

Esse trecho da *Vida* de Tomás de Celano só pode ser compreendido se considerarmos que Francisco provavelmente pregava em Greccio não em latim, como faziam os clérigos, mas em língua vulgar, no dialeto daquela região, semelhante ao de Assis. Em latim, de fato, "Menino de Belém" seria – e assim o chama Tomás de Celano – *puer de Bethlehem*. Mas a palavra *puer* não remete, de forma alguma, ao balido das ovelhas, ao contrário da palavra *bambino* ["menino"].

Francisco refletira muito sobre o balido das ovelhas. De acordo com uma fonte pouco conhecida, certa vez ele teria dito: "Meu irmão cordeiro, animal inocente e tão útil aos homens, que sempre chamas e anuncias o bem"[248]. Agora, porém, ele se detém para pronunciar delicadamente as palavras "Menino de Belém", passando a língua entre os lábios, como se quisesse saborear e reter a doçura dessas palavras.

Se essa reconstrução estiver correta, estaríamos diante de um dos primeiros testemunhos do uso da palavra "menino" na história da língua italiana. Como se sabe, essa palavra não existe em latim. Para indicar as crianças, o latim utiliza principalmente duas palavras: *puer* e *infans*. Ambas têm conotações negativas. *Puer* vem da mesma raiz de *paucus* ou *pauper*, indicando quem é pouco, pequeno. *Infans*, por sua vez,

247. Ibid.

248. Ms Little 197: "Frater mi agnicule, animal innocens et hominibus valde utile, clamans semper et annuntians bene".

deriva de *in-falo*, que significa "não-falo". O "infante" é, por definição, aquele que não fala. É verdade que o latim também tem vocativos carinhosos, como *pupus*, de onde deriva o italiano *pupo*, e *puella*, que significa "menina", mas as palavras amplamente mais atestadas por séculos são *puer* e *infans*.

Ao longo da Idade Média, começam a surgir palavras até então desconhecidas para designar as crianças. Em italiano, "bambino"; em espanhol, "niño"; em inglês, "baby"; em francês (mas apenas para recém-nascidos), "bébé". A palavra italiana é o diminutivo de "bimbo". Talvez Francisco tenha dito "il bimbo di Betlemme". Pode-se levantar a hipótese de que todas essas palavras tenham origem na própria linguagem das crianças, ou seja, no balbucio que os pequenos começam a desenvolver entre o quarto e o quinto mês de vida[249]. Muitas palavras surgem assim: mamãe, papai, vovô, vovó, papinha, cocô, ninar, dodói... Essa etimologia não é certa, mas, no mesmo período, em outras línguas neolatinas, como o português, para designar *pueri*, outras palavras se firmaram, como *crianças*, que revelam sua origem cristã. O fato de as novas línguas europeias sentirem a necessidade de criar novos ter-

---

249. Os linguistas não são unânimes em estabelecer a etimologia da palavra "bambino". B. Migliorini e A. Duro, em *Prontuario etimologico della lingua italiana*, Turim: Paravia, 1953, p. 55: "termo onomatopaico infantil"; G. Devoto, em *Avviamento alla etimologia italiana. Dizionario etimologico*, Florença: Le Monnier, 1968, p. 41: "diminutivo de *bambo*, forma arcaica com o significado de 'tolo', pertencente à mesma família onomatopaica de *babbèo*". A essa segunda interpretação faz referência Carlo Pancera, em "Semantiche d'infanzia", na revista *Aut-Aut*, p. 191-192, 1982, p. 193: "O *bambino* é, portanto, essencialmente o pequeno tolo que balbucia desajeitadamente tolices em uma sociedade que não consegue enxergar nele outras características marcantes". Essa interpretação decididamente negativa, no entanto, não leva em conta o surgimento contemporâneo de formas semelhantes em diferentes línguas.

mos para designar as crianças é sinal de uma nova atenção voltada a elas. É muito provável que Francisco de Assis tenha sido tanto testemunha quanto protagonista dessa nova atenção às crianças, a quem ele chama com os mesmos nomes que as mães usavam, abandonando os termos latinos.

De qualquer forma, o significado do episódio de Greccio não se limita apenas a uma palavra. O contraste está todo entre o Rei e o pobre. Jesus é o Rei que os Magos vieram adorar desde o Oriente, mas também é um menino pobre, tão pobre que nasce numa manjedoura, entre os animais. O oxímoro se inverte: aquele pobre é Rei! Aquele menino cheio de privações, que não tem onde ser colocado, na verdade é o Rei dos Reis, o Senhor, Deus do universo! Como ocorre frequentemente com Francisco, ele não se limita a pregar… transmite o Evangelho com todo o seu ser. A maneira como pronuncia as palavras atrai a atenção dos presentes. Para Francisco, o nome de Deus não é "inominável", como na tradição veterotestamentária e da Alta Idade Média; pelo contrário, o nome de Deus é tão suave que pode ser degustado e saboreado, enchendo a boca de doçura. O Rei dos Reis escolheu tornar-se pobre, a ponto de se encarnar em um menino nascido à margem, sem casa, entre os animais. Que amor poderia ser maior que esse?

Qual é a atitude de Francisco diante do menino? Tomás de Celano relata que "o santo está de pé diante da manjedoura, cheio de suspiros, contrito pela piedade, mas repleto de uma alegria inefável". Os sentimentos de Francisco são dois: a contrição, ou seja, o pesar diante das dificuldades enfrentadas pelo menino que nasce entre os animais; e a alegria inefável, diante do amor que aquele menino encarna pela humanidade. O próprio Tomás de Celano dirá que Francisco experimentou esses mesmos sentimentos um ano depois, no Monte Alverne, quando teve a visão do serafim crucificado. Também nesse caso, a dor diante de tanto sofrimento se associava à alegria de contemplar um amor tão intenso. Francisco carregará em sua carne os sinais dessa alegria e dessa dor pelo resto de sua vida.

A liturgia do Natal de 1223 em Greccio não foi improvisada. Francisco meditava sobre esses mistérios havia anos. Temos indícios disso em seu *Ofício da Cruz*, um texto que ele compôs, decorou e costumava recitar todos os dias, em intervalos regulares, a cada três horas. Era assim que Francisco recordava diariamente os últimos momentos da vida de Jesus. O *Ofício* foi composto primeiramente para a Semana Santa, ou melhor, para lembrar o período entre a Última Ceia e a Crucificação de Jesus. Mais tarde, Francisco adicionou alguns salmos, de sua autoria, dedicados às festas mais importantes. Um desses salmos é especialmente voltado ao Natal. Nele há, entre outras coisas, uma anotação peculiar:

> Este é o dia que o Senhor preparou:
> exultemos e nele nos alegremos.
> O santíssimo menino, que tanto amamos, nos foi dado,
> e para nós nasceu na rua, sendo colocado em uma manjedoura,
> pois não havia lugar para Ele na hospedaria.

Ao escrever esse salmo, Francisco empregou trechos das Escrituras. Contudo, é muito importante destacar os acréscimos que ele fez, pois revelam o que, a seu ver, era tão essencial que precisava ser incluído até mesmo no texto sagrado. Um desses acréscimos é a expressão *in via*, que pode ser traduzida como "na rua". Francisco afirma: "o santíssimo menino, que tanto amamos, nos foi dado, e para nós nasceu na rua, sendo colocado em uma manjedoura". No texto evangélico não se usa a expressão *in via*, "na rua", embora fique claro que Jesus nasceu enquanto José e Maria estavam em viagem para o recenseamento.

A observação de que Jesus nasceu "na rua" pode ter sido inspirada pela liturgia, mas, em qualquer caso, Francisco a fez sua. Para ele, era muito importante ressaltar que o menino era um sem-teto, um refugiado, um peregrino.

Naquele mesmo período, enquanto realizava a celebração em memória de Belém em Greccio, Francisco estava compondo a Regra para os seus frades. Na primeira versão dessa Regra (conhecida como *Regra não bulada*, ou seja, não aprovada pela Sé Apostólica), há um trecho muito significativo: "[Os frades] devem estar satisfeitos quando estão no meio de gente comum e desprezada, de pobres e fracos, de enfermos e leprosos e entre mendigos da rua"[250]. Mais uma vez, aparece a expressão "da rua". Os frades devem se alegrar ao estar entre aqueles que vivem na rua, assim como Jesus nasceu na rua. Viver na rua faz parte do coração do seguimento de Jesus, segundo a interpretação de Francisco.

Em resumo, o que aconteceu em Greccio naquela noite? Francisco celebrou uma missa solene num estábulo, com um altar montado sobre uma manjedoura, no meio dos animais. Ali, cantou e pregou sobre o Evangelho do Natal. Com aquela celebração e as palavras de Francisco, os presentes tiveram a impressão de ver o próprio Menino Jesus de quem Francisco falava. De fato, um dos presentes, provavelmente o próprio *messer* Giovanni de Greccio (a quem Francisco pedira para preparar tudo para a cerimônia), contou ter visto o Menino Jesus naquela ocasião.

---

250. Francisco de Assis, *Regula non bullata*, IX.

> Um dos presentes, um homem virtuoso, tem uma visão admirável. Ele acredita ver o Menino Jesus deitado sem vida na manjedoura, e Francisco se aproxima dele e o desperta daquele tipo de sono profundo[251].

O comentário de Frei Tomás de Celano sobre esse episódio é especialmente significativo:

> Nem a visão prodigiosa discordava dos fatos, pois, pelos méritos do Santo, o Menino Jesus era ressuscitado nos corações de muitos que o haviam esquecido, e sua lembrança permanecia profundamente gravada em suas memórias[252].

Muitos acreditam que, na Idade Média, todos eram naturalmente cristãos. Contudo, como aponta esse texto, mesmo no tempo de Francisco, Deus parecia estar como morto, ou pelo menos adormecido, no coração de muitas pessoas. A celebração de Greccio conseguiu despertar nos corações dos presentes (e também naqueles que ouviram o relato) a consciência da presença de Deus na vida dos homens. Francisco parece lembrar aos homens de seu tempo (e de todos os tempos) que Deus existe e, mais do que isso, que Deus se fez tão próximo que é possível encontrá-lo num menino que nasce pobre, na rua.

251. Tomás de Celano, *Vita beati Francisci*, I, XXX, 86.

252. Ibid.

# 16

# Tomás de Aquino e Boaventura: o olhar dos filósofos

A prática da oblação das crianças nos mosteiros, como dissemos, diminuiu significativamente a partir do século XII. De todo modo, nunca desapareceu completamente. Não por acaso dois dos mais importantes intelectuais do século XIII, Tomás de Aquino e Boaventura de Bagnoregio, também foram oferecidos desde a infância. Sua vasta cultura certamente também era fruto da educação precoce que tinham recebido.

Na verdade, suas histórias são diferentes. Tomás, filho dos condes de Aquino, foi oblata no mosteiro de Montecassino aos 5 anos, continuando, portanto, uma tradição que, como vimos, remontava aos tempos de Bento. Posteriormente, transferiu-se para Nápoles para aperfeiçoar seus estudos e lá foi conhecido pelos Frades Pregadores de Domingos, que o convenceram a deixar os beneditinos para se juntar a eles. A escolha encontrou a oposição da família de Tomás, que via desaparecer a aliança estratégica com a abadia situada perto de Aquino. Tomás chegou a Paris com os frades dominicanos e lá fez uso de sua cultura, tornando-se mestre em teologia[253].

Boaventura, por sua vez, como ele mesmo conta, foi salvo, por intervenção milagrosa de São Francisco, quando ainda era criança. Após o milagre, sua mãe o ofereceu ao santo. Não se sabe exatamente quando Boaventura deixou a família para entrar em um convento franciscano, mas é provável que já estivesse em contato com os frades menores, quando foi enviado a Paris para completar seus estudos. É verdade que a escolha definitiva de se tornar Frade Menor foi feita quando Boaventura já era adulto, mas sua vocação sempre permaneceu ligada ao voto feito por sua mãe quando ele ainda era criança. Isso não significa que tenha tido uma infância traumática. Ele mesmo, muitos anos depois, ao precisar dar um modelo aos sacerdotes no cuidado das almas, se referiu ao modelo familiar.

> O afeto do sacerdote pelo povo deve ser semelhante ao do pai pelo filho, da mãe pela prole, da ama de leite pela criança. Como declara claramente o Apóstolo, o qual, quando fala daqueles que converteu à fé, algumas vezes diz que os gerou em Cristo, outras vezes que os pariu, outras vezes que os alimentou com leite, como crianças em Cristo. E assim como não é incômodo, mas sim desejável, querido e prazeroso para um pai, uma mãe ou uma ama de leite cuidar do filho que necessita de tudo, proteger a frágil criatura e alimentar o pequeno que chora, da mesma forma deve ser motivo de grande consolação para todos os santos e devotos sacerdotes cada

253. Para uma introdução à vida de Tomás, cf. James A. Weisheipl, *Tommaso d'Aquino. Vita, pensiero, opere*, Milão: Jaca Book, 1987 (ed. orig. Nova York, 1974).

oportunidade de buscar a salvação da multidão que lhes foi confiada[254].

De qualquer forma, é particularmente interessante perguntar qual foi a atitude em relação às crianças por parte desses dois grandes mestres do século XIII. Suas reflexões, de fato, terão uma influência decisiva sobre gerações de clérigos nos séculos seguintes e se inserem em uma tradição que os precede.

O ponto de partida não poderia ser outro senão a reflexão sobre a *infirmitas*, isto é, a fraqueza das crianças. Esse tema, como vimos, tinha raízes agostinianas. No século XII, Guilherme de Conches, por exemplo, escrevia:

> Do nascimento até o sétimo ano é a infância, porque em parte dessa idade não pode falar, e, na outra, ainda que fale, fala de modo imperfeito. Nessa idade pode-se ter o sentido, mas não a razão e o intelecto[255]

Hugo de São Vítor, por sua vez, em sua *Summa de Sacramentis*, chega a afirmar – contrapondo-se a Agostinho – que, segundo ele, as crianças seriam pequenas mesmo na condição anterior ao pecado original, pois sua estatura estaria vinculada às leis normais do desenvolvimento natural.

> Se, porém, perguntamos que filhos o homem teria gerado se não tivesse pecado, ou seja, se assim como o próprio primeiro homem foi criado perfeito de forma instantânea tanto segundo a natureza do corpo quanto segundo o sentido da mente, do mesmo modo também aqueles que nasceriam dele deveriam, desde o início, ser instantaneamente perfeitos tanto no corpo quanto nos sentimentos [como vimos, essa era a opinião de Agostinho,

254. Boaventura, *Apologia pauperum*, cap. XII, 7, in *Opera*, vol. XIV/2, p. 391.

255. Guilherme de Conches, *Philosophia mundi*, IV, XVIII, in PL 90, 1171.

> n.d.c.]. Nós, por nossa opinião, concordamos mais com a ideia de que, ainda que se admita que aquele primeiro homem, como dissemos, tenha sido criado instantaneamente perfeito no corpo e no sentido, aqueles que nasceriam dele, no entanto, pela mesma lei segundo a qual a geração humana [é] agora ordenada, nasceriam pequenos e, posteriormente, com o passar do tempo, adquiririam tanto o crescimento dos sentimentos da alma quanto da estatura do corpo[256].

O problema é a correspondência entre a *infirmitas* do corpo e a da mente e da alma. Pedro Lombardo, em seu *Liber Sententiarum*, dedicou uma *quaestio* a esse problema. Seu texto tornou-se o manual de todos os estudantes de teologia. Cada *magister*, para se tornar tal, precisava ter produzido um comentário às *Sentenças* de Pedro Lombardo. É por isso que, entre tantos, temos também os comentários de Tomás de Aquino e Boaventura sobre essa *quaestio*. Tomás desenvolve uma reflexão com base na observação natural.

> Respondo dizendo que, como o Mestre afirma na carta, é necessário que a posição sobre a perfeição do intelecto seja consistente com a posição sobre a perfeição do corpo; por isso, tendo afirmado que as crianças não tinham no princípio o uso dos membros, deve-se também admitir que tampouco tinham o uso do conhecimento perfeito. Aqueles que, por outro lado, afirmam que [as crianças] tinham a perfeição dos membros, podem considerar que tinham também o uso perfeito da razão. De fato, entre todos os membros do corpo, o cérebro é o mais úmido. Por isso, se, devido à umidade da idade, as crianças não podem ter controle sobre os

256. Hugo de São Vítor, *Summa de sacramentis*, I, I, cap. XXVI, in PL 176, col. 278-279.

> outros membros, muito menos podem ter o pleno uso da virtude imaginativa, cujo órgão está na parte anterior do cérebro. De fato, a abundância de umidade cria uma certa confusão de imagens fantásticas, como se observa nos ébrios, devido ao excesso de vapor que sobe à cabeça. Por outro lado, as imagens fantásticas, como se lê no terceiro livro do *De Anima*, estão para o intelecto como as cores estão para a visão. Por isso, assim como à confusão das cores segue-se a indeterminação e a confusão no ato da capacidade visual, à confusão das imagens fantásticas segue-se certa confusão no ato da capacidade intelectual, e disso deriva o fato de que as crianças, no princípio, têm um conhecimento confuso de conceitos universais e, posteriormente, com o passar do tempo, conhecem distintamente cada coisa. Por isso, no primeiro livro da *Física*, afirma-se que as crianças no início chamam todos os homens de pai e, em seguida, cada uma delas identifica o seu próprio pai[257].

Não há dúvida de que a mente da criança inquietava o adulto filósofo. O próprio paralelo com o ébrio é, nesse sentido, revelador: a criança, assim como o adulto que bebeu, não controla sua capacidade intelectual e, aos olhos de quem faz do uso da razão o instrumento privilegiado de conhecimento, é uma presença perturbadora. O cérebro da criança é um mistério, assim como sua expressividade. De fato, se as crianças não sabem falar, isso não significa que permanecem em silêncio; ao contrário, os autores medievais notam com desagrado que, como afirma Bartolomeu Ânglico, as crianças frequentemente não sabem ficar quietas:

257. Tomás de Aquino, *Super Sent.*, lib. 2 d. 20 q. 2 a. 2 co.

> De repente riem, de repente choram, continuamente gritam, berram [...], ficam um pouco em silêncio apenas quando dormem ou cochilam[258].

Por outro lado, os filósofos medievais não são apenas intelectuais ou professores, incomodados pelo comportamento irracional das crianças, mas também homens de Igreja, habituados a um rígido controle de si mesmos, e que se sentem incomodados por qualquer movimento excessivo ou gesto imotivado. Isso é evidente, por exemplo, nas palavras de Boaventura de Bagnoregio ao comentar a mesma passagem do Segundo Livro das Sentenças:

> Esta é a posição mais provável: que, de alguma forma, ao longo do tempo, as crianças cresçam em sensibilidade e conhecimento. De fato, a alma, quando está no corpo, imita o temperamento do corpo. E, como na infância o temperamento do cérebro é mole e fluido, não pode haver nele uma impressão forte das imagens, nem um raciocínio sólido sobre elas. Por isso, assim como um rosto não se reflete na água quando ela está agitada, os pequenos ainda não estão aptos para o uso do conhecimento[259].

Aqui se pode dizer que Aristóteles prevaleceu. A teoria dos humores, segundo a qual as crianças são quentes e úmidas, enquanto os idosos são frios e secos, combina-se com a ideia de que o cérebro é o órgão mais mole do corpo humano. É assim que se demonstra, cientificamente, que as crianças têm um cérebro que, como afirma Tomás, não é capaz de ela-

---

258. Bartolomeu Ânglico, *De proprietate rerum*, VI, *De puero*, f. 2v, cit. in Nagel-Vecchio, *Il bambino, la parola, il silenzio*, p. 756.

259. Boaventura, *Commentaria in Quattuor libros Sententiarum*, in *Opera Omnia*, Ad Claras Aquas 1885-1903, vol. II, Dist. XX, VI, p. 489.

borar conceitos abstratos e, como diz Boaventura, não consegue fixar ideias.

As consequências dessa abordagem não tardam a surgir. Tomás explica, por exemplo, que as crianças, justamente por serem desprovidas de racionalidade, pertencem aos pais. Ele faz isso num contexto até nobre, ao se opor à prática de batizar os filhos de pais judeus contra a vontade dos próprios pais, mas, de qualquer forma, evidencia o estado de absoluta subordinação das crianças.

> De fato, a criança, enquanto não tem o uso da razão, não se diferencia de um animal irracional. Por isso, assim como o boi ou o cavalo pertencem a um dono que pode usá-los arbitrariamente como instrumentos, de acordo com o direito civil, também segundo o direito natural o filho, antes de adquirir o uso da razão, está sob os cuidados do pai. Seria, portanto, contra a justiça natural retirar então a criança dos cuidados dos pais ou dispor dela contra a vontade deles. Quando, porém, [a criança] começa a ter o uso do livre-arbítrio, ela passa a pertencer a si mesma e pode decidir sobre si nas questões de direito divino e direito natural. Nesse momento, deve ser orientada à fé, não pela força, mas pela persuasão. Assim, ela pode aceitar a fé e ser batizada mesmo contra a vontade dos pais – mas não antes de ter o uso da razão. Com efeito, diz-se que os filhos dos antigos Patriarcas "foram salvos pela fé de seus pais": com essas palavras se quer afirmar que cabe aos pais proverem a salvação dos filhos, especialmente antes que adquiram o uso da razão[260].

Um raciocínio parcialmente semelhante aplica-se à questão sobre a possibilidade de crianças testemunharem em um

260. Tomás de Aquino, *Summa Theologica*, II, II, q.10, a. 12.

processo. Na *Summa*, pergunta-se se alguém pode ser excluído da possibilidade de testemunhar. A resposta de Tomás é:

> O testemunho oferece uma certeza não infalível, mas provável. Por isso, tudo o que apresenta uma probabilidade contrária torna o testemunho inepto. Ora, a falta de firmeza [e de confiabilidade] ao testemunhar, em certos casos, é causada por uma culpa [...], em outros casos, isso ocorre sem culpa. E isso ou por um uso imperfeito da razão, como acontece com as crianças, os loucos e as mulheres [...]. É, portanto, evidente que o testemunho de uma pessoa pode ser rejeitado tanto por culpa quanto sem culpa[261].

Para Tomás, as crianças e as mulheres, assim como os loucos, têm um uso imperfeito da razão, e por isso não devem testemunhar em um processo. Contudo, essa ideia contrasta com a noção de que mesmo as crianças (e, por conseguinte, as mulheres) podem ter acesso à Sabedoria divina. Na *Summa*, Tomás se pergunta se a sabedoria está presente em todos os que estão em estado de graça. A resposta é surpreendente.

> Parece que sim, pois a Escritura diz que "Deus não ama senão quem vive com sabedoria" [Sb 7,28]. Portanto, a sabedoria está presente em todos os que estão em estado de graça, sendo imunes ao pecado mortal.

A *solutio*, entretanto, esclarece:

> Os loucos batizados, assim como as crianças, têm o hábito da sabedoria, uma vez que esta é um dom do Espírito Santo, mas não têm os atos dela devido a um impedimento físico que lhes obstrui o uso da razão[262].

---

261. Ibid., II, II, q.70, a. 3.

262. Tomás de Aquino, *Summa Theologica*, II, II, q.45, a. 5.

Mas as consequências das afirmações acerca da falta de racionalidade das crianças se fazem sentir sobretudo na reflexão sobre a moral. Na *Summa Theologica*, Tomás dedica uma *quaestio* inteira ao tema "se a intemperança é um pecado das crianças"[263]. Na realidade, ele percebe um contraste entre o que diz o Evangelho – "Se não vos converterdes e não vos tornardes como crianças, não entrareis no Reino dos céus" (Mt 18,13) – e o que diz Aristóteles, que afirmava: "Nós atribuímos o nome de intemperança aos defeitos das crianças"[264].

> *Solutio*: o pecado da intemperança é um excesso de concupiscência que se assemelha à infância sob três aspectos. Primeiro, quanto ao objeto que é desejado. Assim como a criança, a concupiscência deseja algo indecente. E [...] a criança não considera a ordem da razão. E, da mesma forma, "a concupiscência não ouve a razão", como diz o Filósofo [*Eth.* 7,6]. Segundo, a intemperança e a puerilidade coincidem em seus efeitos. Se a criança é deixada à própria vontade, torna-se mais obstinada; na Escritura [Ecl 30,8] lê-se: "Um cavalo não domado torna-se arisco, e um filho deixado a si mesmo torna-se imprudente". O mesmo se aplica à concupiscência, que, quando satisfeita, ganha mais força, como nota Santo Agostinho (*Confissões* 8,5): "Enquanto se serve à paixão, eis que se forma o hábito; e, não resistindo ao hábito, eis que surge a necessidade". Terceiro, elas coincidem nos remédios aconselhados para ambas. A criança é corrigida com coerção, segundo as palavras dos Provérbios [23,13-14]: "Não poupe a correção ao jovem; se o ferires com a vara, livrarás sua alma do inferno". [...] E o Filósofo [*Eth.* 3,12] escreve que, "assim como a criança de-

263. Ibid., II, II, q.142, a. 2.

264. Aristóteles, *Eth.* 3,12.

ve obedecer ao pedagogo, também a concupiscência deve submeter-se à razão".

Em essência, para Tomás, intemperança e puerilidade, ou seja, infância, são sinônimos. No final, Aristóteles tem razão: o único caminho para alcançar a vida moral é superar a infância com seus defeitos.

No entanto, todas essas convicções arraigadas não impedem Tomás, ao comentar as passagens evangélicas, de se abrir para outra perspectiva sobre as crianças. É o que ocorre no *Comentário ao Evangelho de Mateus*, no versículo do capítulo 21 em que se diz: "Os chefes dos sacerdotes e os escribas, vendo as maravilhas que tinha realizado e as crianças que clamavam no templo: 'Hosana ao Filho de Davi', indignaram-se e lhe disseram: 'Não ouves o que dizem estas pessoas?'" (Mt 21,15). Tomás escreve:

> E [Jesus] disse: Certamente as ouço, mas não dizem nada contra mim. Mas como disse Davi: com a boca das crianças e dos lactentes conquistaste um louvor (Sl 8,3). Diz "conquistaste" e não "realizaste", porque essas crianças louvam a Deus por inspiração divina, pois perfeitas são as obras de Deus (Dt 32,4). Portanto, não por iniciativa própria, mas pelo Espírito Santo, que torna eloquente a língua das crianças (Sb 10,21). Como pode chamá-las *infantes*, ou seja, aquelas que não sabem falar e, portanto, não poderiam louvar? Digo que são chamadas *infantes* não pela idade, mas pela simplicidade, porque são imunes à malícia. Como diz o Apóstolo: "Não sejais crianças no entendimento; quanto à malícia, sede crianças" (1Cor 14,20). Do mesmo modo, são chamados lactentes porque se comovem com os milagres; a comoção pelos milagres é como o leite, que se bebe sem

> dificuldade; assim, esses são conduzidos com doçura à fé pelo milagre[265].

O princípio evangélico ao qual Tomás se refere nesse caso é o contido no Evangelho de João: "O Espírito sopra onde quer, e ouves a sua voz, mas não sabes de onde vem nem para onde vai: assim é todo aquele que é nascido do Espírito" (Jo 3,8). Mesmo sobre as crianças, apesar de todos os seus defeitos, que Tomás não contesta, pode soprar o Espírito de Deus.

265. Tomás de Aquino, *Lectura super Matthaeum* XXI, 15, n. 1706-1707.

# 17
# Clara de Montefalco e as outras

> Durante sua infância, enquanto rezava, muitas vezes lhe aparecia a bem-aventurada Virgem, que trazia consigo, sob o manto, o Menino Jesus, que parecia ter a mesma idade que ela. E, com a permissão da mãe, o menino se aproximava, caminhando até Clara, e às vezes a tomava pela mão, comunicando-lhe consolações maravilhosas. Clara, por sua vez, queria agarrar o Menino Jesus, que via com os olhos do corpo, e brincar com Ele. No entanto, o menino fugia de Clara e voltava para junto da mãe, escondendo-se, e deixava Clara com um grande desejo[266].

A menina protagonista desse episódio é Clara de Montefalco. A história foi contada por um clérigo de Spoleto, Berengário de Santo Africano, que fora encarregado de investigá-la após sua morte, em odor de santidade. O inquisidor tornou-se devoto e biógrafo, reunindo os primeiros testemunhos sobre ela. A menina tinha uma irmã mais velha, Joana, que escolhera a vida religiosa e vivia num eremitério construído especialmente pelo pai, junto com um grupo de jovens mu-

266. *Vita Sanctae Clarae de Cruce Ordinis Eremitarum S. Augustini*, ed. A. Semenza, Cidade do Vaticano: Tipografia Poliglotta Vaticana, 1945, p. 7.

lheres. Berengário relata que, aos 6 anos de idade, a pequena Clara desejou com todas as forças seguir a irmã e, assim, foi viver na ermida. Na prática, era uma pequena oblata, ainda que oferecida a Deus não num mosteiro, mas num pequeno claustro, onde se seguia a regra de Santo Agostinho.

O episódio, portanto, se refere aos primeiros anos de Clara na comunidade da irmã. É o relato de uma criança que talvez não tivesse outras crianças com quem brincar e via as mulheres mais velhas rezarem e trabalharem o dia inteiro. A menina também rezava e… via o Menino Jesus, que tinha exatamente sua idade. Mais do que uma visão, parece uma brincadeira infantil: Clara e Jesus brincavam de "pega-pega", como todas as crianças. Esse não é o único milagre da infância de Clara contado por Berengário.

> Certa vez, enquanto estava doente, Clara desejava comer uma "cascatam", uma torta de queijo, mas, não tendo outra coisa, levou à boca e comeu uma crosta de pão. No entanto, a generosidade de Deus transformou imediatamente o sabor típico do pão no da torta de queijo, tão deliciosa que ela não se lembrava de já ter comido algo melhor[267].

Por muitos anos, Clara cresceu nesse mundo "encantado", no qual o céu e a terra se confundiam. A certa altura, porém, o encantamento foi bruscamente rompido. Clara, que acabara de ter uma de suas visões, contou-a a uma de suas companheiras.

> Certo dia, Clara estava conversando em sua cela com uma companheira e falavam entre si sobre a Paixão do Senhor. Clara contou a visão e disse: "Tudo o que se pede com afeição, o Senhor concede imediatamente. Eu

267. Ibid., p. 8.

> mesma provei isso muitas vezes pela experiência". Ela acreditava, de fato, que o Senhor agia com todos como agia com ela. A companheira respondeu: "Eu sei que não sou digna de merecer que Deus atenda imediatamente à minha vontade". Ao ouvir isso, Clara começou a pensar que era alguém especial, como ela mesma relataria algum tempo depois com grande dor. Desde então, a clareza das revelações e a frequência das visões foram, em grande parte, retiradas de Clara por onze anos, período durante o qual ela não encontrou paz em sua alma, mas enfrentou um intenso conflito devido às tribulações[268].

Depois dessa longa noite espiritual, que durou onze anos, Clara voltou a experimentar vivências extraordinárias. O Menino Jesus continuou a aparecer em suas visões, mas não mais como um companheiro de brincadeiras, e sim como uma revelação do rosto manso de Deus.

> Em uma visão, Clara segurava em suas mãos, diante de seu peito, um cordeiro belíssimo, que tinha o rosto de uma criança. Sua lã era mais branca do que a neve, mais macia do que a seda e delicada em todos os aspectos. O cordeiro olhava diretamente para Clara, e ela sentia uma indescritível doçura e amor emanando do cordeiro e de seus olhos. Depois de algum tempo, o cordeiro desceu num fosso profundo, onde havia uma lança muito alta erguida. Ali, o cordeiro permaneceu de pé e, apoiando-se na lança, clamava: "Vós, que vos assentais em mesas fartas, contemplai o cordeiro que carregou a cruz!"[269]

Já no fim de sua vida, Clara voltou a "ver" o Menino Jesus. Nesse ponto, contudo, as visões estão mais claramente relacionadas às festas litúrgicas.

---

268. Ibid., p. 15.

269. Ibid., p. 13.

> Em determinado ano, durante as três semanas que antecediam a festa da Natividade do Senhor, Clara permaneceu elevada num arrebatamento [místico] quase contínuo. Nesse estado, ela via quase constantemente o Filho de Deus em forma humana. Na noite da Natividade do Senhor, por volta da meia-noite, essa elevação se intensificou significativamente. Ela viu então, junto com o menino recém-nascido, um caminho muito largo, semelhante a um raio de sol, que procedia de Deus Pai e descia diretamente até ela, sem encontrar nenhum obstáculo. A jovem Clara, levantando-se diante do esplendor dessa luz, sentindo uma unção espiritual, permaneceu de pé sob o referido raio de sol. Reconheceu os santos anjos que subiam e desciam de Deus Pai até ela. E, ao ouvir os santos anjos cantarem para o menino recém-nascido, começou a cantar docemente com eles, compreendendo, por revelação divina, que todos os santos respondiam claramente àquele canto e que sua própria voz ressoava entre eles. As que estavam no mosteiro ouviram o canto de Clara, mas não conseguiram entender o que ela dizia[270].

Como se pode observar, o tom das visões de Clara mudou muito em relação àquelas de sua infância. Aqui, o tom é mais claramente teológico, e a visão reflete a prática do canto litúrgico.

Ainda assim, há algo a ser destacado nesses testemunhos relativos a uma mulher do século XIII. Primeiramente, essas visões não são exclusivas de Clara de Montefalco. Outras mulheres santas também tiveram o privilégio de "ver" o Menino Jesus. Para permanecer num contexto geográfico e cronológico próximo ao de Clara, podemos citar, por exemplo, duas testemunhas do *Processo de canonização de Clara de Assis*, realizado em Assis (não muito longe de Montefalco) em 1253.

270. Ibid., p. 30.

A primeira delas é a Irmã Francesca de Messere Capitaneo, de Col de Meççо.

> Também disse que uma vez, no dia das calendas de maio, essa testemunha viu no colo de sua Senhora Clara, diante de seu peito, um menino lindíssimo, de uma beleza que não poderia ser expressa. E essa mesma testemunha, ao contemplar aquele menino, sentia uma suavidade de indescritível doçura. Sem dúvida, ela acreditava que aquele menino era o Filho de Deus. Também afirmou que, naquela ocasião, viu sobre a cabeça da Senhora Clara duas asas resplandecentes como o sol, que ora se erguiam, ora cobriam a cabeça da mencionada senhora. Quando perguntada se mais alguém vira aquilo, respondeu que apenas ela o presenciara e que nunca revelara isso a ninguém, e não o teria feito naquele momento, se não fosse para louvar tão santa Mãe[271].

A testemunha, nesse caso, não especifica a ocasião litúrgica em que teve a visão. As calendas de maio poderiam indicar uma data entre a Páscoa e o Pentecostes, mas nada mais é dito. Seja como for, também para essa companheira de Clara de Assis, parecia absolutamente natural ver o Menino Jesus. A tradução do texto dos séculos XV-XVI usa a palavra *mammolo*, um termo carinhoso para se referir a uma criança. O que chama a atenção é a posição em que Irmã Francesca vê o menino: diante do peito de Clara, ou seja, exatamente como um verdadeiro bebê estaria nos braços de uma mulher. Logo após o depoimento de Irmã Francesca, Irmã Inês de Messere Oportulo de Bernardo de Assis dá um testemunho semelhante.

> Também disse essa testemunha que a mencionada Senhora Clara tinha grande prazer em ouvir a palavra de Deus. E, embora ela não tivesse estudado as Escrituras, gostava

271. *Processo de canonização de Clara de Assis*, test. IX, 4.

de ouvir os sermões. E, enquanto Frei Filipe de Atri, da Ordem dos Frades Menores, pregava certo dia, essa testemunha viu junto a santa Clara um menino lindíssimo, que parecia ter cerca de 3 anos de idade. E, orando em seu coração para que Deus não permitisse que fosse enganada, recebeu a seguinte resposta em seu íntimo: "Eu estou no meio deles"; significando com essas palavras que o menino era Jesus Cristo, que está entre os pregadores e os ouvintes quando estão reunidos e ouvem como devem.

Perguntada quanto tempo fazia desde que isso acontecera, respondeu: "Naquela semana após a Páscoa, em que se canta: *Ego sum Pastor bonus* (Eu sou o Bom Pastor)". Perguntada quem estava presente, respondeu que as irmãs estavam lá. Perguntada se alguma delas viu o menino, respondeu que uma irmã lhe disse: "Eu sei que você viu algo". Perguntada por quanto tempo o menino permaneceu ali, respondeu: "Por grande parte do sermão". Também afirmou que, naquele momento, parecia haver um grande esplendor ao redor da mencionada mãe santa Clara, não algo material, mas um brilho semelhante ao das estrelas. E disse que, devido à visão mencionada, sentiu uma suavidade indescritível[272].

Nesse caso, o contexto litúrgico é mais claramente definido. O domingo do Bom Pastor é o segundo domingo após a Páscoa. Irmã Inês se pergunta se o menino lindíssimo que vê é realmente Jesus. A resposta lhe vem à mente por meio da recordação das palavras evangélicas: "Onde dois ou três estiverem reunidos em meu nome, ali estarei eu no meio deles" (Mt 18,20).

Esses poucos exemplos são suficientes para compreender que algo mudou. No século XIII, a imagem do Menino Jesus tornou-se uma imagem familiar. Não por acaso, esses teste-

272. Ibid., test. X, 8.

munhos, ainda que registrados e transmitidos por homens, provêm, invariavelmente, de mulheres.

Essa é a novidade. Todos os testemunhos anteriores relacionados ao Menino Jesus eram exclusivamente masculinos. No século XIII, começam a surgir, com certa frequência, testemunhos provenientes também de mulheres. E as mulheres têm uma forma diferente de falar de crianças, bem como um modo também distinto de falar do Menino Jesus. Nesses relatos, o Menino Jesus é, acima de tudo, uma criança verdadeira, um *mammolo* que se assemelha a tantas outras crianças.

Para entender toda a importância dessa novidade, é necessário relembrar como era representado o Menino Jesus nos séculos anteriores. Philippe Ariès observou que, na Alta Idade Média, Jesus menino era representado como um pequeno adulto.

> A arte medieval, aproximadamente até o século XII, não conhecia a infância ou não tentava representá-la. Não parece que essa ausência se devesse à inabilidade ou à falta de técnica. É mais provável pensar que, naquele mundo, não havia lugar para as crianças[273].

A diferença não é apenas iconográfica. Na Alta Idade Média, Jesus menino era representado como um pequeno adulto porque se queria transmitir a ideia de que, desde criança, o Filho de Deus já pensava, raciocinava e agia como um adulto. É o que se pode depreender com base nos textos que descrevem a infância de Jesus. Pode-se tomar como exemplo o *Livro sobre a infância do Salvador*, também conhecido como o *Evangelho do Pseudo-Mateus*, um evangelho apócrifo que

273. Philippe Ariès, *Padri e figli*, p. 33.

circulava em latim já no século X. Nele, lê-se um episódio curioso relacionado à fuga para o Egito:

> Chegando a uma caverna, decidiram descansar ali, e Maria desceu da jumenta e se sentou, segurando Jesus no colo. Ora, havia três jovens que acompanhavam José na viagem e uma jovem que acompanhava Maria. De repente, muitos dragões saíram da caverna, e, ao vê-los, os jovens começaram a gritar de medo. Então, Jesus, descendo do colo de sua mãe, ficou de pé diante dos dragões, que o adoraram e, depois de adorá-lo, se afastaram deles. Assim, cumpriu-se o que foi predito pelo Profeta Davi: "Louvem o Senhor, dragões da terra, e todos vós, abismos". E o pequeno Jesus, caminhando à frente deles, ordenou que não causassem mal a ninguém. Maria e José temiam muito que o pequeno fosse atacado pelos dragões, mas Jesus lhes disse: "Não temam, e não considerem que sou apenas uma criança, pois eu sempre fui e sou um homem feito, e é inevitável que todas as feras selvagens se submetam diante de mim"[274].

As palavras de Jesus nesse texto são inequívocas: "Não considerem que sou apenas uma criança, pois eu sempre fui e sou um homem feito". É evidente que, na época em que esse texto foi escrito e traduzido para o latim, parecia inconcebível imaginar que Jesus pudesse ter sido uma criança comum.

Na época de Clara de Montefalco, no meio do século XIII, contudo, uma menina podia imaginar Jesus como uma criança que brincava com ela. Essa mudança é confirmada por fontes iconográficas: Jesus começa a ser representado como um bebê que é amamentado e, progressivamente, com

274. *Vangelo dello pseudo-Matteo*, XVIII, in *I vangeli apocrifi*, org. por M. Craveri, Milão: Mondadori, 1990, pp. 84-85.

um naturalismo crescente, como uma criança que brinca, que olha com carinho para sua mãe.

Um exemplo particularmente significativo dessa percepção naturalista do Menino Jesus pode ser encontrado em Ângela de Foligno, contemporânea de Clara de Assis e Clara de Montefalco, e originária da mesma região.

> No dia da purificação da bem-aventurada Virgem, pela manhã, quando na igreja dos frades menores de Foligno distribuíam as velas[275], foi-me dirigida esta locução: "Esta é a hora em que Nossa Senhora veio ao templo com seu filho". E, ao ouvir isso, a alma ouviu com tanto amor que é impossível expressar ou compreender. Então, a alma foi elevada e viu Nossa Senhora entrando naquele momento e a encontrou com tanta reverência e temor. Nossa Senhora deu grande certeza sobre si mesma à alma e estendeu seu Filho em minha direção, dizendo: "Toma, tu que amas meu Filho". Ao dizer isso, ela estendeu os braços e colocou em meus braços seu Filho, que parecia estar com os olhos fechados, como se dormisse, envolto em panos. Ela, como se cansada da viagem, sentou-se. Seus gestos e atitudes eram tão belos e agradáveis que era doce e prazeroso vê-la e admirá-la. Minha alma não só via o menino que eu segurava em meus braços, mas também a própria Senhora. De repente, o menino ficou completamente nu em meus braços, abriu os olhos, levantou-os e me olhou. Naquele olhar, senti tanto amor que fui completamente vencida. Encostei meu rosto ao dele, unindo-os, e foi como um fogo puro aquele abrir e levantar dos olhos dele, que permanecia em meus braços completamente nu. O bem que emanava daquele menino e de seus olhos era algo completamente indizível, algo que senti, mas não sei como expressar. Então, de repente, apareceu uma imensa

275. A festa litúrgica de apresentação de Maria no Templo coincidia, no Ocidente, com a *Candelária*, dia em que eram abençoadas as velas.

majestade que disse: "Quem não me vê pequeno, não me verá grande"[276].

Aqui não são apenas os gestos cotidianos entre mãe e filho que se tornam objeto de meditação espiritual. Na visão de Ângela encontra-se um dos mais belos comentários à frase evangélica: "Quem recebe esta criança em meu nome, a mim recebe; e quem me recebe, recebe aquele que me enviou" (Lc 9,48). Jesus identificou-se com a criança, assim como, em outro trecho dos evangelhos, identificou-se com o faminto, o sedento, o estrangeiro, o prisioneiro (Mt 25,31-46). Poucos, porém, haviam afirmado antes de Ângela de Foligno que, para ver Deus, era necessário ver uma criança: "Quem não me vê pequeno, não me verá grande".

É evidente que essa nova representação do Menino Jesus implica uma consideração diferente sobre a infância. O Menino Jesus continua sendo belíssimo e envolto em luz, mas isso significa que toda criança também tem valor. Não é de admirar que uma contribuição importante para essa mudança de mentalidade tenha vindo precisamente das mulheres.

276. *Il "Liber" della beata Angela da Foligno*, Instructio XIX, ed. F. Verderosa, p. 123.

# 18
# A infância encantada de Tiago de Voragine

Ao longo do século XIII, os frades pregadores, conhecidos como dominicanos, dedicaram-se a construir uma cultura cristã que abrangesse todos os aspectos da vida, tanto pessoal quanto coletiva. Surgiram, assim, verdadeiras catedrais do saber, muitas vezes chamadas de *Summae*, ou seja, resumos, não por serem breves, mas por condensarem, num único texto, toda a sabedoria até então conhecida. A mais célebre dessas *Summae* é a *Summa theologica* de Tomás de Aquino, que, como o nome indica, buscava condensar toda a sabedoria teológica.

Um confrade de Tomás, Vicente de Beauvais, escreveu o *Speculum historiale*, que é uma *Summa* de toda a história. Outro dominicano, Tomás de Cantimpré, escreveu o *De rerum naturis*, uma *Summa* das ciências naturais. Um quarto frade pregador, Tiago de Voragine, escreveu a famosa *Legenda aurea*, que é, de fato, uma *Summa* das vidas dos santos.

Tiago, destacado membro da Ordem dos Frades Pregadores e mais tarde arcebispo de Gênova, sua cidade natal, trabalhou na *Legenda aurea* de 1260 até o ano de sua morte, em 1297, continuamente revisando, modificando e enriquecendo o texto. Seu objetivo não era apenas reunir as vidas dos santos conhecidas até então, mas também fornecer uma teologia prática que ajudasse os fiéis mais simples a compreender, dia após dia, como Deus se inseriu na história da humanidade. Em 2011, Jacques Le Goff resumiu o propósito do Livro de Tiago da seguinte maneira:

> Retomando uma expressão de Max Weber, Marcel Gauchet intitulou um de seus livros importantes *O desencantamento do mundo*. O empreendimento de Tiago de Voragine é exatamente o oposto: sacralizar o mundo e a humanidade através do tempo – sem ignorar a oposição do Maligno[277].

Nesse "mundo encantado" da *Legenda aurea* também há lugar para as crianças, começando pelo mais importante de todos em termos teológicos: o Menino Jesus. Tiago certamente conhecia os Evangelhos da Infância, que cita ao tratar da infância de Maria, mas deliberadamente deixa de lado os relatos da infância de Jesus. Nesse aspecto, ele é um homem de seu tempo: para ele, Jesus era uma criança de verdade. Contudo, para explicar como uma criança poderia ser também o Filho de Deus, Tiago recorre a antigas lendas, que encontra principalmente em Roma.

> Conta-nos, enfim, o Papa Inocêncio III que o Senado queria adorar Otaviano como um deus, por ter unificado e pacificado o mundo inteiro. Contudo, o prudente

277. J. Le Goff, *A la recherche du temps sacré*, Paris: Perrin, 2011, trad. it. Roma/Bari: Laterza, 2012, p. 7.

imperador recusou-se a usurpar o título de imortal, pois sabia muito bem que, como homem, era mortal. Como os senadores insistissem em seu propósito, Otaviano consultou a Sibila para saber se algum dia nasceria alguém maior do que ele no mundo. Era o dia do nascimento de Cristo, e a Sibila estava sozinha com o imperador num aposento. Então, surgiu um círculo dourado ao redor do sol, e nesse círculo apareceu uma belíssima virgem com um menino no colo. A Sibila mostrou esse prodígio ao imperador. Enquanto ele fixava os olhos na visão, ouviu uma voz dizendo: "Este é o altar do céu!" A Sibila então exclamou: "Esse menino é maior do que você; adore-o". O aposento onde ocorreu esse evento foi consagrado à Virgem Maria e hoje é conhecido como Santa Maria Ara Coeli. Ao compreender que aquele menino era maior do que ele, o imperador recusou-se a ser honrado como um deus[278].

Em Roma, a lenda da fundação da Igreja de Ara Coeli era amplamente conhecida. Os romanos gostavam de lembrar que até mesmo Virgílio, o renomado poeta latino, previra o nascimento de Jesus[279]. Este é o famoso trecho da IV *Bucólica*:

A Virgem está de volta, voltam os reinos de Saturno,
uma nova geração é enviada do alto do céu.
Tu, casta Lucina, favorece o menino que nasceu há pouco;
por causa dele, a época de ferro [das guerras] desaparecerá
e a geração de ouro surgirá no mundo[280].

---

278. Tiago de Voragine, *Legenda aurea*, La Natività di N. S. Gesù Cristo, trad. it. C. Lisi, Florença: Libreria Editrice Fiorentina, 1985, p. 52.

279. Sabe-se que Dante também compartilhou dessa ideia. Dante Alighieri, *A divina comédia*, Purgatório XXII, 55-93.

280. Virgílio, *As bucólicas, Écloga IV*, trad. de Zélia de Almeida Cardoso.

Toda essa lenda, no entanto, tinha o objetivo de afirmar que o Menino Jesus era mais importante até mesmo que o primeiro imperador romano.

Esse tom lendário não se limita ao Menino Jesus, mas também permeia os relatos sobre todas as crianças mencionadas por Tiago, a começar pelos filhos de reis. Digno de um conto de fadas é o relato da infância do Rei Henrique III, futuro imperador:

> De acordo com as crônicas, na época do Imperador Conrado, no ano de 1025, um certo conde chamado Leopoldo, temendo a ira do rei, refugiou-se com sua esposa numa floresta, onde viveu escondido numa cabana. Certo dia, o imperador foi caçar nessa floresta e, surpreendido pela noite, pediu abrigo na referida cabana. A esposa de Leopoldo, que estava grávida e próxima de dar à luz, fez o possível para recebê-lo dignamente. Naquela mesma noite ela deu à luz, e o imperador ouviu o choro do recém-nascido. Então, uma voz lhe disse: "Esse menino será seu genro!" Pela manhã, Conrado chamou dois sicários e ordenou: "Vão e tomem o recém-nascido dos braços da mãe: matem-no e me tragam o coração partido ao meio". Os homens pegaram o bebê, mas, tomados de piedade, deixaram-no em uma árvore para que não fosse devorado por feras e levaram ao imperador o coração de uma lebre.
>
> No mesmo dia, um príncipe que passava por ali ouviu o choro do bebê, mandou trazê-lo e, como não tinha filhos, entregou-o à esposa para criá-lo como se fosse seu. Esse menino, chamado Henrique, revelou-se, ao crescer, de grande beleza, sabedoria e amabilidade de caráter. O imperador, ao vê-lo tão belo e sábio, quis que ele permanecesse em sua corte, mas, percebendo que o jovem era amado e admirado por todos, começou a suspeitar que era o menino que havia mandado matar e que estava destinado a governar depois dele. Para eliminá-lo, escreveu a seguinte carta à esposa e a deu a Henrique para

> que ele mesmo a entregasse: "Se valoriza sua vida, mate o jovem que levar esta mensagem".
>
> Henrique partiu, mas, exausto, adormeceu numa igreja durante a viagem. Enquanto dormia, um sacerdote, movido pela curiosidade, abriu a bolsa e leu a carta fechada com o selo real. Horrorizado com o crime que estava prestes a ocorrer, substituiu as palavras "mate o jovem" por "dê o jovem em casamento à nossa filha". Assim, quando a rainha reconheceu a caligrafia e o selo do rei, convocou os príncipes e celebrou o casamento da filha com Henrique na Igreja de Aachen.
>
> Quando o imperador soube que sua filha já estava casada com Henrique e descobriu as ações do sacerdote, do príncipe e dos sicários, compreendeu que não é possível resistir à vontade de Deus. Ele aceitou o jovem como genro e determinou que seria seu sucessor no governo. No lugar onde Henrique nasceu foi erguido um mosteiro que ainda existe hoje e é chamado de Ursania.

É difícil determinar o que há de histórico num relato como esse. Certamente, em 1026 (e não em 1025, devido às variações nos calendários medievais), o imperador era Conrado II o Sálico, o primeiro da dinastia da Francônia. É verdade também que seu sucessor foi Henrique III. No entanto, este último era filho, e não genro, de Conrado, o que torna difícil compreender a conexão do relato da *Legenda aurea* com os fatos históricos. O que importa destacar é o tom fabuloso do relato, que tem o claro propósito de mostrar que Deus protege a criança escolhida para reinar, mesmo contra a violência gratuita de um rei sem escrúpulos.

Esse não é o único exemplo de uma criança que nasce e cresce num mundo encantado. Outra história extraordinária narra a trajetória do filho de um rei indiano chamado Avenir, que era pagão e perseguia os cristãos. Tiago de Voragine afirma que essa história foi escrita com grande cuidado por João Damasceno.

> O Rei Avenir não tinha filhos, mas finalmente teve um, de uma beleza extraordinária, que foi chamado Josafá. Por ocasião de seu nascimento, o rei reuniu uma multidão de pessoas para que sacrificassem aos deuses em homenagem ao nascimento real. Também convocou sessenta astrólogos e os questionou sobre o destino da criança. Todos responderam que ele seria muito poderoso e rico, mas o mais sábio dos adivinhos acrescentou: "Esta criança que lhe nasceu será rica e poderosa num reino muito melhor do que o seu. Na verdade, se não me engano, ele será um dos príncipes desta religião cristã que agora você persegue". Assim falou o sábio, por inspiração divina.
>
> Ao ouvir essas palavras, o rei ficou muito assustado e mandou construir, fora da cidade, um magnífico palácio que destinou como morada para o filho. Designou como companheiros do menino jovens belíssimos, aos quais ordenou que nunca falassem sobre morte, velhice, doenças, miséria ou qualquer outra coisa que pudesse causar tristeza, para que a mente da criança, sempre ocupada com coisas agradáveis, jamais tivesse a oportunidade de pensar no futuro. Se, por acaso, algum amigo de Josafá adoecesse, o rei o substituía por outro. Mas, sobretudo, Avenir ordenou que jamais, na presença de seu filho, fosse pronunciado o nome de Cristo[281].

É possível educar uma criança como se o mal não existisse? A tentativa de Avenir de criar seu filho num "jardim fechado", cercado apenas de coisas belas, sem jamais expô-lo à morte, à doença ou à miséria, é menos improvável do que pode parecer à primeira vista. O menino Josafá se assemelha muito aos filhos do mundo ocidental neste início do terceiro

281. Tiago de Voragine, *Legenda aurea*, S. Barlaam e Josafat, trad. it., p. 816.

milênio, mantidos distantes (ou protegidos, dependendo do ponto de vista) de qualquer contato com o sofrimento[282].

É extraordinário encontrar essa história numa coleção de vidas de santos do século XIII. Naturalmente, o desenrolar da narrativa segue uma direção contrária às expectativas do pai. Ao se tornar adulto, Josafá pôde sair do "jardim" onde vivia e, pela primeira vez, encontrou um leproso, um cego e um idoso. Depois, recebeu a visita de um monge cristão, Barlaão, que lhe revelou o segredo da vida, levando o príncipe a se converter ao cristianismo. O final, digno de um conto de fadas, inverte os papéis iniciais: não será o filho que se tornará como o pai, mas o pai que imitará o filho.

> O rei, desesperado, deu a Josafá metade de seu reino. Embora desejasse ardentemente retirar-se para o deserto, Josafá decidiu, pelo bem da fé, aceitar o governo por algum tempo. Ele ergueu templos e cruzes em suas cidades e converteu todos os cidadãos ao cristianismo. Mais tarde, Avenir também se deixou convencer pela pregação do filho, acreditou em Jesus Cristo, recebeu o batismo, entregou todo o reino a Josafá e terminou sua vida de maneira santa[283].

Essa é uma história fascinante, mas ainda mais surpreendente é o fato de que ela é, na verdade, a história do Buda. O relato das experiências do nobre Gautama, que viveu no século VI a.C., descrito num poema épico em sânscrito no século II d.C., coincide em muitos detalhes com a história de São Josafá. Parece que essa narrativa chegou ao Oriente Mé-

282. A meu ver, a melhor descrição da condição da infância neste início do século XXI encontra-se em Marcel Gauchet, *Il figlio del desiderio. Una rivoluzione antropologica*, Milão: Vita e Pensiero, 2016.

283. Tiago de Voragine, *Legenda aurea*, S. Barlaam e Josafat, trad. it., p. 831.

dio, onde foi cristianizada e traduzida para o grego (daí a atribuição de Tiago de Voragine a João Damasceno). Traduções subsequentes para o latim transformaram definitivamente o fundador do budismo num santo cristão.

Isso não tem importância quando se trata de reconstruir uma história das crianças. O que realmente importa é o significado da história: não se pode esconder das crianças a miséria, o sofrimento e a morte, pois isso seria obrigá-las a viver num mundo fictício, numa vida irreal.

Seja como for, o mundo encantado de Tiago de Voragine não diz respeito apenas aos filhos de reis. Isso fica claro na famosíssima história de São Cristóvão, que a *Legenda aurea* descreve como "um cananeu de doze côvados de altura e de aparência terrível".

> Por muito tempo, Cristóvão procurou alguém que pudesse indicar-lhe onde estava Cristo. Finalmente, encontrou um eremita que lhe pregou a fé cristã e diligentemente o instruiu nas verdades da fé. Disse então o eremita a Cristóvão: "O rei a quem desejas servir deve ser honrado com frequentes jejuns". E Cristóvão respondeu: "Peça-me qualquer outro serviço, pois esse eu não posso realizar". O eremita continuou: "Deves também rezar por longos períodos". E Cristóvão: "Também nisso não posso servi-lo". Disse então o eremita: "Conheces aquele rio ali, onde muitos morrem miseravelmente ao tentar atravessá-lo?" E Cristóvão: "Sim". O eremita replicou: "Já que és tão alto e tão forte, vá até esse rio e ajude os viajantes a atravessá-lo; isso seria muito grato ao Rei Cristo, a quem desejas servir, e talvez lá Ele se dignasse a manifestar-se a ti". Cristóvão respondeu: "Esse é um serviço que posso realizar". Cristóvão então dirigiu-se às margens do referido rio e construiu uma cabana. Usando o tronco de uma árvore como bastão para se equili-

> brar na água, ajudava todos que precisassem atravessar de uma margem para outra[284].

O significado dessa introdução é claro: Cristóvão não se sente à vontade para levar uma vida de oração e jejum, ou seja, uma vida monástica. A pergunta subentendida (que interessava a todos os ouvintes leigos) era: Existe outra forma de encontrar Jesus, fora da vida monástica?

> Após muitos dias, enquanto descansava em sua cabana, ouviu uma voz infantil que clamava: "Cristóvão, sai e leva-me para o outro lado do rio". Cristóvão saiu, mas não encontrou ninguém. No entanto, assim que voltou para a cabana, ouviu novamente a mesma voz. Saiu mais uma vez e, novamente, não encontrou ninguém. Quando foi chamado pela terceira vez, saiu da cabana e encontrou um menino na margem do rio que lhe pediu para transportá-lo para o outro lado. Cristóvão colocou o menino sobre os ombros e entrou no rio, apoiando-se no bastão. Mas, então, as águas começaram a subir, e o menino tornou-se tão pesado como chumbo. Quanto mais Cristóvão avançava pelo rio, mais forte se tornava a correnteza, e mais pesado ficava o menino em seus ombros, até que Cristóvão começou a temer seriamente por sua vida.
>
> Quando finalmente chegou à outra margem e colocou o menino no chão, disse: "Menino, colocaste-me em grande perigo, pois o teu peso era tão grande que parecia que eu carregava o mundo inteiro nos ombros". O menino respondeu: "Não te surpreendas, Cristóvão, porque carregaste não só o mundo inteiro, mas também aquele que o criou: eu sou Cristo, o Rei, a quem te propuseste servir. E para que saibas que o que digo é verdade, quando atravessares o rio novamente, planta o teu bastão ao lado de tua cabana, e amanhã o encontrarás florido e carregado de frutos". Após dizer isso, o menino desapareceu. Cristóvão plantou o bastão na terra e, na manhã

284. Tiago de Voragine, *Legenda aurea*, S. Cristoforo, trad. it., p. 423.

> seguinte, encontrou-o coberto de folhas, como uma palmeira, e carregado de tâmaras[285].

A história teve uma difusão extraordinária. O significado é evidente: para encontrar Jesus, não é necessário levar uma vida monástica; basta carregar um menino nos ombros. Na realidade, o relato parece ser uma parábola inventada para explicar um versículo evangélico: "Quem acolher uma criança como esta em meu nome, acolhe a mim" (Mt 18,5).

No entanto, essa parábola é justamente famosa também porque contém o segredo de toda pedagogia: quem carrega nos ombros a vida de uma criança, como Cristóvão, carrega nos ombros o mundo inteiro.

---

285. Ibid., p. 424.

# 19
# A voz de um pai: Dante Alighieri

O último autor a quem queremos dar voz é Dante Alighieri. O grande poeta tem algo em comum com um dos autores que mencionamos, Agostinho de Hipona. Assim como Agostinho, Dante também é pai no sentido biológico do termo, ou seja, um homem que gerou filhos. Esse aspecto da personalidade de Dante como pai não é muito estudado, pois ele mesmo, ao contrário de Agostinho, parece não ter gostado de falar dos afetos familiares. Muitos interpretaram como autobiográficas as palavras que o poeta atribui a Ulisses:

> nem a ternura do filho, nem a piedade
> do velho pai, nem o devido amor
> que devia alegrar Penélope,
> puderam vencer dentro de mim o ardor
> que me impelia a conhecer o mundo
> e dos homens os vícios e o valor[286].

286. Inferno XXVI, 94-99.

Assim como Ulisses, no relato da *Comédia*, partiu de Ítaca sem se importar com os seus, também Dante, obrigado ao exílio, recusou-se a pedir clemência à sua cidade, ciente de que essa decisão teria um impacto na vida de seus familiares, especialmente de seus filhos. Essa comparação foi sugerida nada menos do que por Francesco Petrarca, que, numa carta a Boccaccio, observava, com certo tom de reprovação, que o poeta "não se deixou desviar nem uma única vez do caminho traçado, nem por amor à esposa, nem por piedade pelos filhos"[287].

Certamente o poeta sabia que a lei florentina impunha o exílio também aos filhos homens dos banidos, a partir dos 14 anos de idade. De fato, ele não pediu clemência, e a lei foi aplicada ao filho Pietro em 1315, quando foi renovada a sentença de exílio do pai[288]. Pedir perdão significaria, de certa forma, admitir uma culpa nunca cometida, e Dante jamais quis fazer isso, mesmo criando dificuldades para o filho, que então devia ter entre 14 e 15 anos.

Seria, então, Dante o típico representante de um mundo masculino insensível aos temas da infância e da meninice? Certamente ele compartilhava muitas das ideias predominantes de seu tempo. Por exemplo, no *Convívio*, ao explicar a escolha de Cristo de se rebaixar, assumindo plenamente a condição humana, Dante diz: "não é crível que Cristo não quisesse permanecer nesta nossa vida em seu ápice, já que esteve no estado inferior da infância"[289]. Não há dúvida, por-

---

287. Petrarca, *Familiari*, XXI, 15,7-8: "*non amor coniugis, non natorum pietas ab arrepto semel calle distraheret*". Petrarca contrapõe o comportamento de Dante ao de seu pai, que, ao contrário, escolhera a família.

288. Arnaldo D'Addario, "Alighieri Pietro", in *Dizionario biografico degli italiani*, vol. 2, Roma: Istituto dell'Enciclopedia Italiana, 1960.

289. *Convívio*, IV, XXIII, 10.

tanto, de que a infância é um "estado inferior", ou seja, a condição mais miserável da vida humana. No mesmo *Convívio* faz-se referência de forma depreciativa também a uma infância não de idade, mas de espírito: "Digo, então, que por três razões a presença torna a pessoa de menor valor do que ela é: uma delas é a infância, não digo de idade, mas de espírito"[290], e pouco depois acrescenta que "A maior parte dos homens vive segundo os sentidos e não segundo a razão, à maneira de crianças"[291]. É claro aqui o julgamento negativo sobre a infância e sobre a maioria dos homens que vivem de modo infantil, "à maneira de crianças". Aqui, Dante, acreditando expressar um pensamento "segundo a razão", na verdade se torna porta-voz de um preconceito difundido por séculos: o da irracionalidade das crianças e daqueles que se assemelham a elas. Nesse contexto, os comentaristas citam Tomás de Aquino[292], mas seria possível encontrar centenas de possíveis *auctoritates* sobre o tema.

A uma análise mais aprofundada, contudo, os sentimentos de Dante Alighieri mostram-se mais complexos do que poderiam parecer à primeira vista. Para compreendê-los é necessário examinar como ele se posicionava em relação à sua própria autobiografia. Em certo sentido, Dante escreve sempre sobre si mesmo: não apenas porque *Vita Nova* é uma

---

290. Ibid., I, IV, 2.

291. Ibid., I, IV, 3.

292. Tomás de Aquino, *Sententia libri Ethicorum*, liv. 1 l. 3 n. 9: "Ad actus autem virtuosos non perveniunt, qui passiones sectantur. Et sic nihil differt quantum ad hoc quod arceantur ab auditu huius scientiae iuvenis aetate vel iuvenis moribus, scilicet passionum sectator, quia, sicut iuvenis aetate deficit a fine huius scientiae, qui est cognitio, ita ille qui est iuvenis moribus deficit a fine, qui est actio: non enim est defectus eius propter tempus, sed propter hoc quod vivit secundum passiones".

primeira autobiografia, mas também e sobretudo porque ele escolheu fazer de si o protagonista da *Comédia*. E, no entanto, no *Convívio*, Dante sente a necessidade de se justificar porque "os retóricos não concedem que ninguém fale de si mesmo sem uma causa necessária"[293]. Para ele, existem apenas duas razões que justificam a escolha de falar de si próprio:

> Na verdade, [...] digo, [...] por causas necessárias é permitido falar de si mesmo: e, entre essas causas necessárias, duas são mais evidentes. A primeira é quando, sem falar de si, não é possível evitar grande infâmia ou perigo; e então é permitido, porque, entre dois caminhos, tomar o menos prejudicial é quase como tomar um bom. E essa necessidade levou Boécio a falar de si mesmo, para que, sob o pretexto de consolação, justificasse a infâmia perpétua de seu exílio, mostrando-o como injusto, já que nenhum outro defensor se apresentava. A outra razão é quando, ao falar de si mesmo, se traz grande utilidade para os outros por meio do ensino; e essa razão levou Agostinho, em suas *Confissões*, a falar de si, pois, pelo processo de sua vida – que foi de [menos] bom para bom, de bom para melhor e de melhor para ótimo –, deu exemplo e ensinamento, que não poderiam ser recebidos de testemunho mais verdadeiro[294].

Pode-se, portanto, escrever sobre si mesmo apenas por duas razões: ou para se defender de falsas acusações, como fez Boécio, ou para servir de exemplo para os outros, como fez Agostinho. Ambos os motivos levaram Dante a escrever sobre si na *Comédia*, que, no entanto, não é uma autobiografia no sentido que hoje damos à palavra. O Dante da *Comédia* é um personagem poético, criado e descrito para ser exemplo para todo ser humano. Isso explica o motivo pelo qual,

293. *Convívio*, I, II, 3.

294. Ibid., I, II, 12-14.

como escreveu Umberto Bosco, “quanto à sua vida privada, Dante fala, sim, dos amigos, dos mestres, mas não gasta uma palavra direta sobre sua família: pai, mãe, esposa, filhos; a ponto de que até mesmo a dor do exílio é apresentada, ao menos aparentemente, como uma dor exclusivamente sua, e não também de seus entes queridos, que, ainda que indiretamente e até diretamente, dela participaram”[295].

Apesar dessas observações, a vida de Dante transparece em sua poesia, graças ao olhar poético com que descreve a vida cotidiana. Quando fala das crianças, ele encontra os tons da mais terna sensibilidade. Como na passagem em que descreve dois jovens pais inclinados sobre o berço, que falam com o bebê na linguagem própria dos pequenos:

> Uma velava, ao berço atenta,
> e, consolando, usava o idioma
> que primeiro pais e mães contenta[296].

Ou quando Dante descreve a relação entre ele e Virgílio como aquela entre uma criança e sua mãe:

> com a confiança
> com que a criança corre para a mãe
> quando tem medo ou está aflita;
> à minha guia
> voltei-me, como o pequeno que recorre
> sempre a quem mais confia;
> e ela, como a mãe que socorre
> prontamente o filho pálido e exausto,
> com sua voz, que bem o acalma...[297]

295. Umberto Bosco, “Gli affetti familiari di Dante nella *Commedia*”, in *Altre pagine dantesche*, Caltanissetta-Roma: Sciascia Editore, 1987, p. 12.

296. Paraíso XV, 121-123.

297. Purgatório XXX, 43-54; Paraíso XXII, 1-6.

O tema da relação com os filhos é central em diversos momentos da *Comédia*. Em particular, podem ser citados dois personagens: Ugolino e Farinata. Nesses episódios observa-se um reflexo do sentimento pessoal de Dante em relação a seus próprios filhos. A história de Ugolino della Gherardesca é bem conhecida. Ela se desenrola em Pisa, nos anos imediatamente posteriores à batalha naval de Meloria, ocorrida em 6 de agosto de 1284. A frota genovesa, comandada por Oberto Doria, derrotou a frota pisana, pondo fim ao domínio da cidade toscana sobre o Mediterrâneo ocidental. Ugolino, que liderava 12 galés, escapou da captura refugiando-se no Porto de Pisa. A cidade estava sob ataque duplo: no mar, por parte de Gênova, e em terra firme, por parte de Florença. Ugolino foi chamado a governar Pisa durante quatro anos, um dos períodos mais difíceis para a cidade. No entanto, em julho de 1288, a situação se agravou. O Arcebispo Ruggieri degli Ubaldini incitou uma revolta popular que levou à captura de Ugolino, junto com seus filhos Gaddo e Uguccione e seus netos Anselmo e Nino, conhecido como Brigata, que morreram com ele. A prisão durou mais de nove meses. Em março de 1289, todos os envolvidos já estavam mortos[298].

Dante, como se sabe, imagina encontrar Ugolino no ponto mais profundo do Inferno, no lago de gelo que circunda Lúcifer, entre os pecadores mais abjetos: os traidores. Ele o encontra num buraco junto com seu inimigo, o Arcebispo Ruggieri (que Dante considera responsável pela captura de Ugolino). O relato, entretanto, não se detém em explicar qual foi o ato de traição de Ugolino, mas descreve sua trágica de-

298. Cf. Simonetta Saffiotti Bernardi, "Ugolino della Gherardesca, conte di Donoratico", in *Enciclopedia Dantesca*, vol. IV, Roma: Istituto dell'Enciclopedia Italiana, 1970.

tenção. Aqui, a lembrança de um episódio histórico se transforma. Não por acaso, Dante imagina que os condenados na torre eram todos filhos (e não também netos) de Ugolino e que todos eram adolescentes, quando, na verdade, apenas Anselmo, apelidado de Anselmuccio, tinha cerca de 15 anos, enquanto os demais já eram adultos.

Dante descreve os últimos oito dias de vida de Ugolino com seus filhos. Todos conhecem o último e terrível verso: "Depois, mais do que a dor, venceu o jejum". O horror que esse verso provoca não apaga completamente o sentimento de participação emocional construído nos versos anteriores. O ponto de vista é o de um pai que, impotente – ele, que já fora senhor da cidade –, presencia a morte de seus filhos. É o que expressa seu filho Gaddo, no quarto dia: "Meu pai, por que não me ajudas?" Logo depois, um após o outro, os quatro filhos morrerão. O de Ugolino, nas profundezas do Inferno, é o mais grave dos pecados, mas também o mais doloroso dos tormentos: o remorso de um pai que não pôde ou não soube ser pai.

Ao lado de Ugolino, pode-se ler o episódio de Farinata. Dante o situa na entrada do Inferno. Como se sabe, Manente degli Uberti, conhecido como Farinata, foi líder dos gibelinos florentinos desde 1239. Com o apoio de Frederico II da Suábia, conseguiu, em 1248, derrotar e exilar a facção adversária. No entanto, após a morte do imperador, em 1250, os guelfos retomaram o poder, e Farinata foi forçado ao exílio em 1258. Na Batalha de Montaperti, em 1260, os gibelinos de toda a Toscana derrotaram os guelfos florentinos, e o Rio Arbia teria se tingido de sangue nessa ocasião. Após a batalha, os líderes gibelinos reunidos em Empoli desejavam a completa destruição de Florença, mas Farinata se opôs. Seu êxito, porém, foi breve, já que, quatro anos depois, com sua morte, os gibelinos foram novamente expulsos de Florença, desta vez para sempre.

Mais explícito em termos antropológicos é o diálogo entre Dante e Farinata, centrado nas questões políticas que abalaram a vida da cidade que ambos compartilhavam. Dante não esconde certa admiração pessoal por Farinata, apesar de colocá-lo no Inferno. Trata-se, afinal, de um diálogo entre dois inimigos políticos. Farinata relembra isso, após perguntar a Dante sobre seus ancestrais:

> Depois disse: "Foram ferozmente adversos
> a mim, aos meus e à minha facção,
> tanto que por duas vezes os dispersei"[299].

Farinata, com certo orgulho, lembra que derrotou e exilou a facção de Dante de Florença duas vezes. A resposta de Dante é igualmente firme:

> "Se foram expulsos, voltaram de todos os lados",
> respondi lhe, "ambas as vezes;
> mas os teus não aprenderam bem essa arte"[300].

Aqui, Dante certamente alude ao fato de que a expulsão dos gibelinos, em 1264, ao contrário do que aconteceu com os guelfos, foi definitiva. Contudo, os "teus" mencionados não se referem apenas aos gibelinos em geral, mas especificamente aos filhos de Farinata, aos membros da família Uberti. Diferentemente de muitas outras famílias aristocráticas, que encontraram maneiras de retornar à cidade, os Uberti enfrentaram um interdito definitivo[301].

---

299. Inferno, X, 46-48.

300. Inferno X, 49-51.

301. Cf. Federico Canaccini, "Gli Uberti di Firenze: dall'apice al tracollo", *La Fusta, Journal of Italian Literature and Culture, Devotion*, vol. XXII, Rutgers, Fall 2014, pp. 1-12.

O relato continua com um interlúdio: a sombra de Cavalcante de' Cavalcanti interrompe o diálogo entre Dante e Farinata para pedir notícias do filho. Mas Farinata não deixa sem resposta a provocação de Dante e, logo em seguida, retoma:

> "Se eles aprenderam essa arte mal", disse,
> "isso me atormenta mais que este leito".

Esse é o núcleo da reflexão de Dante sobre a paternidade. Farinata sofre mais pela consciência dos sofrimentos de seus filhos do que pela punição que lhe foi imposta no Inferno. O tema central é a punição dos filhos inocentes, envolvidos involuntariamente nas escolhas do pai. Sobre isso, há um belo comentário de Umberto Bosco:

> O dever para com a pátria e o de ser coerente consigo mesmo podem absorver e anular o dever de pai? Este, parece-me, é o mesmo problema de Dante. Em nosso poeta, o dever moral prevaleceu, sim, sobre os afetos: mas isso não pôde humanamente ocorrer sem crises, sem que a angústia apertasse e aumentasse todas as vezes que os eventos lhe colocavam novamente a difícil escolha[302].

Por outro lado, o fato de Dante, ao refletir sobre as histórias de Farinata, também evocar suas próprias experiências evidencia-se nas palavras com que responde a Uberti: "Ah, se a vossa semente jamais repousa", desejando que um dia sua descendência (semente) encontre a paz. Esse desejo não é apenas uma formalidade, mas sincero, vindo de um poeta que projetava o mesmo para a sua própria linhagem.

Compreende-se, assim, que a sensibilidade de Dante em relação à infância é mais complexa do que parecia à primeira

302. U. Bosco, *Gli affetti familiari di Dante*, p. 25.

vista. Se é verdade que durante toda sua vida Dante perseguiu "o ardor [...] de conhecer o mundo e dos homens os vícios e o valor", deixando em segundo plano até mesmo a vida de sua família, também é verdade que a felicidade de seus filhos deve ter permanecido como uma das preocupações que o acompanharam em sua vida de exilado. O temor de ter sido um mau pai nasce, afinal, de um profundo senso de responsabilidade para com os filhos. Possivelmente são esses sentimentos pessoais que, transfigurados pelo poeta, reaparecem em episódios como os de Ugolino e Farinata.

A reflexão de Dante sobre as crianças, porém, não se encerra aí, pois no Paraíso há muitas referências à infância. Primeiramente, há a presença de crianças na Rosa Cândida, que têm vozes infantis[303]. Para compreender essa escolha, é importante lembrar que o Paraíso de Dante é inteiramente marcado por um caráter doméstico e familiar, que encontra seu ápice no afeto materno, especialmente em Maria.

Na descrição que São Bernardo faz da rosa celestial, no Canto XXXII, Maria ocupa o assento mais alto; abaixo dela estão Eva, Raquel, Sara, Rebeca, Judite, Rute e outras mulheres. Diante de Maria, do outro lado da rosa, encontra-se João Batista e, mais abaixo, São Francisco, São Bento, Santo Agostinho e outros santos. Por fim, a metade inferior da rosa é ocupada pelas crianças:

> E saiba que, a partir do grau que divide
> ao meio o trajeto das duas porções,
> não se é posto por mérito próprio,
> mas por mérito alheio, sob certas condições:
> pois todos estes são espíritos libertos

303. Paraíso, XXXII, 47.

antes de terem feito escolhas verdadeiras.
Podes perceber isso por seus rostos
e também por suas vozes infantis,
se os olhares bem e os ouvires[304].

São Bernardo explica que, a partir do degrau que divide a rosa ao meio, em direção à parte inferior, as almas não ocupam seus lugares por mérito próprio, mas pelo mérito alheio, e sob certas condições. São espíritos libertos do pecado original antes de terem podido escolher entre o bem e o mal. O fato de serem espíritos puros, libertos do pecado, pode ser percebido ao se observar bem seus rostos e ao ouvir suas vozes, que são rostos e vozes de crianças.

Essa presença de crianças no Paraíso não era evidente nem esperada. Tomás de Aquino sugerira que os bem-aventurados, ao ressuscitarem e retomarem seus corpos, assumiriam a aparência que teriam na maturidade plena, o que os latinos chamavam de *iuventus*, ou seja, o momento de maior vigor e plenitude[305]. Agostinho, como mencionado no capítulo dedicado a ele, imaginara que, no Paraíso terrestre, caso Eva tivesse dado à luz antes do pecado, Deus providenciaria que os filhos se tornassem imediatamente adultos. Em outras palavras, para o bispo de Hipona, no Paraíso não havia lugar para a *infirmitas puerorum* [fragilidade das crianças][306]. Dante, no entanto, prevê a presença de inúmeras crianças em seu Paraíso. Crianças cujas vozes e rostos revelam imediatamente o amor gratuito de Deus, "se tu as observares bem e as ouvires".

---

304. Paraíso XXXII, 40-48.

305. Tomás de Aquino, *Summa theologiae, Supplementum*, q. LXXXI, a. 1-2.

306. Cf. supra, cap. 3.

Há uma última referência que não pode ser ignorada, pois está justamente no final da *Comédia*. No Canto XXXIII, Dante diz:

> Agora será mais curta minha fala,
> mesmo sobre o que recordo, do que a de um infante
> que ainda molha a língua no seio materno[307].

Estamos a apenas 12 tercetos do fim do poema, e Dante quer explicar que sua língua já não é capaz de expressar a luz divina que está contemplando. Não mais do que um lactente que, ainda infante, não sabe falar. É apenas uma comparação, mas nessa imagem de Dante como um lactente se esconde uma última e intensa percepção de felicidade. Talvez não seja necessário lembrar que o poeta nunca conheceu sua mãe, e alguns sugerem que ela morreu durante o parto[308].

O contexto aqui é solene. Como já se afirmou: "quanto mais o poeta sobe no Paraíso, mais afirma estar voltando a ser criança"[309]. O homem que sentira intensamente o desejo "de conhecer o mundo e dos homens os vícios e o valor" finalmente identifica a bem-aventurança do Paraíso na condição de uma criança nos braços de sua mãe.

307. Paraíso, XXXIII, 106-108.

308. Cf. Alessandro Barbero, *Dante*, Roma-Bari: Laterza, 2020, p. 55.

309. A expressão é extraída do delicioso livrinho de Gianni Vacchelli, *Dante e i bambini*, Bergamo: Lemma Press, 2019.

# Apêndice 1
# As "crianças" de Otranto

No final da Idade Média, as crianças começam a tomar a palavra. Certamente o fazem em ocasiões extraordinárias, mas pela primeira vez surgem fontes, escritas por adultos, é claro, mas que trazem o ponto de vista das crianças. Um exemplo disso é encontrado num documento extraordinário, preservado devido às circunstâncias excepcionais que o originaram: os acontecimentos envolvendo os mártires de Otranto em 1480.

O contexto geopolítico é o da luta feroz pelo controle do Mediterrâneo. Em 1453, o sultão Fatih Mehmet, mais conhecido como Maomé II, depois de conquistar Constantinopla, iniciou uma campanha de conquista nos Bálcãs, mas sofreu uma derrota em 1456 na Batalha de Belgrado. Depois disso, as ambições expansionistas turcas voltaram-se para a Península Italiana. Segundo rumores que circularam nos dias imediatamente após o massacre, a República de Veneza teria sido cúmplice da tentativa turca de desestabilizar o Reino de Nápoles. A iniciativa parece ter partido de Gedik Ahmet Paşa, governador de Avlonya (ou Valona, atualmente na Albânia), que, no dia 16 de julho, partiu com uma força de 18 mil homens e 132 embarcações para conquistar Otranto e as costas da Apúlia. No entanto, a morte de Fatih Mehmet no ano seguinte, em 1481, efetivamente bloqueou a expansão turca na Itália.

O documento mais importante sobre o massacre de 1480 é o *Informo otrantino* [*Relatório de Otranto*] de 1539, que reúne, 59 anos depois, os relatos de dez testemunhas oculares dos acontecimentos. A lista que precede a edição impressa é significativa: primeiro, dois prelados com o título de abade, Bernardino de Alessandro e Angelo Pendinello; depois, dois nobres, Dom Giovanni Leondario e Angelo Pavosio; em seguida, Giovanni Longas, o Professor Paduano de Vito, Giovanni Panemolla, o Professor Battista de Natali, Francesco de la Cerra e Filippo de Pressa. Evidentemente, tratava-se de pessoas idosas, pois deveriam se lembrar de eventos ocorridos muitas décadas antes, mas também eram pessoas que, à época dos fatos, ainda eram crianças ou pouco mais que isso.

Não é comum encontrar a voz das crianças nas fontes históricas. O *Relatório de Otranto* é uma das raras exceções. Os dez testemunhos, embora muito semelhantes devido ao rígido protocolo de investigação que exigia respostas de todos às mesmas perguntas, revelam um ponto de vista muito particular. Em cada um deles, em maior ou menor grau, é possível perceber uma visão dos acontecimentos sob os olhos das crianças. Para entender essa perspectiva específica, basta seguir a narrativa do *Relatório*[310].

Bernardino de Alessandro, a primeira testemunha do processo, tinha apenas 7 anos na época do massacre, como ele

310. *Historia delli martiri. L'Informo otrantino del 1539*. La strage degli 800 Martiri nelle testimonianze di 10 cittadini presenti, org. por N. G. De Donno, Milão, 1996.

mesmo declarou durante o interrogatório: "desde o dia de seu nascimento até o dia presente (ou seja, 1539), sempre residiu nesta cidade [Otranto], tendo cerca de 65 anos". Bernardino não perdeu a vida no massacre porque "ele próprio, a testemunha, também foi capturado por aqueles turcos e permaneceu escravizado por treze meses". Ele foi escravizado por um dos turcos que permaneceram na cidade, como se depreende da duração de sua escravidão, que coincide com o período anterior à reconquista da cidade pelo duque da Calábria, e do fato de a testemunha ter declarado que nunca deixara a cidade em toda a sua vida. Durante esses treze meses, Bernardino teve, de certa forma, uma relativa liberdade de movimento, que lhe permitiu retornar ao local do massacre. Como ele mesmo relata:

> Declara que ele próprio, a testemunha, viu que os corpos das referidas vítimas, nas circunstâncias descritas, permaneceram insepultos, no mesmo local onde foram mortos, por treze meses, sem apresentar qualquer sinal de putrefação ou lesão; tampouco foram tocados ou feridos por cães, lobos ou aves de rapina.

A segunda testemunha, Giovanni Leondario, por sua vez, tinha 70 anos na ocasião do processo, tendo, portanto, 11 anos na época dos acontecimentos. Ele era cerca de quatro anos mais velho que Bernardino e, talvez por essa diferença de idade, foi escravizado por um turco que o levou consigo para Constantinopla.

A extensão do caso dessas pessoas escravizadas levadas para Constantinopla foi analisada por Charles Verlinden, que escreveu:

> Antes de tudo, é preciso considerar que a população de Otranto não ultrapassava cinco mil ou, no máximo, seis mil pessoas. De fato, Nicola Sadoleto, embaixador de

> Ercole d'Este em Nápoles, informado pelo secretário do rei de Nápoles, escreveu em 16 de agosto de 1480 que Otranto contava com mil lares e podia mobilizar 1.500 homens de armas. O mesmo Sadoleto, dez dias depois, observou: "Enviaram para Valona, em um navio, mais de 500 almas cristãs". Outro informante, Montecatino, já relatava no dia 24: "para onde também levaram mil almas". Admitindo que se tratasse de dois envios de prisioneiros reduzidos à escravidão, levados a Valona e, de lá, para o interior do Estado turco, principalmente em direção à capital, chega-se a um total de 1.500 escravizados. Esse número parece muito verossímil[311].

Voltando ao testemunho de Giovanni Leondario:

> Primeiramente, ao ser perguntado sobre há quanto tempo residia na mencionada cidade de Otranto, respondeu que nascera ali havia setenta anos e que sempre vivera na cidade, exceto por quatro anos, período em que foi capturado pelos turcos e permaneceu escravizado em suas terras[312].

Seu testemunho, registrado cinquenta e nove anos após os acontecimentos, transmite toda a angústia de uma criança:

> Em quarto lugar, ao ser interrogado se sabia que, na cidade ocupada, alguns homens, cidadãos de Otranto, foram massacrados pelos turcos, respondeu que, tendo ele próprio, a testemunha, sido escravizado por um daqueles turcos, foi conduzido ao local chamado "San Giovanni de la Minerva", fora da cidade de Otranto,

---

311. Charles Verlinden, "La présence turque à Otrante (1480-1481) et l'esclavage", in *Otranto 1480. Atti del convegno internazionale di studio promosso in occasione del V centenario della caduta di Otranto ad opera dei Turchi (Otranto 19-23 maggio 1980)*, org. por C. D. Fonseca, Galatina: Congedo, 1986, p. 148.

312. *Informo*, p. 37.

para onde cerca de setecentos homens amarrados tinham sido levados para serem assassinados. Disseram-lhe que aquele evento visava incutir medo nele, a testemunha, que na época era apenas uma criança e [seu senhor] fez com que um de seus escravos lhe dissesse as seguintes palavras: "Se você não for um homem de bem, o senhor fará isso com você". Assim, no mesmo local, a testemunha viu com seus próprios olhos os cidadãos mencionados sendo perfurados por armas e cruelmente massacrados[313].

Em relação à escravidão, a situação foi ainda pior para a terceira testemunha, apresentada no processo como "o honorável e valoroso mestre Giovanni Longo", que declarou:

> Primeiramente, ao ser interrogado sobre há quanto tempo residia na cidade de Otranto, respondeu que, tendo já 71 anos, nascera na cidade e ali sempre permaneceu, exceto por catorze anos, período em que foi mantido como escravizado nas terras dos turcos[314].

Na época do massacre, Giovanni tinha 12 anos. Em seu testemunho, aparece pela primeira vez um detalhe que parece ter impressionado profundamente a imaginação das crianças: o pavilhão, ou seja, a grande tenda de múltiplos lados que o turco montara perto do local do massacre.

> Em quarto lugar, ao ser interrogado se sabia que alguns cidadãos da mencionada cidade foram massacrados, quantos foram, e onde foram mortos após a ocupação, respondeu que, tendo sido ele próprio, a testemunha, conduzido como escravizado ao pavilhão de seu senhor turco, localizado no lugar chamado "San Giovanni de la Minerva", próximo à cidade, viu cerca de setecentos ou

313. Ibid., p. 39.

314. Ibid., p. 43.

> oitocentos cidadãos de Otranto, nus e amarrados com cordas, com as mãos atadas atrás das costas, sendo levados para aquele local. E viu que eles foram cruelmente assassinados e perfurados com espadas[315].

Giovanni Longo é o único a mencionar a nudez dos prisioneiros, o que torna sua testemunha algo mais do que a simples repetição de um esquema memorizado. É o relato vívido de um menino de 12 anos que viu centenas de homens nus, com as mãos amarradas atrás das costas, sendo conduzidos ao massacre pelas espadas. Além disso, Giovanni, sendo ligeiramente mais velho do que as duas testemunhas anteriores, pôde relatar detalhes que os outros desconheciam:

> Em quinto lugar, ao ser interrogado sobre a causa pela qual os referidos cidadãos foram assim massacrados e o que disseram quando foram conduzidos à morte, respondeu que ele próprio, a testemunha, estando na igreja maior da cidade de Otranto, antes que a cidade fosse tomada, ouviu um mensageiro do grande bajá dos turcos levar aos cidadãos e notáveis a solicitação de que se rendessem ao príncipe turco, que os trataria bem. Os referidos notáveis, juntamente com todo o povo, começaram a gritar que estavam prontos para morrer pela fé em Cristo e pela fidelidade aos seus senhores. Por isso, após a tomada da cidade, quase todos foram conduzidos à execução, exceto os adolescentes impúberes[316].

Diante dessas palavras, é difícil esquecer que o próprio Giovanni, a testemunha, era então um desses adolescentes impúberes que tiveram suas vidas poupadas, embora tenham pagado por essa sobrevivência com anos de escravidão, como ele, que

---

315. Ibid.

316. Ibid.

passou catorze anos em território turco. Esse pré-adolescente também oferece um testemunho de grande importância sobre o Professor Grimaldo, a quem voltaremos mais tarde. Sua narrativa continua, com notas de profunda intensidade pessoal:

> E assim, estando ele mesmo, a testemunha, junto ao pavilhão de seu senhor turco, viu todos aqueles cidadãos com humildade e mansidão inclinarem suas cabeças para que, por amor de Cristo, fossem executados. Acrescenta ainda que, estando ele na casa de seu pai, durante uma discussão sobre se deveriam ou não se render aos turcos, ouviu seu pai dizer estas palavras, ou algo semelhante: "Todos nós, homens desta cidade, estamos resolvidos e prontos para morrer por amor a Jesus Cristo"[317].

A quarta testemunha, o nobre Angelo Pavosio, confirma a existência do pavilhão, relatando:

> Estando ele mesmo, a testemunha, após a tomada da cidade, próximo ao pavilhão do turco que o havia escravizado, no lugar chamado "San Giovanni de la Minerva", fora da cidade, viu cerca de setecentos cidadãos sendo conduzidos amarrados para aquele local. E esses, assim atados, iam como cordeiros ao lugar predestinado onde foram executados, invocando o nome de nosso Senhor Jesus Cristo e consolando-se uns aos outros[318].

É evidente que a comparação entre os mártires e os cordeiros é uma alusão explícita a várias passagens bíblicas, incluindo o Salmo 44: "Por ti nos matam todos os dias e nos tratam como ovelhas para o matadouro!" (Sl 44,23). Passados 59 anos, é claro que as lembranças foram revestidas por mui-

---

317. Ibid., p. 47.

318. Ibid., pp. 49-51.

tas leituras e releituras litúrgicas. No entanto, mesmo assim, essa quarta testemunha traz detalhes inéditos, relatando:

> Ao passar por aquele local, ele próprio, a testemunha, três dias após o mencionado massacre, acompanhado pelos escravizados de seu senhor, do qual era cativo, percebeu que, embora fosse cerca do décimo segundo ou décimo terceiro dia de agosto, período de calor intenso, e os corpos estivessem ali insepultos e ensanguentados, não exalavam mau cheiro, mas, pelo contrário, um odor agradável[319].

Descobre-se, assim, que os jovens impúberes poupados da matança foram levados ao local do massacre não apenas no dia em que este ocorreu, mas também nos dias subsequentes, com um claro propósito intimidatório. De fato, a quinta testemunha, "o honorável Professor Paduano de Vito", declarou que:

> Sendo já da idade de 68 anos, ou algo próximo disso, nascido e criado na cidade de Otranto, recorda que cerca de 59 anos atrás, ou algo próximo, a mencionada cidade de Otranto foi tomada pelos turcos, e ele próprio, a testemunha, com cerca de 9 anos de idade, foi escravizado e posto à venda[320].

Esse menino de 9 anos também foi submetido à estratégia do terror e levado a observar os corpos das vítimas nos dias seguintes. Ele testemunhou:

> Sabe que os corpos dos referidos cidadãos, assim mortos, permaneceram ali insepultos por treze meses, sem que fossem feridos por cães ou animais selvagens, nem que emitissem qualquer mau cheiro, o que ele próprio, a testemunha, sabe, porque quatro ou cinco

---

319. *Informo*, p. 51.

320. Ibid., p. 55.

dias após o massacre, foi levado por alguns turcos para passar entre aqueles corpos, que viu intactos e sem lesões, como já declarou[321].

O sexto a testemunhar no processo foi apresentado com títulos de especial distinção: "o venerável abade Angelo Pendinelli, cônego da cidade". Isso se deve ao fato de ele ser um ancião de 84 anos, o mais idoso entre as testemunhas. Além disso, Angelo era padre e, na época do processo, já ocupava o cargo de cônego. Por isso seu testemunho é muito significativo, pois ele era um homem de 25 anos no momento dos acontecimentos e pôde fornecer detalhes únicos, como o comportamento heroico do Bispo Stefano, a primeira vítima do massacre. Embora sua narrativa não possa ser incluída entre as das crianças, ela é fundamental para confirmar a veracidade dos eventos narrados pelas outras testemunhas.

> A mesma testemunha acrescentou que, após os turcos tomarem a cidade na sexta-feira, no sábado seguinte o bajá turco ordenou que todos os prisioneiros fossem trazidos à sua presença. Assim, cerca de oitocentos cidadãos cristãos, ou algo próximo disso, foram apresentados, amarrados, diante do bajá, que estava sentado numa espécie de trono no local chamado "Monte de San Giovanni de la Minerva". A testemunha estava presente, acreditando que seria morto junto com os outros naquele mesmo lugar. Certamente teria sido executado com os demais, se um certo turco não tivesse pedido ao bajá, como favor, que o deixasse como seu prisioneiro, ou, como se diz, "seu escravo". Esse mesmo turco o vendeu posteriormente por quatro ducados, e assim foi levado cativo para a cidade de Constantinopla, onde permaneceu escravizado por oito anos e meio, até que,

321. Ibid., pp. 55-57.

> concedida por Deus a oportunidade, agarrou com firmeza a chance de fuga[322].

Com o sétimo testemunho, Giovanni Panemolla, retorna-se ao relato das crianças. Giovanni declarou:

> Tendo ele, a testemunha, cerca de 70 anos de idade, recorda-se de quando a cidade de Otranto foi tomada pelos turcos, há aproximadamente sessenta anos. E, durante aquele saque, ele próprio, a testemunha, foi escravizado por um certo turco que tinha uma barba muito longa. Sendo então de tenra idade, foi levado por aquele turco para fora da cidade, até o seu pavilhão, onde os mártires estavam sendo mortos[323].

A lembrança do menino, que na época tinha cerca de 10 ou 11 anos, concentra-se na longa barba de seu senhor turco. No entanto, ele também registra detalhes que, de outra forma, jamais conheceríamos.

> Acrescenta, em particular, que viu dois irmãos sendo conduzidos separadamente dos demais, enquanto sua irmã, também escravizada, foi levada ao local do massacre. Ao ser conduzidos diante dela, a jovem perguntou: "Para onde vocês estão indo, irmãos?" Eles responderam: "Para a morte, por amor de nosso Senhor Jesus Cristo"[324].

Assim, pela primeira vez, surgem as mulheres nos relatos, através da evocação dessa jovem escravizada, que os algozes conduziram ao local do massacre possivelmente com a intenção de forçar seus irmãos a renegar a fé. E, como a

---

322. Ibid., p. 59.

323. Ibid., p. 63.

324. Ibid., p. 65.

memória avança por associações, a testemunha logo se refere a outra mulher.

> Além disso, afirmou ter visto ali mesmo uma certa jovem sendo conduzida como escravizada por dois turcos que discutiam entre si sobre quem teria posse dela. A jovem, erguendo os olhos para o céu, invocava a Santíssima Virgem Maria, pedindo que lhe enviasse a morte para livrá-la das mãos dos infiéis. E assim, com os olhos voltados para o céu, foi transpassada por uma espada por um dos turcos. Enquanto estendia as mãos para o céu e clamava o nome da Beatíssima Mãe, entregou o espírito[325].

O texto latino usa o termo "adulescentula" para o que foi traduzido como "jovem". Não há dúvida de que essa mulher, disputada e posteriormente assassinada, era na verdade pouco mais do que uma menina, assim como era uma criança de 10 ou 11 anos na época a testemunha que recorda o episódio quase sessenta anos depois.

A oitava testemunha é o honorável Professor Battista de Natali, que declarou:

> Interrogado, respondeu que, sendo agora a testemunha de aproximadamente 69 anos, recorda que, quando ele próprio tinha cerca de 9 anos, há aproximadamente sessenta anos, os turcos conquistaram a cidade de Otranto[326].

Esse testemunho também vem de alguém muito jovem na época, mas Battista acrescenta detalhes únicos que só ele parece lembrar:

> A mesma testemunha, interrogada, acrescenta que viu os turcos entrarem na cidade, matando muitos por toda

325. Ibid.

326. Ibid., p. 67.

> a parte e fazendo outros prisioneiros; entre eles, ele próprio, mesmo sendo de idade tão tenra, foi escravizado[327].

E prossegue:

> Acrescenta ainda que, no dia seguinte, foi levado pelo turco que o havia capturado para fora da cidade de Otranto, ao local onde os cidadãos de Otranto estavam sendo massacrados. A testemunha viu os prisioneiros sendo conduzidos, amarrados, ao local da execução. Entre eles estava seu próprio pai, Professor Natale, que seguia junto com os demais, exortando-se mutuamente a enfrentar a morte por amor a Cristo e à fidelidade. Disse ainda que um dos cidadãos conseguiu salvar-se ao pagar um resgate em dinheiro, mas que seu pai, Professor Natale, recusou-se a pagar pelo próprio resgate, preferindo morrer com seus companheiros, mesmo tendo escondido previamente uma certa quantia em ducados, temendo a chegada dos turcos[328].

É difícil ficar indiferente diante da dramaticidade desse relato: um menino de 9 anos, feito prisioneiro, foi levado para assistir ao pai, em meio a outras oitocentas pessoas, ser conduzido à morte. É igualmente impressionante o orgulho contido com que Battista, seis décadas depois, relembra o sacrifício de seu pai, Professor Natale. Eram pessoas abastadas, e o pai reservara uma quantia suficiente para pagar por sua liberdade, mas escolheu testemunhar sua fé. No contraste com o outro cidadão que comprou sua liberdade (uma escolha que não cabe aqui julgar), sente-se o orgulho de Battista por

327. Ibid., p. 69.

328. Ibid.

seu pai, que deu a vida por uma causa tão nobre. Esse forte vínculo com o pai reaparece no final do testemunho:

> Acrescenta ainda a mesma testemunha que, treze meses após o massacre, quando a cidade de Otranto foi retomada pelos cristãos e ele foi libertado, os corpos dos mártires foram trazidos de volta à cidade e colocados na igreja. A testemunha foi chamada por um cidadão, de nome Urso Caputo, para reconhecer o corpo de seu pai, que ainda estava intacto, como se tivesse sido morto naquele momento, apesar de os corpos terem permanecido insepultos por treze meses, tanto no inverno quanto no verão[329].

Na época, Battista tinha apenas 10 anos, mas ninguém em Otranto sobrevivera para identificar o corpo do Professor Natale. Assim, o menino foi chamado para reconhecer o cadáver do próprio pai.

A nona testemunha, Francesco de la Cerra, tinha cerca de 12 anos no momento do massacre. Ele confirma os relatos anteriores, sem trazer novos detalhes, além de afirmar que se salvou devido à sua "idade muito tenra".

A décima testemunha, Filippo de Pressa, era um pouco maior e descreve uma fuga extraordinária:

> Há cerca de sessenta anos, quando a testemunha tinha aproximadamente 16 anos, recorda que a cidade de Otranto foi sitiada pela frota e pelo exército turcos. Seus irmãos o fizeram descer do lado de fora das muralhas com uma corda para que se salvasse, e ele fugiu para a cidade chamada "Scorrano", a cerca de 16 quilômetros de Otranto[330].

---

329. Ibid., p. 71.

330. Ibid., p. 75.

Nas palavras desse rapaz também se sente todo o horror do massacre:

> Interrogado sobre o que aconteceu com os cidadãos, respondeu que, após a cidade de Otranto ser tomada pelos turcos, todos foram mortos. Entre eles estavam seu pai, dois irmãos, sua mãe e duas irmãs[331].

Depois de ouvir a voz dessas crianças, só resta permanecer em silêncio. O que essas crianças descreveram é uma dor grande demais para ser comentada. Ainda assim, junto com a dor, em suas vozes percebemos o eco de outro sentimento, delicado e poderoso ao mesmo tempo.

Em primeiro lugar, impressiona a ausência de ódio nesses testemunhos. Nenhum dos depoentes clama por vingança ou se demora em detalhes de violência gratuita ou crueldade, que certamente ocorreram. Nem mesmo de seus senhores os pequenos escravizados falam mal, mencionando apenas detalhes como a longa barba de um deles.

Em segundo lugar, todas as vozes concordam em testemunhar o extraordinário comportamento dos mártires, que aceitaram a morte consolando-se mutuamente. Muitos os comparam ao cordeiro manso conduzido ao matadouro.

Há uma palavra que parece adequada para expressar esse sentimento: *resiliência*. Essas crianças demonstraram uma capacidade extraordinária de *resiliência*, resistindo em condições muito difíceis e, apesar de tudo, construindo um futuro. A palavra *resiliência*, no entanto, não parece adequada para explicar não apenas a história dos mártires de Otranto, mas também toda a história da infância ao longo dos séculos.

---

331. Ibid.

Relendo as histórias das crianças na Idade Média, e em outros períodos, fica-se impressionado com as dificuldades e sofrimentos que elas enfrentaram. *Pobres crianças*, mas também *crianças fortes*, que, em meio a tantas adversidades, conseguiram fazer prevalecer a força da vida. Relendo suas histórias, aumenta a sensação de dívida.

De fato, como dizia Maria Montessori, "a criança é o pai do homem"[332].

---

332. Fr. R. Regni, *Il bambino padre dell'uomo. Infanzia e società in Maria Montessori*, Roma: Armando Editore, 1997.

# Apêndice 2
# A reflexão medieval sobre o educador

Depois dessa série de histórias sobre as crianças na Idade Média, não podemos deixar de voltar às questões iniciais e, sobretudo, à apresentada por Philippe Ariès: a Idade Média conheceu um "sentimento" da infância?

Não há dúvida de que, em muitos aspectos, a atitude em relação à infância foi diferente nos séculos medievais em comparação com a era moderna e contemporânea. Na verdade, o próprio conceito de infância, tal como o conhecemos hoje, é fruto de uma institucionalização que não existia no período medieval. A guinada nesse sentido ocorreu com a descoberta da imprensa e com a Reforma de Lutero. O pregador alemão, com seu *Sola Scriptura*, vinculou indissociavelmente a salvação à leitura da Bíblia (da qual, como se sabe, cuidou da primeira edição em alemão). Para cada cristão, o caminho da salvação passava pela porta da leitura. Por esse motivo, após as guerras de religião que abalaram a Europa, nos países protestantes a escola tornou-se pública, acessível a todas as crianças.

Enquanto isso, o mundo católico não ficou para trás. Foi justamente nesse período que surgiram novas ordens religiosas que fizeram da educação infantil sua missão específica: barnabitas, jesuítas, religiosos das escolas cristãs, escolápios... Os fundadores dessas instituições estão entre os primeiros a elaborar um conceito, por assim dizer, moderno de infância[333].

Ao observar todas as dificuldades e sofrimentos enfrentados pelas crianças mencionadas neste livro, é preciso concordar com a ideia de que a Idade Média não conheceu um "sentimento" da infância.

Não obstante, as histórias que relatamos evidenciam que, pouco a pouco, ao longo desses séculos, as crianças começaram a conquistar um espaço no pensamento comum, até adquirir uma presença, uma visibilidade social e uma relevância cultural. Nesse sentido, também devemos à Idade Média algumas contribuições significativas para a ideia de pedagogia infantil.

Sem nenhuma pretensão de invadir o campo de outras disciplinas, gostaríamos de propor aqui algumas reflexões que dizem respeito, mais do que às crianças, aos seus educadores. Mencionamos um texto de Gregório Magno, que se tornou um clássico na Idade Média: a *Regra pastoral*. Escrito para ensinar o "ofício de bispo" a um de seus confrades, o

---

333. Como observou M. Ferrari: "Ariès destaca, de fato, que no colégio (especialmente jesuíta) do antigo regime, onde, ao final do século XVI, começa a se formalizar uma nova *ratio studiorum*, base do nosso ensino secundário e, por derivação direta, do modelo primário, a classe se torna um grupo institucional cada vez mais homogêneo em termos de idade, destinado a seguir, ao longo de determinado período, um programa específico com certos professores" (M. Ferrari, "Costrutti euristici e prospettive di ricerca sull'infanzia nella storia", in Anna Bondioli; Donatella Savio (orgs.), *Crescere bambini*, Bergamo: Edizioni Junior, 2017, p. 23).

texto do Papa Gregório tornou-se, de fato, um manual para todos aqueles, dentro ou fora dos mosteiros, encarregados da "cura das almas".

Sem dúvida, a *Regra pastoral* é um texto fundamental da cultura ocidental. Nele, o Papa Gregório delineia não apenas a figura do professor, mas também a do governante e, ao mesmo tempo, do médico das almas. O pastor ensina, governa e cura simultaneamente. É difícil subestimar a importância dessa figura intelectual. Michel Foucault, em seu curso no Collège de France em 1977-1978, dedicado a "uma teoria geral do que é o poder", destacou a figura do pastor, cuja origem ele identificava no Oriente pré-cristão.

> O poder do pastor é um poder que não se exerce sobre um território, é um poder que, por definição, se exerce sobre um rebanho, mais exatamente sobre um rebanho em seu deslocamento, no movimento que o faz ir de um ponto a outro. O poder do pastor se exerce essencialmente sobre uma multiplicidade em movimento[334].

O próprio Foucault reconhece o papel desempenhado pelos pensadores cristãos na definição da figura do pastor:

> Foi a Igreja cristã que codificou todos esses temas de poder pastoral em mecanismos precisos e em instituições definidas, foi ela que realmente organizou um poder pastoral ao mesmo tempo específico e autônomo, foi ela que implantou seus dispositivos no interior do Império Romano e que organizou, no coração do Império Ro-

---

334. Cf. Michel Foucault, *Segurança, território, população*: Curso dado no Collège de France (1977-1978), trad. de Eduardo Brandão, São Paulo: Martins Fontes, 2008, p. 168.

> mano, um tipo de poder que, creio eu, nenhuma outra civilização havia conhecido[335].

Em outra aula, Foucault destaca a importância da *Regra pastoral* de Gregório:

> No texto que durante toda a Idade Média será o texto fundamental da pastoral, a "bíblia" do pastorado cristão, por assim dizer, a *Regula pastoralis vitae*, publicada com frequência e às vezes chamada de *Liber pastoralis*, Gregório Magno chama regularmente o bispo de "pastor". Os abades à frente das comunidades também são considerados pastores. Basta pensar nas *Regras* fundamentais de São Bento[336].

Essas observações podem talvez ser utilmente transpostas do âmbito do poder para o da educação. O pastor de almas não é apenas um modelo para quem governa, mas também para quem ensina ou, mais especificamente, para quem educa[337]. É o próprio Gregório quem proclama isso desde o início:

> Não há arte que alguém possa presumir ensinar sem antes tê-la aprendido por meio de um estudo atento e meditado. Quão temerário é, portanto, que ignorantes assumam o magistério pastoral, uma vez que o governo das almas é a arte das artes. Quem não sabe que as feridas dos pensamentos são mais ocultas do que as das

335. Ibid., p. 168; cf. J. Dalarun, *Governare è servire*, Milão, 2015, p. 136.

336. Ibid., p. 202.

337. Além disso, o próprio Foucault, ao falar de Platão, também havia indicado o pedagogo como pastor: "O agricultor e o padeiro são rivais do rei enquanto pastores da humanidade, assim como o médico que cuida dos doentes, [...] o mesmo ocorre com o professor de ginástica e o pedagogo, responsáveis pela boa educação das crianças, por sua saúde, vigor físico e desenvolvimento de suas habilidades: todos são pastores do rebanho humano" (cf. Foucault, *Segurança, território, população*, p. 191).

> entranhas? Contudo, é comum que pessoas que desconhecem até mesmo as regras da vida espiritual não temam se professar médicos da alma.

A arte pastoral ensinada e vivida por Gregório seria aprendida e disseminada nos mosteiros, delineando um modelo para todo educador monástico.

É necessário que ele seja puro no pensamento, exemplar na conduta, discreto em seu silêncio, útil com sua palavra; que esteja próximo de cada um com sua compaixão e seja, acima de tudo, dedicado à contemplação; que seja um aliado humilde daqueles que praticam o bem, mas que, em seu zelo pela justiça, seja inflexível contra os vícios dos pecadores[338].

Delineiam-se, assim, seis características: pureza, exemplaridade, discrição no falar, compaixão e contemplação, capacidade de enfrentar o bem e o mal, e disposição para se deixar amar. É interessante notar que a primeira dessas características é a pureza.

> A liderança das almas deve ser sempre pura em seus pensamentos, para que nenhuma impureza contamine aquele que assumiu esse ofício, e para que ele seja capaz de purificar os corações alheios das manchas da impureza; pois é necessário que a mão que limpa aquilo que está sujo esteja limpa, de modo a não tornar ainda mais sujo aquilo que toca enquanto ainda está contaminada[339].

Aqui, entende-se certamente a pureza sexual, mas também a pureza de espírito em sentido mais amplo. A segunda característica, por sua vez, é a exemplaridade, ou seja, a coe-

---

338. Gregório Magno, *Regra pastoral*, 2,1.

339. Ibid., 2,2.

rência de vida, que, como já vimos, é fundamental na perspectiva de Gregório:

> A liderança das almas deve ser exemplar em suas ações para poder anunciar aos subordinados, com seu modo de vida, o caminho da virtude; e o rebanho, que segue a voz e os costumes do Pastor, avança mais com a ajuda de seus exemplos do que com suas palavras. De fato, aquele que, por dever irrenunciável de seu ministério, é obrigado a dizer coisas elevadas, pelo mesmo dever é compelido a mostrar essas coisas elevadas em seus atos. Pois o coração dos ouvintes é mais facilmente tocado pelas palavras que encontram confirmação na vida de quem as pronuncia, o qual, com o exemplo, ajuda a executar o que ordena em palavras.

O educador monástico, formado pela leitura da *Regra pastoral*, é convidado a ser um modelo, um exemplo de vida. A terceira característica é a discrição no uso da palavra:

> A liderança das almas deve ser discreta no silêncio e útil com a palavra, de modo que não diga o que deve ser calado nem cale o que deve ser dito. Assim como falar de forma imprudente leva ao erro, o silêncio sem discrição deixa no erro aqueles que poderiam ser instruídos. Com frequência, guias de almas imprudentes, temerosos de perder o favor dos homens, hesitam em dizer livremente a verdade[340].

Essa característica é especialmente valorizada no contexto monástico, onde a *taciturnitas* é particularmente enfatizada. Essa virtude é cuidadosamente ensinada aos monges-crianças, conforme a *Regra*, que prescreve:

---

340. Gregório Magno, *Regra pastoral*, 2,4.

> Se falar e ensinar é tarefa do mestre, o dever do discípulo é permanecer em silêncio e escutar. Portanto, se for necessário pedir algo ao superior, faça-se isso com grande humildade e respeitosa submissão. Além disso, eliminemos sempre e em todo lugar a trivialidade, as frivolidades e as brincadeiras, e não permitamos de forma alguma que o monge abra a boca para esse tipo de discurso[341].

A quarta característica do pastor de almas é a compaixão associada à contemplação, que poderia ser traduzida como a capacidade de estar próximo do que é pequeno e, ao mesmo tempo, transcender os horizontes limitados do presente. A palavra *contemplatio*, em latim, deriva da tradição pagã de traçar um espaço (o *templum*) no céu para investigar os auspícios indicados pelo voo dos pássaros. Contemplação, portanto, é a capacidade de olhar para o céu. No vocabulário de Gregório, é a habilidade de direcionar a vida para Deus. É interessante essa ideia de unir a inclinação para acolher o pequeno com a abertura para o transcendente:

> Que o guia das almas esteja próximo de cada um com compaixão e seja, mais do que todos, dedicado à contemplação, assumindo em si, com suas entranhas de misericórdia, as fraquezas dos outros, e, ao mesmo tempo, transcenda a si mesmo na aspiração às realidades invisíveis, com a elevação da contemplação. Assim, se olha com desejo para o alto, não despreze as fraquezas do próximo; ou, se se aproxima dessas fraquezas, não negligencie a aspiração ao alto[342].

341. *Regra de São Bento*, VI, 6-8.

342. Gregório Magno, *Regra pastoral*, 2,5.

É importante lembrar que *compaixão*, em latim, significa a capacidade de sentir os mesmos sentimentos que o outro, sendo sinônimo do grego *sun patheia*, de onde vem a palavra "simpatia". Gregório enfatiza a relevância da simpatia, ou seja, da relação empática, na relação educativa. No entanto, essa simpatia não deve ser dissociada da capacidade de olhar para longe. O educador deve ter um olhar elevado para poder ajudar os outros a enxergar além.

A quinta característica aborda um problema típico de qualquer projeto pedagógico: a questão da sanção, ou seja, da punição. O educador tem a tarefa de mostrar a diferença entre o bem e o mal. Não se trata apenas de punir os erros, mas de indicar o caminho do bem.

> Que o guia das almas seja um humilde aliado dos que praticam o bem e, em seu zelo pela justiça, seja inflexível contra os vícios dos pecadores; que em nada se sobreponha aos bons, mas, quando a culpa dos malvados o exigir, não hesite em reconhecer o poder de sua autoridade. Assim, deixando de lado a dignidade que reveste, considere-se igual aos subordinados que vivem no bem e, perante os malvados, não tema afirmar os direitos da verdade e da justiça[343].

A sexta característica refere-se à relação que deve ser estabelecida entre o pastor de almas e os fiéis, ou entre o educador e os educandos. Aqui, Gregório chega a uma conclusão de grande profundidade: "Aquele que preside deve se empenhar para ser amado (*studere se diligi*) a fim de ser escutado"[344]. O envolvimento pessoal não deve ser evitado. Gregório com-

343. Ibid., 2,6.

344. Ibid., 2,8: Debet ergo qui praeest, et studere se diligi, quatenus possit audiri.

preende que o objetivo final de sua ação pastoral não é ligar as pessoas a si, mas a Deus. Contudo, não rejeita a ideia de ser amado pessoalmente, pois esse amor lhe confere a autoridade necessária para ser ouvido.

> Que o guia das almas exerça um cuidado vigilante para não ser motivado pelo anseio de agradar aos homens. E, quando se dedicar assiduamente a aprofundar as realidades interiores ou distribuir providencialmente os bens exteriores, que não busque mais o amor dos subordinados do que a verdade. E, quando sustentado por suas boas ações parece, alheio ao mundo, que seu amor-próprio não o torne alheio ao Criador. Pois é inimigo do Redentor aquele que, por meio das boas obras que realiza, anseia ser amado pela Igreja em seu lugar...[345]

Gregório usa o verbo *diligere*, que indica precisamente o sentimento de amor. É o mesmo verbo usado no Cântico dos Cânticos, em que o amado é chamado de "meu dileto". Ao mesmo tempo, Gregório alerta contra as pulsões narcisistas que podem se esconder em uma relação de tamanha intensidade. Como podemos perceber, Gregório traça um modelo de pastor – que, no contexto aqui analisado, corresponde a um educador – abrangente e completo, em todos os aspectos. Isso explica claramente o sucesso que a *Regra pastoral* teve ao longo dos séculos seguintes.

345. Ibid.

# Índice

## C



## D

## P



## Q



## R



## S



## T

**U**



**V**



**W**



**X**



**Z**

Conecte-se conosco:

facebook.com/editoravozes

@editoravozes

@editora_vozes

youtube.com/editoravozes

+55 24 2233-9033

www.vozes.com.br

Conheça nossas lojas:

www.livrariavozes.com.br

Belo Horizonte – Brasília – Campinas – Cuiabá – Curitiba
Fortaleza – Juiz de Fora – Petrópolis – Recife – São Paulo

**EDITORA VOZES LTDA.**
**Rua Frei Luís, 100 – Centro – Cep 25689-900 – Petrópolis, RJ**
**Tel.: (24) 2233-9000 – E-mail: vendas@vozes.com.br**